INJURY-FREE RUNNING **2**

无伤跑法

跑步技术优化与训练提升

戴剑松　郑家轩　著

人民邮电出版社

北　京

图书在版编目（CIP）数据

无伤跑法. 2, 跑步技术优化与训练提升 / 戴剑松,
郑家轩著. -- 北京 : 人民邮电出版社, 2021.1（2024.5重印）
（慧跑无伤跑法系列）
ISBN 978-7-115-55255-6

Ⅰ. ①无… Ⅱ. ①戴… ②郑… Ⅲ. ①跑—健身运动
—基本知识 Ⅳ. ①G822

中国版本图书馆CIP数据核字(2020)第221713号

内 容 提 要

本书历时5年完成创作，是一本在对大众跑者开展大量研究的基础上所形成的理论与实践相融合的"跑步训练手册"。本书包括了无伤跑法的原理篇、技能篇和训练篇。原理篇深入分析了大众跑者的技术特征，讲解了无伤跑法理论；技能篇则通过近200个动作和13个训练整合视频，指导跑者如何进行身体灵活性和稳定性评估及养成合理的跑姿；训练篇全面解析了大众跑者科学训练的原则、方法和技巧。本书不仅适合初级跑者，能够帮助初级跑者从一开始就能够以一整套科学正确的方法开启跑步，也适合成熟跑者，能够帮助成熟跑者发现、弥补自己的短板并有效提升跑步运动表现，最终帮助不同水平的跑者实现无伤、健康、持久奔跑。

◆ 著　　　　　戴剑松　郑家轩
　责任编辑　　裴　倩
　责任印制　　周昇亮

◆ 人民邮电出版社出版发行　　北京市丰台区成寿寺路 11 号
　邮编　100164　　电子邮件　315@ptpress.com.cn
　网址　https://www.ptpress.com.cn
　涿州市殷润文化传播有限公司印刷

◆ 开本：700×1000　1/16
　印张：19.25　　　　　　　　　2021 年 1 月第 1 版
　字数：363 千字　　　　　　　2024 年 5 月河北第 11 次印刷

定价：99.00 元

读者服务热线：**(010)81055296**　印装质量热线：**(010)81055316**
反盗版热线：**(010)81055315**
广告经营许可证：京东市监广登字 20170147 号

　　听闻南京体育学院戴剑松老师继《无伤跑法》之后，推出最新力作《无伤跑法2：跑步技术优化与训练提升》，在此表示祝贺。作为上海体育学院的优秀校友，戴老师一直从事大众科学跑步研究，他本人也非常热爱跑步，并且将自己多年服务高水平运动员的实践经验应用于跑步领域，真正做到了知行合一，理论与实践充分融合，难能可贵。

　　我从事中长跑教学、研究和训练工作四十余年，可以说见证了这项运动从"默默无闻"到"如日中天"，感慨颇深。随着社会的发展和人们的生活日渐富裕，越来越多的人加入路跑运动中，马路上、公园里，跑步健身的人明显增多，同时马拉松比赛也十分火爆。跑者为了增强体质，为了健康的体魄，正在不断投身于路跑，投身于马拉松赛事。很多赛事往往有十几万人报名，只有通过抽签，其中的两三万幸运者才能获得参赛资格，上述现状证明马拉松、路跑运动在我国正迅猛发展。

　　可以说，大众跑者对于路跑运动的热情、认真的态度、训练的自觉性，以及在跑步方面所倾注的心血，都让我深感佩服，我经常用大众跑者对马拉松、路跑的执着精神教育我的运动员。大众跑者都有本职工作，训练时间有限，相较于运动员缺乏专业保障，缺乏系统训练。但他们对于这项运动发自内心的喜爱和自律精神值得称赞！大众跑者为健康奔跑，为健康中国建设添砖加瓦，他们理应与专业运动员在奥运会上获得奖牌时一样受到人们的尊重。

　　尽管大众跑者热情高涨，但由于缺乏指导，加之大众普遍身体素质存在不足，导致大众跑者伤痛发生率较高，训练效率有待提升。而本书恰好可以弥补这一问题，是一本极好的指导大众跑者健康、持久、无伤跑步的训练指南。

　　戴老师及其团队在多年研究跑步技术的基础上，创造性地提出了无伤跑法理论和训练体系，该体系将大众跑者的训练分为跑者身体灵活性、稳定性以及核心控制训练，跑步技术训练和跑步耐力训练等三大方面。我认为这个体系非常适合大众跑者，我个人也高度认同这套理论，它有效地解决了大众跑者应该如何科学跑步这个重大问题。也就是说大众跑者要想跑得快、跑得好、跑得无伤，除了要在跑步这件事情本身上下功夫，很多时间也要花在跑步之外的训练上，这就是所谓的"磨刀不误砍柴工"。

本书系统地为大众跑者讲解了无伤跑法的原理，跑者如何进行身体灵活性和稳定性自我评估及如何改善，如何训练合理的跑步技术，以及如何循序渐进地提升耐力。我认为本书逻辑清晰，框架完整，数据丰富，内容全面详实，操作性很强，是一本不可多得的优质跑步实用图书。而且本书不同于其他跑步书籍，其具有一整套完整的从跑步原理到方法的详细讲解，同时配有大量训练动作的演示，实用性很强。跑者如果能够认真阅读，一步步跟练，相信将大有裨益。可以说，这本书可以帮助大众跑者实现从跑步认知到跑步实践的全面提升和进步。

我们常常说跑步很简单，那是指跑步运动开展时很少受到场地或器材的限制，但跑步这件事情本身并不简单。对于大众跑者而言，要想真正实现无伤、健康、长久地跑步，在跑步训练中少走弯路，并非易事。希望跑者都能够阅读这本高质量的跑步著作并有所收获。

国家马拉松队教练
上海体育学院教授

作为一名从事运动医学和康复医学的医生及科研工作者，我一直在向大众传递要"多运动、主动康复"的科学理念。而我本人真正身体力行、积极投身运动，是从64岁时开始的。之前由于工作繁忙，运动往往停留在嘴边，身体发福明显，时不时感冒，还受到带状疱疹的困扰，而带状疱疹的产生与免疫力下降有着密切的关联。此时我开始考虑要改变现状，而最简单有效的方式就是慢跑。4年多来，慢跑给我带来了巨大的健康收益：体重下降14千克，骨质密度恢复正常，脂肪肝消失，血脂恢复正常，无病无伤，精力充沛。我在正式比赛中完成了33次全马、33次半马，今年的月跑量已达到300千米。全程马拉松的最好成绩是4小时09分。

2016年9月12日，我在晨跑时不慎摔倒，被诊断为右足第五跖骨基底部骨折。为了尝试骨折康复的快速方法，我没有一天卧床休息，也没做固定和手术。骨折后一直保持每天6000步以上的步行。骨折后的第12天，登山15千米；第18天，慢跑10千米；第70天参加了首届中国康复马拉松赛（半程）；第80天在广州马拉松赛上完成了人生第一次全马。之后没有任何后遗症。这个案例告诉大家：骨折的愈合是可能加速的，这种方法值得进一步研究和探索，用实践证明"运动是医药"的道理。

2020年9月初，我在南京、成都两地顺利完成了7天7个半马的挑战。戴教授长期从事高水平运动员的体能康复服务工作，具有高超的专业技能和丰富的实践经验。我这次挑战成功也得益于他的专业保障，在这个过程中，我们两人对无伤跑步的话题进行了深入的交流，形成了很多共识。

医药的特质是，既有治疗作用，也有副作用。"运动是医药"不仅说明运动可以带来有益的效果，也说明可能有副作用，包括运动性伤病。大众跑者在跑步过程中，的确会由于方法不正确而造成伤痛，甚至产生"跑步百利唯伤膝"等错误认知。而事实上，科学研究表明经常慢跑的人髋膝关节的关节炎发生率仅为3.5%，而久坐不动人群的关节炎发生率竟高达10.2%。也就是说慢跑不仅不会伤害膝盖，科学正确地跑步反而有助于增加肌力、减少软骨退变、维护关节健康。所以说不是跑步伤膝，而是错误的跑步才会伤膝。任何错误的运动都有可能导致伤病。

《无伤跑法2：跑步技术优化与训练提升》针对大众跑步运动的特征，介绍了系统化的跑步方法：首先应当加强身体的灵活性和稳定性，再形成合理跑姿，以及进行科学训练的无伤跑法体系。这套基于科学循证的逻辑和方法，可以帮助大家一步步学习和掌握跑步，预防和减少跑步伤病，充分享受跑步。我曾经阅读过《无伤跑法》，颇有收获。在看过本书后，我认为它集中体现了戴教授团队长期研究的丰硕成果，既有大量科学数据来佐证和深度分析跑步运动，又有非常完整的方法和实操，循序渐进地教授大众如何实现科学、无伤跑步。

　　人的潜能和适应能力都是巨大的，只要采用科学的方法，人人皆能获得很大的进步。我想通过自身的实践，探索人类运动的年龄极限、耐力极限、速度极限，争取活到100岁、跑到100岁！期盼着到那时和大家一起举办一场百岁马拉松赛！

资深医师跑者

美国国家医学院国际院士

南京医科大学第一附属医院康复医学中心主任，博士生导师

专家力荐

读了南京体育学院体能康复专家，同时也是一名资深跑者的戴老师所著的《无伤跑法2：跑步技术优化与训练提升》，深有感触，原来跑步和其他运动项目一样，也有如此多的学问。回想自己的排球运动员生涯，我们除了进行排球训练，也会进行很多身体功能训练，对于训练前热身、训练后恢复放松、训练监控也十分重视。戴老师将精英运动员系统化训练的理念和方法应用于大众跑者，教授大众如何一步步评估和训练身体的灵活性与稳定性，改善跑姿并强化力量，从而进行科学有效的跑步训练。这套训练逻辑已经被无数运动员证明是延长运动寿命、提高竞技表现的最佳路径。这本书有对于跑步的深度研究和阐述，有实用的训练方法和训练技巧，相信对大众跑者将大有裨益。强烈推荐大众跑者阅读本书。

惠若琪　前中国女排队长，里约奥运会冠军

作为一名跑步爱好者，在不断地受伤的过程中，我才认识到跑步是一项专业性极强的运动。本书通俗易懂，相信无论是跑步大神还是新手都能从中受益，在热爱跑步的道路上远离伤痛、科学跑步，跑得更加健康、长久和快乐。

李文　知名企业家跑者

作为一个后半生才真正理解和开始跑步的跑者，可以说跑步已经完全融入了我的生命，"活到老、跑到老"将是我的追求。能够跑一辈子是一件充满幸福感的事情，而前提是跑者要能够做到无伤和健康地跑步。那么怎样才能做到呢？本书就提出了系统的、完整的解决方案：首先，跑者应当加强身体灵活性和稳定性，这就是所谓的"磨刀不误砍柴工"；然后进行跑姿训练和力量强化训练，最后才能科学跑步。但遗憾的是，很多跑者却只注意到了最后一个环节。戴老师的团队经过多年的研究所提出的无伤跑法体系，科学、实用且经过严格循证和验证，而这本书就是戴老师的团队多年研究成果的结晶，是中国跑者都应该阅读的一本跑步佳作。

李小白　大满贯六星跑者，新丝路时尚集团创始人

前两年我曾经推荐过慧跑的《无伤跑法》，这次新出版的《无伤跑法2：跑步技术优化与训练提升》就更要推荐了。奔跑应该是一种幸福，它不应该给我们留下伤痛。这不仅是对自己负责，更是对家庭、对亲人负责。祝福每一位跑者。

曲向东　行知探索创始人

也许很多大众跑者认为跑步只要去跑就好了，这样的理解不能说错，但往往比较片面，盲目跑步的带来的伤痛、提升慢等问题困扰着很多跑者。跑步是一门学问，如果想成为一名成熟、理性、专业并希望持久健康跑步的跑者，强烈推荐大家阅读本书，它系统讲解了无伤跑步的原理、技能和训练，干货满满。

申加升　越野跑运动员，香港100越野赛冠军

戴老师多年来一直担任我的体能康复教练，从2015年备战里约奥运会直到现在，戴老师帮助我克服伤痛，帮助我多次取得不错的运动成绩，特别感谢戴老师对我的帮助。戴老师不仅理论功底扎实，研究能力强，而且有丰富的体能康复实践经验。同时，他自己知行合一，也是一名运动达人和跑步爱好者。戴老师所著的这本书将很多针对我们运动员的系统化训练和体能强化的理念、方法、思路应用于大众跑者的训练，如果大众跑者阅读此书并按照其中的方法进行更加科学的跑步训练，相信一定会收获颇丰。

许安琪　伦敦奥运会女子重剑冠军

作为大众参与度最高的运动之一，跑步是许多人强健体魄、享受健康生活的重要方式。而注重保护与训练，避免运动损伤，是每位跑步爱好者需要学习的第一课，也是享受运动乐趣的基本前提。本书提出的"无伤跑法"理念正是健康运动的题中之意。推荐广大跑步爱好者阅读本书，在跑步中学习健康运动的方法，享受阳光乐跑生活。

郁亮　万科企业股份有限公司董事会主席

这本书首先系统讲解了无伤跑步的基本原理，其中对于跑步技术的深入分析是我看到过的目前最为专业和科学的，这对于大众跑者理解跑姿非常有帮助。跑姿好不好既是技术的体现，也是身体能力的体现。该书详细讲解了大众跑者应当如何加强身体灵活性和稳定性这些基本运动能力，如何进行力量强化、技术训练以及跑步训练，如何一步步实现科学、健康、无伤跑步。本书将这些知识都清晰地呈现在跑者面前，还提供了完整的从训练理念到训练方法的解决方案，特别适合大众跑者学习。

姚妙　越野跑运动员，环勃朗峰越野赛CCC组冠军

作为一名曾经征战多年的老运动员，多年的实践告诉我，大众跑者乃至精英运动员遇到的一个最为棘手的问题就是伤痛。大部分大众跑者跑步的目的是获得健康，所以，用一个健康的身体去参加训练才能力争好成绩，这一点特别重要。本书系统讲解了如何打好跑步基本功，以及如何循序渐进地进行跑步训练，是一本科学性和实用性很强的大众跑步指南，相信会让跑者大有收获。

周春秀　伦敦马拉松冠军
目前中国唯一一位夺得世界六大满贯马拉松赛冠军的运动员
（以上推荐语按推荐人的姓氏音序排列）

作者序

　　《无伤跑法2：跑步技术优化与训练提升》终于在《无伤跑法》出版两年后正式与读者见面了，如果说《无伤跑法》是一本跑步百科大全，那么《无伤跑法2：跑步技术优化与训练提升》就是一本以操作为主的跑步指南。这本书更加强调实践性、实用性，是基于无伤跑法理论的跑步训练手段、方法和技巧的整合与创新。本书的最终目的是帮助从新手跑者到精英跑者的不同水平的跑步人群能够健康、无伤、持久地跑步。

　　本人多年来一直从事运动科学的研究以及高水平运动员的体能与康复训练服务工作：科学研究让我可以针对很多有待解决和证实的问题进行科学实验与求证；而长期与运动员在一起摸爬滚打、长期服务在训练一线，又让我能够将理论与实践反复结合，在实践中发现和提炼科学问题，同时将研究成果应用于实践。

　　事实上，随着竞技体育水平的发展和科学技术的进步，高水平运动员的训练近十年来已经取得很多进步，比如更加重视运动员竞技能力的全面构建，重视基础体能训练，重视科技手段在训练监控与疲劳恢复中的应用等。如何将这些好的理念和成果惠及大众，也成为许多体育界人士谈论的"军转民"的问题。

　　回到大众跑步这个话题，显而易见，跑步作为最易开展、最不受场地与器材限制的运动，成为大众参与人数最多、最受欢迎的运动之一。跑步热在中国已经有好些年头了，而且其火爆程度依旧有增无减，跑步人数、马拉松赛事的数量仍然在高速增长之中。这是随着国家富强、人民富裕，人们更加关注身体健康、更加追求高质量生活的一种自然体现。预计我国路跑运动的高速发展仍然将持续相当长的一段时间。

　　当然，我们需要注意的是，除了高速发展，也要重视高质量发展。对于大众跑者而言，我们除了希望更多的人加入跑步运动之中，还希望大家都能够健康、无伤、持久地跑步，而不是因为盲目、不科学地跑步，结果跑出一身伤，最后不得不放弃这项运动，还得出诸如"跑步百利唯伤膝"这样的误解。

　　据慧跑联合江苏省田径运动协会、悦跑圈面向大众跑者开展的跑步伤痛调查的数据显示，曾经或者正在经历跑步伤痛的大众跑者的比例高达88.3%，这一数字与目前已知的国内外跑者伤痛研究数据基本一致。一项大家都认为挺简单的运动，为什么会有如此之高的伤痛发生率？这不得不引起我们的反思。另一方面，虽然大众跑者的跑步训练不同于专业运动员，但能不能借鉴专业运动员科学训练的一些基本理念和方法，建立一套适合大众跑者的训练体系，从而有效解决困扰大众跑者的伤痛问题，就成为我和我的团队一直在深入思考的问题。

2014年年底，机缘巧合，我与一群热爱跑步的企业家、资深跑步教练结缘，我们共同发起成立了慧跑。当时的愿景就是希望通过专业的方法解决大众跑者的伤痛问题，从而让大家更好地享受跑步。借助自己多年从事运动科学研究与实践所积累的认知、方法以及经验，我带着团队在慧跑微信公众号撰写了大量关于跑步的科普文章，涉及跑步的方方面面，比如跑步的基本技能、跑步姿势、跑步伤痛预防与康复、跑步的力量训练、跑步营养、跑步减肥、跑步装备等。很快，凭借"把科学跑步这件事从原理到方法讲清楚"这一独树一帜的风格，慧跑在跑者中形成了口碑。直到今天，"专业""靠谱"依旧是跑者认为的慧跑最重要的标签。2018年，我们将科学跑步的知识技能进行了梳理和分门别类，出版了《无伤跑法》这本书。作为国内比较少有的全面讲解科学跑步知识的原创图书，它受到广大跑者的肯定和欢迎，出版至今已经累计印刷十余次，一直稳居跑步书籍销售榜的前列，成为名副其实的畅销书。

《无伤跑法》虽然取得了不错的成绩，但我们认为，仅仅依靠可循证的知识集合还不能从根本上解决大众跑者科学跑步、避免伤痛的问题。建立一套系统化、标准化、流程化的跑步体系，才是帮助大众跑者实现健康、无伤、持久奔跑的终极解决之道。而且这套体系是基于科学循证的，是经得起实践检验的，而不是自说自话。

经过近5年的研究和探索，我们最终提出了无伤跑法体系的概念。这套体系的提出既是基于现代运动训练基本逻辑框架在跑步运动上的应用创新，也是以我们开展的跑步科学实验所得到的数据和验证为支撑，这就使得无伤跑法体系具有较强的科学性。我们的研究成果也可以在中国知网上进行查询。

无伤跑法是一个体系，这个体系从构建跑者健康跑步能力的角度，将跑步训练提炼为金字塔模型训练理论。

目前各个运动项目的国家队运动员都在强化基础体能，恶补体能短板，其目的就是要加强身体功能这一塔基，"楼盖得越高，地基就要越扎实"说的就是这个道理。良好的身体灵活性可以让跑者在全幅度下自由、协调、灵活地运动，而良好的身体稳定性可以提升跑步的经济性，提高承受负荷的能力。对于新手跑者来说，我们建议不要一上来就猛跑，而是首先应当加强身体的基本运动功能，当身体的灵活性和稳定性都达到一定条件，再增加跑量不迟，这就是所谓的"磨刀不误砍柴工"。而对于已经跑得比较多的成熟跑者来说，同样需要重新评估自己的身体灵活性和稳定性，弥补短板，因为当身体灵活性和稳定性不足的时候，跑者就非常容易发生伤痛。伤痛的解决光靠治疗和康复是远远不够的，要从根源上找到引发伤痛的身体功能短板，加以矫正，这是当代运动科学和运动康复的重要理论。

当有了基本的身体灵活性和稳定性之后，跑者再进行技术训练（即跑姿训练）就会具备很好的身体基础，这就是位于金字塔塔身位置的所谓"跑步动作模式"。合理的跑步技术可以让跑者更省力地奔跑，有效缓冲跑步腾空落地时的冲击力，最大限度地减少受伤风险。探讨跑步技术时发现，大众跑者很容易纠结于某种特定的动作特征，比如足前脚掌着地还是后脚跟着地、小腿是否要提拉折叠等。其实，跑步技术并不是一成不变的，而是随着跑步速度的变化而动态变化的，所以把跑步技术归结于一种特定的动作外观，盲目模仿，就会发生明显的逻辑错误。比如很多跑者以为中长跑运动员小腿充分提拉折叠、前脚掌着地就是好的跑姿，殊不知运动员奔跑的速度远比大众跑者快，所以模仿运动员其实意义并不大，因为速度不同，跑姿就有所不同，运动员速度快表现出来的跑姿自然与速度比较慢的大众跑者的跑姿不同。所以，大众并不需要模仿运动员的跑姿，而是要学习合理跑姿背后共通的生物力学原理。从无伤跑法来看，与其用某种特定动作外观理解跑姿，还不如用最终动作的呈现效果好不好来理解跑姿。

无伤跑法中对跑姿的介绍不是某个特定的动作特征，而是将跑姿的关键动作划分为躯干动作、蹬摆、落地三个动作模式，而三个动作模式呈现的效果表现为跑步时核心稳定、蹬摆协调、落地轻盈。所谓核心稳定是指跑步过程中良好的核心稳定性可以为上肢摆臂下肢摆腿提供最佳的力学支点，从而减少力的损失，提升跑步的经济性；所谓蹬摆协调是指跑步过程中两腿的蹬摆动作协调，跑步动作的基本特点是双腿在时间和空间上交替往前迈出，这就需要高度的动作协调性；落地要轻盈是因为跑步过程中沉重的着地会导致地面冲击力增大。上述就是无伤跑法对于跑姿的基本理解。

有了良好的身体功能和合理的跑步技术，剩下的就是科学训练了。很多跑者以跑得多或跑得快为荣，这些其实属于训练层面的内容，尽管重要，但在无伤跑法的理念中却并非优先级最高的事情。根据无伤跑法的理念，跑者首先需要具备良好的身体功能和跑步技术，再循序渐进地跑步，才能获得最佳的跑步体验和良好的跑步效果。而只是盲目地跑，忽视身体能力的建设和合理跑步技术的形成、忽视跑步配套辅助训练，恰恰是跑者伤痛发生的重要原因。在身体存在短板、跑步技术不合理的情况下，盲目追求跑量和配速，会导致过大的负荷在身体局部积累，引发信封效应，伤痛就这样发生了。

回望慧跑创立以来的日子，我们深感内心充实而强大。充实是源于无数个日日夜夜我们专注于研究跑步这一件事，力争把一件事做到极致；强大则是源于长期的积累和学习，我们能自信地说对于大众科学跑步这件事，我们的认知水平和实践能力在国内处于比较领先的地位。从向大众传递科学跑步知识到提出适合大众跑者的体系化方法，这一步跨越非常不容易，但可以说我们做到了；而能让无数大众跑者从无伤跑法中受益，这一点就足够让我们备感欣慰。

本书的出版将帮助大众跑者用全新的视角重新理解和认识跑步。跑步看似简单，但其实从加强跑者的基本能力、掌握合理跑姿到科学训练，这里面的学问非常多，跑步绝不仅仅只是跑步，而是一门综合技能。本书就是要教会大众跑者这项综合技能，从而实现健康、无伤、持久的奔跑。本书适合从新手跑者至精英跑者的全体跑步人群，同时也可以作为田协中长跑教学的辅助教学用书。

这本书绝对不是靠我个人单枪匹马完成的，而是团队智慧的结晶。在此，我想感谢许多人。首先感谢慧跑CEO顾晓明先生和总教练郑家轩先生。作为慧跑三人核心创始团队，我们始终保持着旺盛的学习欲望和极强的凝聚力，经历了很多考验，也经历了很多艰难时刻。正是在无数的历练中，三人团队变得越来越成熟和强大。相信我们三人还能勇敢地、坚定地继续下去。感谢凌东胜先生、童宁先生、洪翔先生、刘胜先生、李淑君女士、俞慧洵女士、张爱娟女士等众多企业家一直以来对于慧跑的支持和厚爱；感谢我的好友顾忠科老师对于本书的特别支持，他也是本书中的图片和视频的拍摄者；感谢我的学生陈钢锐、高雅、田杨、朱健、辛东岭、裴丰杰、赵一帆、李佳壕、尹晓芸等对于本书的贡献；感谢唐英楠教练作为模特在本书中出镜；感谢特步对于本书的支持；感谢华为终端有限公司，我们和华为一起开展了大众跑者的跑步技术研究；感谢慧跑众多同事的支持和帮助；感谢我国著名中长跑教练李国强教授在专业上的指导和无私帮助；感谢我国康复医学权威专家，资深跑者励建安教授为本书作序；感谢众多知名人士、专家和顶级运动员为本书撰写书评、推荐本书；感谢所有曾经和正在帮助慧跑的人！轻如羽，跑无伤；学跑步，找慧跑！

2020年12月于南京

使用说明

　　本书包括了无伤跑法的原理篇、技能篇和训练篇，为了帮助不同水平的跑者更好地阅读本书，获得更好的阅读体验，特向读者介绍本书的使用说明。

　　原理篇主要讲解了无伤跑法是什么，以及无伤跑法的基本原理。无伤跑法并非大众跑者通常所理解的"一种跑步训练方法""一种跑步姿势"，如果仅仅只是一种训练方法或一种跑步姿势，那么是不足以解决大众跑者频发的跑步伤痛问题的。无伤跑法是基于慧跑团队多年系统研究大众跑步的基础之上，借鉴精英运动员系统化训练的某些思路，所提出的一整套适合大众的阶梯化、渐进式的跑步训练体系化方法。

　　为了讲清楚无伤跑法是什么，第一篇将用很大的篇幅（即第2章）重点讲解大众的跑步技术特征，包括大众跑者关心的步频、步幅、着地时间、着地技术、着地受力等重要跑姿技术特征，这是国内少有的针对大众跑者的深度技术分析，它们取自于不同水平的大众跑者多达三万步数据的统计分析，其结果的科学性和可信度很高，只有明明白白地讲清楚这些内容，大众跑者才能深刻理解跑步技术及其背后的科学原理，这构成了无伤跑法的逻辑基础，是基于数据实证和科学研究对跑步的归纳、总结和提炼。此外，我们还通过实验充分验证了无伤跑法的有效性和科学性。因此，无伤跑法是基于科学循证，而非突发奇想或者自说自话。第一篇的专业性和逻辑性很强，成熟跑者如果认真阅读，对于深刻理解跑步，尤其是理解跑步技术将大有裨益，而对于初跑者来说，本篇内容可能显得较为专业晦涩，这时则可以跳过第一篇，直接从第二篇开始阅读，待经过阅读和一段时间的实践后，再回头阅读第一篇，这时就能更好地理解里面的内容。

　　本书第二篇为技能篇。跑步的技能是什么呢？其核心就是跑步技术的掌握能力。跑步技术即大众跑者所理解的跑姿，大众跑者都知道跑步技术很重要，但对于如何形成科学合理的跑步技术却并不十分了解。这就是无伤跑法金字塔模型的精髓。跑步技术看上去无非就是跑步时的身体动作技术，但跑步技术合理与否、是否优美、流不流畅却在很大程度上与身体的基础运动功能有关。这里的身体运动功能就是指身体的灵活性和稳定性，如果身体在灵活性和稳定性方面存在这样那样的问题，就会导致跑姿不佳，而跑姿不佳又会导致跑步时身体受到异常应力作用，以及跑步费劲吃力等问题，从而大大增加受伤风险。所以跑步技术不佳看上去是动作问题，动作可以通过学习来改进，但如果不去解决背后的根源——身体灵活性和稳定性的问题，那么改进跑姿注定还是会竹篮打水一场空。

因此，想要形成科学合理的跑步技术，首先需要解决身体灵活性和稳定性、核心控制等方面的问题，这就是无伤跑法金字塔的塔基，而塔基构成了跑步的基础。因此技能篇"第四章无伤跑法身体功能评估"首先向跑者讲解了如何进行身体灵活性和稳定性评估。无评估不训练，通过评估可以发现身体在髋关节、膝关节、踝关节、胸椎等重要部位是否存在灵活性不足的问题，如果有，那么就可以对应看"第五章无伤跑法身体功能训练"中髋、膝、踝、胸椎各节的灵活性改善内容，即便灵活性是正常的，也不表明跑者就不需要进行这些部位的灵活性训练，因为放松和恢复不足，往往会导致身体灵活性的下降。

而稳定性主要与力量和控制有关，跑者同样可以通过稳定性测试，来发现自己是否存在身体局部乃至整体稳定性不足的情况，通过第五章的第五、第六、第七节来提升身体稳定性。很多人把跑步理解为是用腿跑，这是错误的认知，跑步是一项全身运动，因此加强全身所有部位，包括上肢、核心和下肢训练，对于改善和提高稳定性都很重要。

通过灵活性和稳定性评估发现问题，在相应章节找到改善方法，提高了灵活性和稳定性之后，这时才进入了所谓真正的跑步技术训练环节（第六章）。根据难度不同，我们将跑步技术分为初级、中级和高级3个级别，跑者可以根据个人实际情况进行循序渐进地训练，建议大众跑者按照初级、中级和高级3个难度级别依次进行训练。正如前文所说，技术的背后是身体能力，想要改进和优化技术，除了技术训练本身，加强身体能力也很重要。

技能篇的第七章重点讲解了跑步专项的力量强化。力量强化的目的是支撑科学、合理的跑步技术。无伤跑法对于跑姿的要求不像其他跑法那样，提出一种所谓标准、刻板的动作样式，因为最佳跑姿、标准跑姿也许是不存在的，即便精英运动员的跑姿也并非一模一样，但跑姿没有标准，不等于说跑姿没有要求，无伤跑法用最终呈现结果——核心稳定、蹬摆协调、落地轻盈来表达我们对于跑姿的要求，跳出了传统的就跑姿而论跑姿，将跑姿刻画为一种统一刻板动作的弊端。要形成核心稳定、蹬摆协调、落地轻盈的跑姿，在加强身体灵活性和稳定性基础的上，还要进行结合专项的跑步力量训练，这就是第二篇第七章的内容。第二篇全部为实操内容，建议所有跑者都要仔细阅读，并且进行实操训练。有问题纠正，无问题强化，是阅读和实践第二篇的基本原则。

理解了第一篇的跑步原理，又按照第二篇进行了跑步技术训练，应该说跑者就基本具备了无伤奔跑的身体基础，最后一步是科学训练的问题。但很多时候，跑者却是反其道而行之，一上来先猛跑，即做了大量的训练，当出现问题时才意识到是身体灵活性或稳定性不足造成的，或者说是跑步技术不佳导致的。如果我们按照无伤跑法金字塔模型，先进行基本的身体灵活性和稳定性训练，然后进行技术训练和专项力量强化，最后再进行跑步训练，就能在很大程度上避免伤痛的发生。所以本书的训练篇放在最后，就是要强调不要急于进行跑步训练，先把身体基础打牢，再训练也不迟。而如果地基不牢，跑得也许是挺多挺快的，但随之带来的问题就是伤痛。训练篇从训练原则、训练方法、恢复方法等多方面讲解了究竟如何实现真正的科学训练。第三篇更加适合成熟的跑者阅读，也适合那些对于马拉松PB有强烈愿望的跑者进行阅读，而对于初级跑者，建议在加强身体灵活性和稳定性、形成合理跑姿的基础上，跑一段时间再阅读，效果更加。

目 录

CONTENTS

第一篇　无伤跑法原理

第二篇　无伤跑法技能

第七章　无伤跑法专项力量训练

第三篇　无伤跑法训练

第八章　无伤跑法科学训练

第一章　进化是如何让人类变得适宜奔跑的

◀◀ 第一节　天生会跑步 ▶▶

人类天生会跑步，奔跑是人类祖先的生存技能，无论是追捕猎物还是躲避危险，都需要具备良好的奔跑能力。虽然人类奔跑主要依赖双足，相比四足行走的动物，人类在绝对速度方面毫无优势可言，但人类在漫长的进化过程中，形成了一系列耐力适应机制。要说长时间持续奔跑耐力，人类在动物界是具有一定优势的。进化是如何让人类变得适宜奔跑的呢？这还真不是一两句话能说明白的。

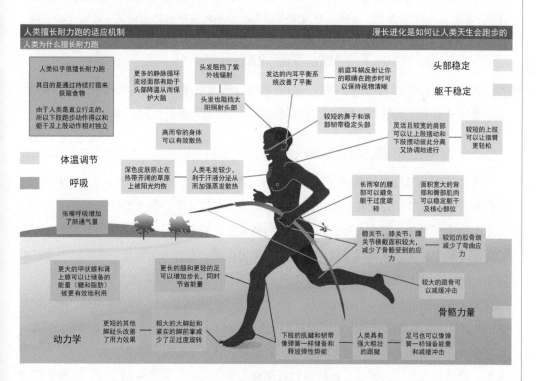

人类擅长耐力跑的适应机制
人类为什么擅长耐力跑

漫长进化是如何让人类天生会跑步的

一、人类具有优良的体温调节能力

人类具有良好耐力，在很大程度上与人类具有适应性极强的体温调节能力有关。在这方面，人类相比动物优势明显。首先，人类体表毛发较少，同时汗腺发达，如果毛发较多会阻隔空气，这样就不利于对流散热，此外，人类可以通过出汗的方式散热，带走跑步时体内产生的大量热量。跑步时的单位能耗是安静时的8~10倍甚至更多，所以跑步时体内会产生大量热量，如果热量无法及时被带走，就会出现体温急剧升高的情况，这将非常危险。很多四足行走的动物由于毛发浓密且缺乏汗腺，所以不能长时间剧烈奔跑，否则会被自己热死，如以速度极快著称的猎豹。而人类可以通过大量出汗的方式散热，这样就保证了身体核心温度的稳定。在夏季跑步时，人体每小时出汗量可以高达1升。

人体其他与体温调节有关的机制包括：人类虽然体表毛发较少，但头上却有不少头发，这样可以避免阳光直接照射头部，阳光如果长时间直接照射头部可能会导致大脑温度上升从而引发严重的颅内压升高，这在某些情况下甚至会危及生命。中暑的一种类型——日射病就是这种情况。

人类高而窄的体型特点使得人体体表面积并不小，这样也增加了散热面积。如果在室外运动较多，人体肤色会变深，俗称晒黑，其实黑色素的增加也可以防止紫外线灼伤皮肤。此外，头部的静脉非常多，这样也可以依靠较为丰富的静脉回流带走热量，从而保护大脑。

二、口鼻并用呼吸增加了通气量也改善了散热

人体在安静时只利用鼻子呼吸，而随着运动强度增加，人体会变成口鼻并用呼吸。张口呼吸减少了气道阻力、增加了通气量，同时随着通气量的增加，也改善了散热。

三、人体运动系统的耐力适应机制

人体的运动系统，即骨骼、肌肉、关节，在进化过程中也产生了对于耐力的适应。跑步时下肢各关节受到的冲击力较大，所以髋关节、膝关节、踝关节横截面积较大。因为压强等于压力除以受力面积，所以较大的髋关节、膝关节、踝关节有助于在受力不变的情况下减少压强，从而减少骨骼所受到的应力作用。而较大的跟骨更是可以直接减缓冲击，这就有助于减少脚跟着地对于人体的应力作用。

由于我们的祖先都是赤足行走和奔跑，所以我们的祖先倾向于前脚掌着地，而人类发达的大脚趾和紧实的前脚掌可以缓冲着地冲击、促进扒地发力以及增加抓地力防止打滑。

此外，人体还具有非常强壮的跟腱。跟腱是人体最为粗壮的肌腱，向上连着小腿三头肌，跟腱具有极强的弹性，这样就使得跟腱在被拉长时可以产生回弹力，这种回弹力

是完全储存在跟腱之中的。这也就意味着跟腱依靠自身的拉长－回弹就可以产生一定向前的动力，即通过释放弹性势能产生力量，就可以达到减少肌肉做功的目的。马以耐力优良著称，这在很大程度上跟马具有极长的跟腱有关。利用跟腱的拉长－回弹所释放的弹性势能，马就可以轻松奔跑而无须每一步都拼命收缩肌肉，人类同样也是如此。

除了跟腱以外，足弓也可以像弹簧一样储备能量和减缓冲击，所以良好的足弓对于跑步很重要，而足弓的塌陷如扁平足，从某种意义上会降低人体跑步时的效率，同时也不利于缓冲，从而导致人体着地时所受到的冲击力增加。

在上肢和躯干方面，人类的直立行走，造就了其独有的跑步姿势：下肢摆腿、躯干相对稳定，而上肢灵活摆臂。人体肩关节非常灵活，因此上肢可以很好地发挥平衡、协调作用，防止因为打滑或者别的原因而失去重心。

人类长而窄的躯干可以像麻花一样产生一定的扭转力，这样的扭转力可以从摆臂动作中产生，并经过躯干传递到下肢。在跑步时我们说躯干保持稳定，这种稳定是相对的，跑步时躯干保持稳定不是说躯干一定要像铁板一块，而是说躯干不可以前后晃动及左右侧倾。躯干可以产生一定的旋转。这种旋转是伴随摆臂而发生的非常自然的现象。这种旋转还可以产生扭转力，有助于提升跑步发力效果。

四、人体头部平衡能力对于跑步也很重要

跑步时头部稳定对于看清物体，以及全身张力均衡都非常重要。耳朵内部有一套内耳平衡系统。这套系统可以帮助我们在跑步时保持身体平衡，而前庭耳蜗反射则可以让我们在跑步时，虽然不断腾空落地，重心上下起伏，但始终可以看清楚眼前东西，而不是随着重心起伏感觉整个世界在晃动，这会引发眩晕。

五、人体具有很好的进食能力和热量储备能力

人体的进化，使得我们具备高效地将吃下去的食物中的热量转变为糖和脂肪储备起来的能力。此外，人类吃一顿饭花的时间很短，只需十来分钟就可以吃饱。也就是说人类具有高效的进食能力，一天24小时人类只需要花很少时间就能摄入足够热量，其余时间除了休息都可以跑步。而马是食草动物，天然草中糖的含量很低，在正常情况下，马一天中有差不多60%的时间用于进食。士兵带一点干粮可以维持几天的工作，但战马的饲料准备就不同了，所以骑兵再快，也需要停下来等待后勤部队。这就造成尽管马能跑，但受制于马的进食效率，最终导致骑兵的前进速度不见得比步兵快多少，其实这跟龟兔赛跑有点类似。

希腊超级马拉松全程246千米，人类最好成绩为22小时，一般成绩在23～25小

时；赛马最快可以一天奔跑300千米，看起来马的耐力还是更好。而在国际马术联合会（International Equestrian Federation，FEI）耐力赛中，赛马通常每天奔跑80～120千米，世界纪录是单日160千米，跟人类相比优势就不大了。

六、总结

人类不是以速度见长，但在耐力方面，人类可谓是陆地动物中的佼佼者。当初智人捕猎原始象就是靠耐力，即使在现代，非洲一些部落也是靠长跑驱赶并且累死羚羊的方法来捕杀它们。所以说人类是天生的耐力型动物是有理有据的。有先天优势不一定代表你就具有良好耐力，因为长期久坐缺乏运动会导致人体耐力严重退化，但只要经过合理训练，你的耐力就能得到大幅度提升。祖先给了我们一副适合跑步的好身板，问题是我们能否将跑步这种能力发扬光大！

◂◂ 第二节　跑步的十大益处 ▸▸

跑步是大众参与最多的运动，坚持跑步，你会发生哪些重要改变？以下做了详细的总结。从身体到行为，这10个改变是你可以看到的。

1. 心肺功能显著增强

经常跑步的人的心脏有这些典型特点：安静心率较低；跑步时同等配速下心率较低；极限强度下最大心率更高；心脏收缩能力和舒张能力强，每一次收缩射血能够向全身提供更多血液，每一次舒张放松则可以收集更多来自静脉的回血，从而为下一次射血做好充分准备。因此，安静状态下，跑者只需要较少的心跳次数就可以满足全身供血需要，呈现节省化特点，而在极限强度下，心脏仍然能够高效工作。

在2016年年底，美国心脏协会已经将心肺耐力作为"第五大"生命体征。众多科学研究强有力地支持，心肺耐力被证明是比传统危险因素，如吸烟、肥胖、高血压、高血脂和高血糖更有力的预测死亡风险的因素。换句话说，通过跑步提升心肺功能对健康将产生积极、深远的影响。

2. 运动系统变得结实而又强壮

运动系统由骨骼、肌肉、关节三大部分组成，坚持跑步会对骨骼、肌肉、关节均形成积极影响。跑步会让骨骼变得结实坚硬，这样就可以有效对抗骨质疏松，减少骨折发生的风险。跑步可以让白肌纤维向红肌纤维转化，从而让更多肌肉纤维在耐力运动中被募集，红肌纤维的特征是肌纤维比较细长，而并非像白肌纤维那样体积肥大，这就是为什么大多数跑者看上去瘦削，当然这并不是说跑者缺乏肌肉，而是跑者通过长期训练，形成了特定的肌纤维类型，他们的肌肉形态不同于健美者罢了。跑步还有利于关节健康，能让关节变得更加灵活且稳定，还能增加关节韧带强度和软骨厚度，所谓"跑步百利唯伤膝"是对跑步最大的误解之一。健身跑者骨性关节炎发生率仅为3.5%，而久坐不动人群的骨性关节炎发生率为10.2%。

3. 能量代谢系统变得适合长时间运动

跑步使得线粒体数量和体积增加。什么是线粒体？线粒体是肌纤维细胞内的能量工厂，来自呼吸的氧气和来自肌肉、血液的糖原、脂肪最终被运输到线粒体，在这里完成氧化分解提供运动所需的能量。耐力运动使得线粒体数量和体积增加，因此有助于提高耐力表现。

此外，跑步使得有氧代谢酶活性也得到了增强。什么是酶？酶是促进化学反应的催化剂，酶的活性增强，可以明显加快糖、脂肪的分解，从而在单位时间为运动提供更多能量。换句话说，有氧代谢酶活性的增强可以提高你的输出功率，让你跑得更快。

4. 更低的体脂率，良好的身材

耐力好的人一般不会很胖，因为对于跑步这样一项需要克服重力的运动来说，过多的脂肪只会增加身体的负担，所以，较低的体脂率（男性9%~12%，女性14%~17%）是成为精英跑者的必备条件之一。跑步也是最佳的减肥运动之一，许多跑者刚开始跑步的目的都是减肥，在成功减肥后，逐步成长为成熟跑者。瘦而结实使得跑者成为身材最好的群体之一。

5. 更少生病，身体健康水平显著提升

跑步不仅可以显著提升健康水平，更可预防多种类型的慢性疾病。美国运动医学会提出"运动就是良医"，慢跑对于高血压、冠心病、糖尿病、癌症等严重危害人类健康的慢性疾病都有很好的预防作用。众所周知，慢性疾病是导致人类死亡最主要的原因，减少慢性疾病的发生就是延长人类健康寿命。跑步除了可以预防大量慢性疾病，对于体弱易感冒人群及患有慢性疲劳综合征的人群也有很好的改善作用。经常跑步，感冒发生更少，即使感冒，恢复得也更快。

6. 健康的情绪，更少产生心理问题

跑步不仅可以有效促进身体健康，也是改善心理健康的最佳方式之一。在如今这样一个快节奏、高压力的社会环境中，人们出现各种各样的心理健康问题显然已经成为一个大概率事件，焦虑和抑郁就是其中最常见的两种不良心理状态，而跑步作为对抗心理健康问题最有效的武器，正是缓解和消除焦虑、抑郁状态的良方。如果想要跑步减肥，

你可能需要跑上一段时间才能见到效果，但是通过跑步改善情绪就不一样了。如果你心情不好，那么你只管去跑步，跑完后，糟糕情绪会一扫而光。这样的感受，对于有跑步习惯的人来说，是真真实实能感受到的。

7. 更持久有效地工作，更快地从疲劳中恢复过来

跑步是典型的心肺耐力运动，通过跑步增强心肺耐力，不仅可以让你更加持久有效地工作而不感到过度疲劳，疲劳后也可以更快"满血复活"。这是耐力性运动对人们工作、生活方面的积极影响。运动有利于工作，运动改造大脑，在脑力工作成为人们主要工作方式的当今社会，运动能显著提升大脑认知能力，包括记忆能力、思维速度、专注力和学习成绩。具体表现为其可以帮助人们更有条理地组织日常工作和制订工作计划，能够更好地自我管理，用最佳的方式执行工作和完成任务。

8. 形成坚定的信念、强大的意志

跑步在许多人眼里是一项枯燥的运动，但跑者却乐在其中。跑步的距离再长、路线再难、我们感觉再累，也要尽可能坚持到跑完的那一刻，这需要坚定的信念、强大的意志力。跑步培养了我们心无旁骛、专注努力的精神，也让我们更有毅力、更有勇气、更有信心去坚持做一件事并且把这件事做成。说白了，跑步的人更能扛！

9. 享受真正有质量的生活

运动是积极健康生活方式最重要的组成部分，没有运动，营养补充得再好，睡眠再充足，也谈不上健康的生活方式，运动如此重要，以至于我们把运动和健康相提并论。运动也许不能让我们长生不老，跑步也不能让我们长命百岁，但却能让我们高质量地享受每一天的健康生活。跑步的每一天，心情更好，工作更有活力，工作效率更高，更能克服困难，更满意自己的表现，结交更多志同道合的朋友，这不就是享受质量更高的生活吗？

10. 越跑步越理性

人类天生会跑步，"跑步谁不会"是不了解跑步的人对跑步的第一印象，但就是这样一项看似简单的运动，伤痛率高达85%，不科学地跑步带给人们的伤害还少吗？跑得越多，走过的弯路越多，经历的伤痛越多，懂得越多，你就越能理解科学、无伤跑步的重要性，你也会变得越来越理性。你会懂得量力而行，循序渐进。跑步是一项"你快永远有人比你更快，你慢永远有人比你更慢"的运动。跟自己比，有进步就很好，哪怕没有进步，能保持好的跑步习惯，就是最好的自己！

跑步不是万能的，没有跑步、没有运动的人生却是万万不能的，跑步塑造了人类，人类不能没有跑步。

第二章 跑步技术深度解析

▸▸▸ 第一节　大众跑者跑步技术研究：步频与步幅 ◂◂◂

　　跑步姿势，简称"跑姿"。一直都是大众跑者关注的热门话题。对于训练多年的精英运动员来说，跑姿已经定型，教练员和运动员认为这是很简单的，但对于大众跑者来说，就并非如此了。大众跑者对于跑步还处于不断探索、学习、体验、实践的过程中，形成和养成良好的跑姿，对于提升跑步效率、减少伤痛意义重大。

　　可以在实验室中用高精尖的设备，如测力台、光学动作捕捉系统测量跑姿，也可以用跑步App、运动手表等大众普遍接受的方式测量跑姿。大众能够理解、探讨最多的跑姿时空参数就是：步频与步幅。步频、步幅是否合理在很大程度上代表了你的跑姿是否合理，也就是说步频和步幅从某种意义上能代表你的跑姿表现，甚至也能代表你的跑步水平。今天，我们就用来自科学研究的数据为大众跑者深度解读步频与步幅。

一、什么是步频与步幅

　　步频是指走路或者跑步时，每分钟脚落地的次数。例如，在1分钟内，左右脚共踏出150步，那么你的步频就是150步/分，如果左右脚共踏出180步，那么步频就是180步/分。

步幅则是指相邻两步的距离，也就是步与步之间的距离，步频乘以步幅就等于速度，换句话说，速度是由步频和步幅共同决定的。在相同速度下，可以采用慢步频大步幅，也可以采用快步频小步幅。在加快速度的过程中，可以步频不变增加步幅，或者步幅不变加快步频，抑或是步频和步幅同时增加。当然，在跑步过程中，步频和步幅两个指标中的任意一个都不可能无限增加。

不同速度下最佳步频是多少？不同性别跑者在同一速度下步频相同吗？不同水平跑者的步频和步幅有没有差别呢？南京体育学院运动健康学院戴剑松副教授带领团队进行了深入研究。

二、这项研究是如何做的

首先，我们从南京本地跑步团招募了一批不同水平的跑者，最终有16名高级跑者（男性8名，女性8名）、19名中级跑者（男性17名，女性2名）、23名初级跑者（男性12名，女性11名）加入本次研究。此外，我们还测试了40名平时不跑步的普通人，本项研究总计纳入98名实验对象。

高级组跑者：男子组全马（全程马拉松）在3小时30分钟内完成，半马（半程马拉松）在1小时30分钟内完成；女子组全马在4小时内完成，半马在2小时内完成。**经过问卷调查，高级组男性跑者全马平均完赛成绩为2小时52分钟，女性跑者全马平均完赛成绩为3小时24分钟。**

中级组跑者：男子组全马在3小时30分钟到4小时30分钟完成，半马在1小时30分钟到2小时完成；女子组全马在4小时到6小时完成，半马在2小时到2小时30分钟完成。**经过调查，中级组男性跑者全马平均完赛成绩为3小时39分钟，中级组女性跑者人数较少，两名女性跑者全马平均完赛成绩为3小时41分钟。**

初级组跑者：刚开始跑步锻炼的人群，跑步经历为半年以内，没有跑马（跑马拉松）经验。

实验测试在南京体育学院步态实验室进行，该实验室拥有价值120万元的美国产Bertec测力台跑步机（内置2块测力板）、价值100万元的瑞典产Qualisys三维动作捕捉系统（含8个镜头），可以精确测量人体在跑步时的动力学、运动学参数以及时空参数，是测量跑步技术的"金标准"方法，精度高于现有所有运动手表。测力台及动作捕捉系统的采样频率为200赫兹。

受试者换上无反光标志的紧身服饰，热身10分钟。测试人员调节配速，遵循由慢到快的原则使受试者充分适应测力台，保持平时自然的跑步姿态。根据人体体表骨性标志点，由测试人员对受试者下肢进行从下至上的贴点操作。共计36个反光标志点。

受试者身上贴上反光标志点用于动作精准捕捉

侧面贴点　　　　　　　　　　　　背面贴点

　　所有受试者完成了10个速度测试，即测试了8:00（每千米用时8分，即配速8分/千米）、7:30（配速7分30秒/千米，以此类推）、7:00、6:30、6:00、5:30、5:00、4:30、4:00、3:30共计10个配速下的跑姿（没有跑步经验的40名普通人及少数跑者由于能力有限，未进行4:00及3:30两个速度测试），每个速度测试15~20秒。后期处理分析时，截取受试者各速度下的稳态跑姿进行步频和步幅计算分析，98名受试者总计提供30000步左右数据用于统计分析，从某种意义上说，可以近似视作30000人进行测试（每一步视作一个独立样本），这是一个大样本的可靠统计。

一位跑者在进行跑步姿势测试的画面

采集的原始数据由Qualisys自带的QTM数据管理软件进行识别，使用Visual 3D生物力学分析软件和SAS JMP对数据进行统计处理。垂直地面反作用力大于10牛时视为足触地时刻，小于10牛时视为足离地时刻。根据标志点能够建立下肢各部位坐标系，膝关节中心是股骨内、外侧髁连线的中点，踝关节中心是胫骨内侧髁和腓骨外侧髁连线的中点。各关节角度定义为相邻两个部位坐标系之间的欧拉角。髋关节角度定义为大腿坐标系与骨盆坐标系之间的欧拉角，膝关节角度定义为小腿坐标系与大腿坐标系之间的欧拉角，踝关节角度定义为足坐标系与小腿坐标系之间的欧拉角。

三、大众跑者的步频与步幅特征是怎样的

本研究从速度较慢的8:00配速一直测试到速度较快的3:30配速，这样就可以全面分析大众跑者不同速度下的步频、步幅特征。下图显示了不同配速下大众跑者（含没有跑步经验的普通人）平均步频和平均步幅的变化特征。从图中可见，随着速度加快，步频和步幅都呈现增加趋势。但经过严格的统计学分析，在慢速情况下，从8:00到6:30，步频虽然有所增加，却并无统计学差异；但从8:00至6:30，步幅在各速度间均存在统计学差异，这表示如果速度较慢，如配速在6:30以外，跑者倾向于通过加大步幅来提升速度，**步频变化并不明显**。而当配速达到6:00以内时，随着速度加快，步频和步幅会同时增加，这也就意味着，**当配速在6:00以内时，跑者提速时不仅步频加快，步幅也会增大**。

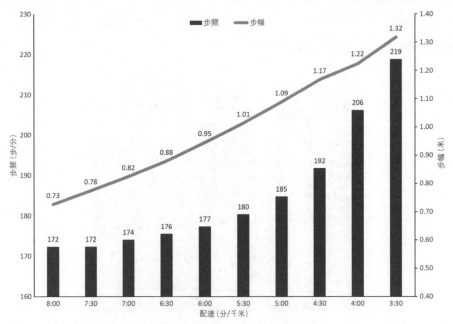

不同配速下所有受试者步频步幅变化特征

下表及下图显示了不同水平跑者步频和步幅随速度变化的特征。**很有意思的是，没有跑步经验的普通大众在各个配速下，步频均显著低于其他3个组别的跑者，与此相对应的是，步幅则显著大于其他3个组别的跑者。而各个配速下，其他3个组别的跑者步频与步幅均不存在统计学差异，虽然看起来中级组跑者步频较快，高级组跑者步幅较大。**

各配速下不同水平跑者平均步频（步/分）

配速（分/千米）	普通大众	初级组跑者	中级组跑者	高级组跑者
8:00	169	174	175	176
7:30	168	174	177	176
7:00	170	175	180	177
6:30	171	178	181	178
6:00	172	180	185	179
5:30	174	184	187	183
5:00	177	190	191	188
4:30	182	199	201	196
4:00	未测试	208	209	202
3:30	未测试	231	221	210

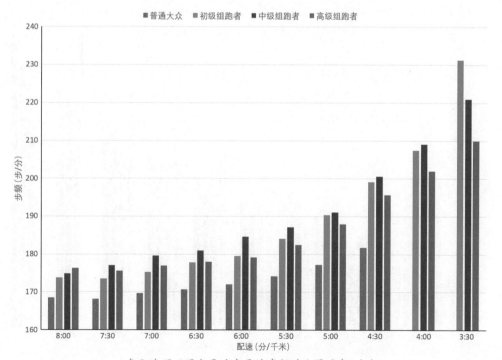

各配速下不同水平跑者平均步频对比图（步/分）

　　下表及下图显示，没有跑步经验的普通大众倾向于采用慢步频大步幅的跑姿，经过一定训练的大众跑者，表现为步频有了明显的提升，而经过多年训练的精英跑者，步频在各组中不一定是最快的，其表现为既能够保持足够步频，也能展现比其他跑者更大的步幅。

各配速下不同水平跑者平均步幅（米）

配速（分/千米）	普通大众	初级组跑者	中级组跑者	高级组跑者
8:00	0.74	0.72	0.72	0.71
7:30	0.79	0.77	0.75	0.76
7:00	0.85	0.82	0.80	0.81
6:30	0.90	0.87	0.85	0.87
6:00	0.97	0.93	0.91	0.93
5:30	1.05	0.99	0.98	1.00
5:00	1.13	1.06	1.05	1.07
4:30	1.23	1.12	1.11	1.14
4:00	未测试	1.21	1.21	1.25
3:30	未测试	1.24	1.30	1.37

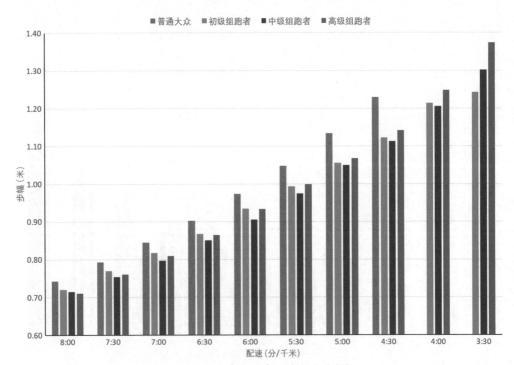

不同水平跑者平均步幅对比图（米）

　　下图显示了不同性别跑者各配速下平均步频与步幅变化特征。经过统计学分析，很明显女性几乎在所有配速下步频都快于男性，而步幅则小于男性，**这说明女性跑者更多倾向于采用快步频小步幅，即小步快跑的跑步方式。**

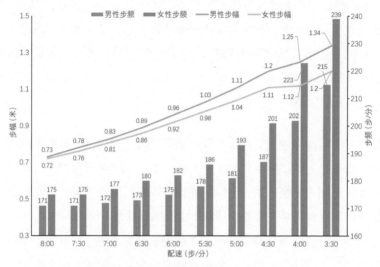

不同性别跑者各配速下平均步频与步幅变化特征

四、大众精英跑者与专业运动员的差距更多在步幅方面

　　根据跑姿一般常识，180步/分是相对合理的步频。从本研究中我们可以发现，其实大众精英跑者的步频看起来也不会太低，在配速6:00以外基本可以达到170步/分以上，而在配速6:00以内基本可以达到180步/分，由此也可以看出经过多年训练，大众精英跑者基本都努力将自己的步频加快到180步/分，在配速达到4:00左右时，步频甚至已经达到200步/分，而基普乔格"破2"时的步频也仅为180步/分左右，显然基普乔格的步幅很大，经过计算其步幅可以达到将近2米。从上述结果中，我们可以发现大众精英跑者在速度最快的3:30时，步幅也仅为1.3米左右，而前长跑之王格布雷西拉西耶以自己1.64米的身高，同样可以达到超过2米的步幅。

　　你肯定关心步幅是不是与腿长有关。本研究还做了步幅与身高的相关性研究（见右表），在各个配速下，步幅与身高的相关系数介于

配速 （分/千米）	步幅与身高的 相关系数
8:00	0.32
7:30	0.37
7:00	0.35
6:30	0.37
6:00	0.41
5:30	0.41
5:00	0.46
4:30	0.49
4:00	0.46
3:30	0.47

0.3～0.5，属于中低度相关。身高越高，一般腿越长。虽然腿长看起来容易实现大步幅，但腿长并不是步幅的决定性因素，身高越高也会带来风阻越大的问题。基普乔盖的身高仅为1.67米，基普乔盖、格布雷西拉西耶等小个子运动员优良的步幅更多与其良好的身体柔韧性、灵活性、肌肉弹性及专项力量有关。

这也提示速度足够快时，只靠加快步频来加速显然不是一种明智的方式，过快的步频容易使得后蹬力量还未充分发挥就进入下一次着地，这样就大大降低了跑步效率。而此时通过加大步幅，能够实现充分后蹬，延长肌肉做功距离，也使得腾空期更长。

五、总结

速度越快，一般步频越大，但这不等于速度慢时，步频就允许更慢。本研究显示即使速度慢时，也要努力让步频达到170步/分。当然，当速度足够快时，如进入配速4:30以内，你就要注意加大步幅，加大步幅可能比加快步频更难实现，对身体提出的要求也更高，但如果你想成为高水平跑者，只靠加快步频显然是不够的。

大众跑者与具有一定跑步基础的跑者在跑姿上最主要的区别也在于步频不同。在速度没那么快的情况下，加快步频、小步快跑更加适合大众跑者，即在速度慢时，也要尽可能达到步频不低于170步/分。大众跑者经过训练，步频会得到明显优化。最后总结，速度慢时，小步快跑有优势；速度加快后，注意步频、步幅同时增加，精英跑者速度较快，尤其要更加注意训练步幅。

◄◄ 第二节　着地时间 ►►

跑步是双脚轮番向前的运动，任何一只脚从接触地面的瞬间到完全离开地面这个过程所花费的时间就是着地时间。着地时间作为评估跑步整体效率的重要指标，在很多跑步手表中都可以被测量到。

着地时间非常短，通常只能以毫秒作为衡量着地时间的单位，着地时间为200~400毫秒，而1秒=1000毫秒。大众跑者的着地时间一般为300毫秒，能够达到250毫秒左右就属于比较不错的水平，而精英跑者的着地时间则能控制在200毫秒内。

大众跑者着地时间究竟是多少？不同速度下着地时间发生了哪些变化？不同性别跑者在同一速度下着地时间相同吗？不同水平跑者着地时间究竟有没有差别呢？南京体育学院运动健康学院戴剑松副教授的团队进行了深入研究，研究方法见本章第一节。

一、测试结果揭示了大众跑者着地时间的很多特征

我们根据测力台数据来分析着地时间，测力台上显示有三维力代表脚处于着地阶段，没有三维力显示代表脚处于腾空摆动阶段，这种测量方式是"金标准"，因为测力台跑步机采样频率非常高，测量精准，是测量着地时间最为精确的方式。从下图中可见，速度由慢到快，着地时间逐步缩短，从配速8:00时的264毫秒，逐步缩短至配速3:30时的157毫秒。根据统计分析，10种速度下的着地时间均存在显著差异，这说明着地时间与速度高度相关，速度越快，着地时间越短。

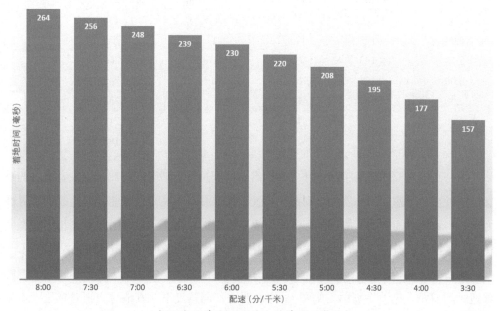

各配速下着地时间对比（单位：毫秒）

目前，只要内含加速度传感器的运动手表都能提供着地时间这个参数，但多数运动手表在给出着地时间评估报告时是不考虑速度的。显然，用一个统一的标准去衡量不同速度下的着地时间是存在偏差的，如在速度比较慢的情况下，也许绝大多数跑者着地时间都较

长，这样就会给跑者水平较低的评价。而当跑者速度比较快时，会导致着地时间缩短，这时评价又变成跑者个个都是高水平跑者。也就是说跑步速度较慢时，运动手表会低估跑者表现；而跑步速度较快时，又会高估跑者表现，这就是一些专门研究手表的跑者总结出来的：**速度不够快，所有参数评价都很难看；速度够快，所有参数评价都很好看**，其实不应该是这样。所以建议未来的运动手表能根据不同配速给出不同的着地时间评价标准。

下表为根据本研究的大样本统计结果计算出的不同配速着地时间评价标准，百分位数是一个统计学概念，意思将跑者着地时间从短到长进行排队，你的位置处于哪里。如果你在6:00配速时，着地时间为190毫秒，小于195毫秒，你比95%的跑者都要优秀。同样的道理，如果6:00配速时，你的着地时间为260毫秒，那么你就属于跑步效率比较低的跑者。

不同配速着地时间评价标准（毫秒）

配速（分/千米）	优秀 >95%	良好 70%~95%	中等 30%~69%	较差 5%~29%	不理想 <5%
8:00	≤220	221~245	246~280	281~320	≥321
7:30	≤215	216~240	241~270	271~305	≥306
7:00	≤205	206~235	236~260	261~295	≥296
6:30	≤200	201~225	226~250	251~285	≥286
6:00	≤195	196~220	221~240	241~275	≥276
5:30	≤185	186~210	211~230	231~260	≥261
5:00	≤175	176~195	196~220	221~245	≥246
4:30	≤160	161~185	186~205	206~235	>235
4:00	≤150	151~165	166~185	186~210	≥211
3:30	≤130	131~150	151~165	166~182	>182

下一页第一幅图显示了男性和女性跑者不同配速下着地时间对比，比较有意思的是女性跑者在各个速度下的着地时间都比男性要短，并且具有统计学差异，这改变了男性力量强、着地时间短的一般认知，测试结果就是如此。这提示着地时间可能与体重高度相关，体重较重需要更多时间进行缓冲和蹬伸，而体重较轻则可以相对减少着地时间。

本研究还比较了3个级别跑者的着地时间，无论速度是快还是慢，级别越高的跑者着地时间越短（见下一页第二幅图），这说明在不同速度下，着地时间相对越短，跑步效率越高。

为什么高级组跑者在同一速度下，着地时间比水平较低的跑者短呢？原因可能是多方面的。首先，高级组跑者腾空高度较小，他们把更多力气用在水平位移上，这样就有效减少了腾空所带来的能量消耗并且使得落地缓冲所需时间更短，而腾空高度越高，落

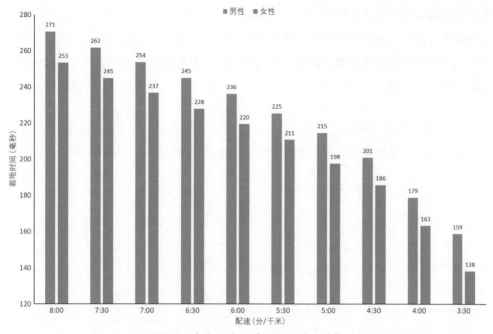

不同性别跑者各配速下着地时间对比（毫秒）

地自然需要越长的缓冲时间。你试试看从一米高度跳下和半米高度跳下，看哪种情况落地缓冲屈膝时间长，尝试过你就很容易理解这一点；其次，缓冲 - 蹬伸时间相对越短，

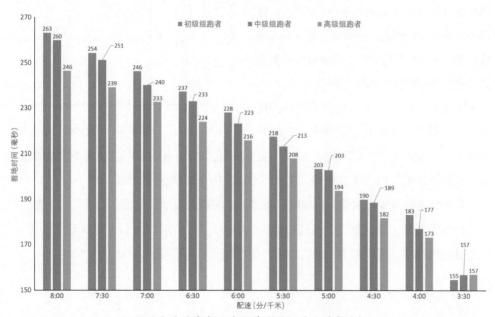

不同水平跑者各配速下着地时间对比（毫秒）

衔接得越好，就越能利用筋膜、肌腱、肌肉等组织的弹性来省力，我们把这种收缩形式称为超等长收缩。现在更流行的说法是**快速伸缩复合式运动**，而要让缓冲-蹬伸时间缩短，就得降低腾空高度，腾空高度一旦变高，就必然带来缓冲-蹬伸时间的延长，这就是所谓的环环相扣。

二、对于着地的深度解析

着地阶段可以分为缓冲期、支撑期、蹬伸期3个阶段。

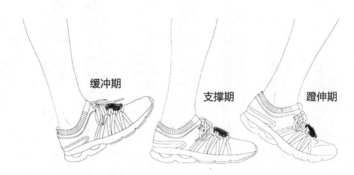

缓冲期　　　　支撑期　　　蹬伸期

以大众跑步通常采用的脚跟着地为例（见右图），在着地瞬间会有一个陡增的地面反作用力，大约持续五六十毫秒，这一阶段就代表着地冲击。根据牛顿力学定律，人体给予地面多少作用力，地面就会给予人体多少作用力，所以学会缓冲，适度减少着地冲击就成为预防跑步伤痛的关键所在。

在五六十毫秒之后，我们看到地面反作用力下降了，此时代表支撑期，此时重

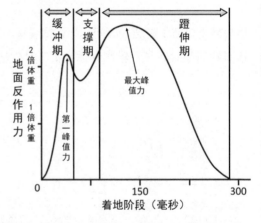

心从着地位置后方过渡到脚的正上方，并且继续往前移，此时也可以代表全脚掌着地期，即无论你是脚跟着地，还是前脚掌着地，都会经历全脚掌支撑阶段。

随后，重心继续往前移，超越脚的位置，这时进入着地的最后一个阶段——蹬伸期，这是跑步发力最主要的阶段，通过蹬地产生向前、向上的动力，此时地面反作用力甚至大于着地缓冲期，所以整个着地阶段的力学曲线呈现为双峰型曲线。

三、着地是跑步缓冲和发力的核心环节，也是与伤痛有关的重要环节

从上述分析中可以看出，着地阶段是跑步时非常重要的一个阶段，整个阶段的目的

是进行有效缓冲，缓冲脚在落地时受到的冲击力，避免过多速度损失，同时通过将下肢肌肉离心拉长储备弹性势能，从而在蹬伸阶段配合肌肉发力，获得向前的动力。

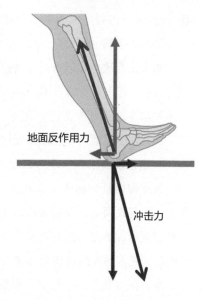

在跑步过程中，一定的着地时间可以确保有效缓冲和充分蹬地，没有着地就意味着人飞起来了，显然这是不可能的。但过长的着地时间又会带来明显的制动效应，为什么这么说呢？从右图可见，着地时，着地点通常在重心前方。从右图中也可以看到，着地时地面反作用力与跑步方向相反，起到摩擦制动作用，身体处于减速阶段，只有当重心越过脚后，变成蹬地发力，人体才从减速进入加速阶段，所以说，着地时间相对越长，在某种意义上会导致速度损失越多，并且会导致剪切力的增加。由于着地时间延长使得剪切力持续作用于人体，大大增加了发生跑步伤痛的可能性。

四、优秀运动员着地时间明显比大众跑者短

着地时间与比赛项目距离有关，距离越短则着地时间越短，距离越长则着地时间越长。根据优秀运动员数据，博尔特在百米比赛中的着地时间不到100毫秒，只有七八十毫秒，这一方面与短跑项目的性质有关，另一方面也说明博尔特具有极强的下肢弹性和爆发力。中长跑乃至马拉松项目运动员，由于速度明显不如短跑运动员，所以着地时间不太可能短于100毫秒，"万米王"贝克勒在5000~1000米比赛中的着地时间约100毫秒。

精英选手着地时间也明显比大众跑者短，大众跑者着地时间多在300毫秒左右，大众跑者能达到220~240毫秒就算比较不错的水平，而精英中长跑选手的着地时间绝大多数都在200毫秒内。精英选手着地时间短在于其在缓冲期、支撑期、蹬伸期耗时均短于大众跑者，也就是说，精英选手在缓冲地面冲击力、储备和发挥肌肉弹性势能方面用时较短，效率较高。这主要是由于精英选手经过长年训练，已经在大脑控制、神经肌肉协调配合、肌肉收缩拉长等方面实现完全的高效工作，这不是哪个单方面训练就能做到的，而是从身体功能到跑步能力的全面提升，这是多年训练的结果。

五、大众跑者如何适度减少着地时间

大众跑者如果能减少着地时间，从提升跑步效率、减少伤痛角度而言，无疑是非常

有益的，那么怎样才能适度减少着地时间呢？

1. 加快步频

如果让着地点靠近重心，身体重心就能更快通过支撑脚。那么怎么才能让着地点靠近重心呢？那就是加快步频。加快步频后，着地时脚来不及往前伸，这样就有利于着地点靠近重心，从而减少刹车效应，帮助重心快速前移，减少制动，且此时膝关节保持弯曲，也有利于肌肉离心收缩，促进有效缓冲，一举两得。

2. 重视发展肌肉快速伸缩复合能力

快速伸缩复合训练的英文是"plyometrics"，之前翻译过来的名称有很多，如增强式训练、弹震式训练以及超等长训练，近几年我们更习惯称其为"快速伸缩复合训练"。**快速伸缩复合训练是指最短时间产生最大速度或者最大力量的练习，主要是通过预先拉长肌肉，利用肌肉和肌腱的弹性势能以及牵张反射，实现更快、更强的向心收缩运动。**

快速伸缩复合训练是提升爆发力的最为有效的训练方式之一，它同样可以提升神经肌肉协调性以及肌肉间的相互协同发力能力，从而提高你的跑步经济性，让你跑起来更省力、更轻松，当然也更快。

要理解跑者为什么需要发展肌肉快速伸缩复合能力，首先你得理解这个概念：肌肉不仅具有收缩性，也具有弹性。所谓弹性就是被拉长后能够回弹的能力，就如同皮筋一样，肌肉在被拉长后，同样具有回弹力。快速伸缩复合训练恰恰就可以有效训练肌肉循环拉长、缩短的能力，这样就可以有效利用软组织（肌肉、肌腱）在拉长过程中所储备的弹性势能，从而减少肌肉直接收缩的能量消耗，提高跑步经济性。

快速伸缩复合训练的本质就是要求训练者尽可能减少与地面的接触时间，因此训练者需要学会着地缓冲，并积极地对地面做出反应。而跑步过程中当支撑脚着地时，肌肉离心收缩进入缓冲阶段，然后积极地向心收缩以蹬地推动身体前进。所以快速伸缩复合训练中肌肉的工作模式与跑步中肌肉的收缩模式相同，它就是跑步专项力量训练。**跑步中着地时小腿肌肉发生了典型的拉长、缩短弹性运动。**

有体育科研人员评定了9周快速伸缩复合训练对中长跑运动员神经骨骼肌系统和运动成绩的影响，结果显示，经过9周训练后，运动员5千米跑成绩、跑步经济性、5级跳的距离以及20米跑成绩显著提高，同时跑步着地时间减少（跑步着地时间越短，速度损耗越小，肌肉、肌腱弹性势能运用得越好）。大众跑者多做蹲跳、跳绳等练习可以有效提升肌肉快速伸缩复合能力。

当然，减少着地时间不等于刻意跳着跑，那样在较短时间内的确减少了着地时间，但坚持不了多久就会累到不行。因为跳着跑会大大增加能量消耗和肌肉用力，精英运动员触地时间短、身体重心起伏小，如同贴地飞行，这才是真正有效率、省力的跑步方式。

当然，还有跑者会产生这样的疑问：在同等速度下跑步，不管着地时间长短，总的受力几乎都是一样的——2~3倍体重，着地时间越长，缓冲效果其实也应该越好，减少着地时间会不会导致缓冲不足呢？这里面犯了一个概念性错误，首先在整个着地阶段，只有前1/3~1/4阶段才是缓冲期，后半程都在蹬伸发力；其次，时间只是决定着地冲击力的一个因素，肌肉离心收缩能力、关节位置都会极大影响缓冲效果，所以精英运动员虽然着地时间短，但由于腾空高度低、肌肉能力强、跑步技术好，其着地阶段的缓冲效果要优于大众跑者。

六、总结

着地时间是反映跑步效率的重要参数。总体而言，速度较慢时，着地时间较长；而速度加快后，着地时间会缩短。太长的着地时间容易产生明显的减速刹车效应，降低跑步经济性，所以缩短着地时间有助于提高跑步效率。对于大众跑者而言，适当加快步频，加强力量训练，特别是加强肌肉快速伸缩复合训练，有助于缩短着地时间，提高跑步效率。

◄◄ 第三节 着地技术 ►►

如今跑者面临的最大问题之一仍然是跑步伤痛。导致伤痛的原因有很多，跑量过大、跑姿问题、体重较大、力量缺乏、恢复不足等不一而足，最终这些因素都会以生物力学的形式呈现出来。跑步是单一动作不断重复的运动，上述因素最终可能导致应力在身体局部（如膝关节）过于集中，并且超出身体的修复能力和承受能力，从而导致慢性劳损。

跑步过程中，人体受的力主要来源于腾空落地时的冲击力。跑步与步行的最大区别是跑步存在双脚腾空期，这样人体在落地时，会给予地面一个撞击力，根据牛顿第三定律，地面这时也会给予人体一个大小相等、方向相反的反作用力，这就是我们通常所说的地面冲击力。冲击力的大小以及产生快慢与速度、体重、人体缓冲能力高度相关，跑步时速度越快、体重越大、缓冲能力越差，当然所受到的力的加载速率越大，反之则越小。只要是跑步，就有一定的速度，同时体重一般

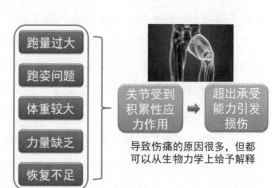

导致伤痛的原因很多，但都可以从生物力学上给予解释

来说在短期内也不会发生大的变化，所以假定速度和体重这两个因素不变，跑步时着地所受到的冲击力在很大程度取决于人体的**缓冲能力**。

这种缓冲能力本质上是一种技术加上能力的体现。所谓技术就是指跑姿，所谓能力主要是指肌肉表现，既然跑步时人体主要在着地阶段受力，那我们仔细来看一下在着地过程中究竟发生了什么。

跑步时，双腿交替往前迈出。一般来说，着地点位于重心前方，**着地时膝关节伸得较直（如右图所示），同时又不注意积极弯曲下压，这种跑姿对下肢关节伤害极大，也是导致跑步伤痛的关键。**这是因为着地时，如果膝关节伸得较直，在着地时，地面反作用力会因为缺乏缓冲作用直达下肢各关节特别是膝关节。你试试看从高处跳下，着地时膝关节伸直和弯曲两种方式，哪种震动冲击会更大。所以着地瞬间的**屈膝角度和着地阶段的屈膝幅度**，就成为决定跑步时人体受到的地面冲击力的关键指标。

南京体育学院运动健康学院戴剑松副教授的团队对大众跑者的跑姿进行了深入研究，这其中就包括对跑步时着地阶段人体关键跑姿的分析，研究方法见本章第一节。

一、如何评价大众跑者着地技术

由于着地技术在很大程度上决定了对受力的缓冲能力，所以本研究重点分析了衡量缓冲能力的3个指标，**分别是着地瞬间屈膝角度、着地阶段屈膝最大角度、着地阶段屈膝幅度**。

所谓着地瞬间屈膝角度是指脚刚刚着地时，大腿延长线与小腿的夹角。这个角度一般为10多度，它越小，说明膝盖伸得越直，着地点距离重心相对比较远，显然这个角度越小，越不利于缓冲；而这个角度相对越大，说明着地时膝关节弯曲得越明显，越有利于缓冲。

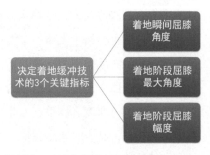

所谓着地阶段屈膝最大角度则是指脚着地后，膝关节下压缓冲能达到的最大角度，一般为三四十度，通常将整个着地阶段分为缓冲期、支撑期和蹬伸期，而划分的依据就是屈膝最大角度。屈膝角度从刚着地的10多度逐渐变大到40多度的过程代表缓冲阶段，

该角度从40多度逐渐变小的过程则代表蹬伸阶段，转折点就是着地阶段屈膝最大角度，此时为支撑期。

着地阶段屈膝幅度的计算则很简单，该指标等于着地阶段屈膝最大角度减去着地瞬间屈膝角度，这个角度代表着着地后膝关节下压缓冲能力。

根据大众跑者测试数据，本研究共研究了这批不同水平的大众跑者将近3万步有效数据（根据生物力学研究的一般约定，每一步的数据可以代表一个人，即虽然本研究只测试了不到100名大众跑者，但事实上可以近似理解为完成了3万人的数据测试），因此本研究从逻辑上说是一个大数据研究。

二、测试结果揭示了大众跑者着地技术究竟好不好

从下图可见，没有跑者在跑步时膝关节处于完全伸直状态，他们都会保持一定屈膝，只不过屈膝程度不同，当然这也代表了缓冲能力不同。随着速度加快，着地瞬间屈

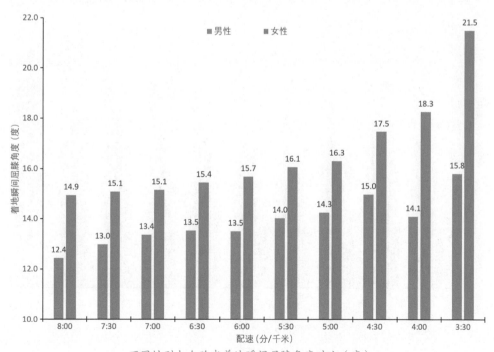

不同性别大众跑者着地瞬间屈膝角度对比（度）

膝角度呈现逐渐变大的趋势，但总体变大的幅度不大，从最慢的8:00配速到最快的3:30配速，着地瞬间屈膝角度仅仅增加了几度，基本上可以忽略不计。这说明着地时无论速度快慢，屈膝角度都是差不多的。但女性跑者着地瞬间屈膝角度大于男性跑者，因为步频快时，腿来不及充分往前伸就要着地，所以往往导致着地瞬间屈膝角度更大，这也显示女性从跑姿角度而言，腾空刚落地的跑步姿态可能比男性更好一些，但女性肌肉本身的缓冲能力不占优势，此处埋下伏笔。

　　下图的结果非常有意义，越是水平高的跑者着地瞬间屈膝角度越大，并且高级组跑者在各个速度下，屈膝角度均显著大于中级组跑者；而中级组跑者屈膝角度大于初级组跑者，说明初级组跑者着地时屈膝不足，这就导致了他们缓冲能力不足，自然受力比较大就容易受伤，这也部分解释了为什么初级组跑者容易受伤，而高级组跑者受伤概率没那么高。那么为什么初级组跑者着地时屈膝不足呢？也许与他们跑步技术不熟练、步频慢有关。同等速度下步频慢，步幅就会增大，这就容易引发跨大步现象，随之引发着地时膝盖容易伸得比较直的现象。

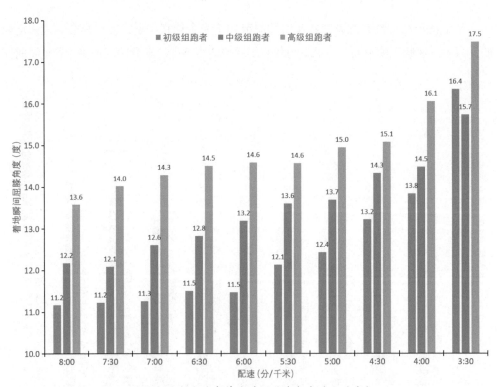

不同水平大众跑者着地瞬间屈膝角度对比（度）

从下图可见，随着速度加快，着地阶段屈膝最大角度也随之增加，但增加幅度不大，也仅仅增加几度，几乎可以忽略不计。但当配速达到4:00以内时，屈膝最大角度反而减小，可能与这时速度较快，着地时间明显缩短导致屈膝缓冲时间不足，即来不及屈膝缓冲有关，这也提示即使是高级组跑者也要适当控制速度训练，因为速度训练时，屈膝缓冲角度变小，受力就会明显增大。此外，在配速5:00以外时，女性由于着地瞬间

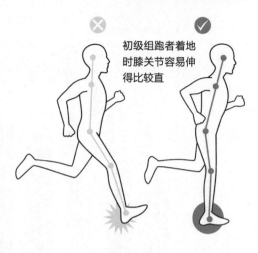

初级组跑者着地时膝关节容易伸得比较直

屈膝角度本身就比男性大，在缓冲期屈膝角度进一步增大，所以屈膝最大角度也比男性略大。

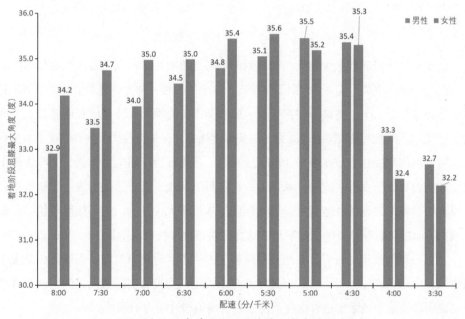

不同性别大众跑者着地阶段屈膝最大角度对比（度）

下一页图则显示由于高级组跑者着地瞬间屈膝角度比初中级组跑者大，所以屈膝最大角度也比他们大。

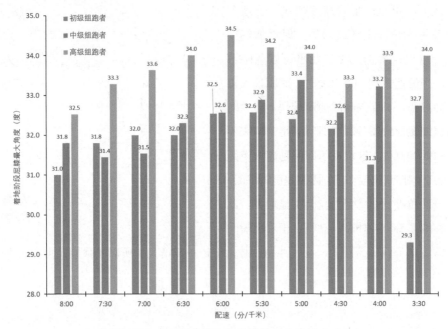

不同组别大众跑者着地阶段屈膝最大角度对比（度）

由于着地阶段屈膝最大角度与着地瞬间屈膝角度有关，所以需要采用变化幅度来代表真正在着地缓冲期，膝关节弯曲了多少度，这个度数相对越大，则表示膝关节下压越多缓冲能力越好。从下一页第一幅图可见，虽然女性着地瞬间屈膝角度和屈膝最大角度都大于男性，但真正代表屈膝缓冲能力的屈膝幅度指标，却是男性优于女性，这说明虽然女性在着地瞬间跑姿这个技术环节上略优于男性，但男性由于肌肉力量强，实际表现出来的缓冲能力要强于女性。此外，从该图我们还可以发现，随着速度加快，屈膝缓冲幅度并没有明显增大，即各个速度下，屈膝幅度基本没有太大差别，但当速度较快，如配速达到4:00以内时，缓冲幅度明显减小，这显然跟速度加快着地期缩短来不及缓冲有关。

从下一页第二幅图可见，各组间屈膝幅度差别不大，初级组屈膝幅度还要略大于中高级组，由于角度差异很小，所以这种差异也可以认为没有实际意义，但这从某种意义上也说明即便是中高级组跑者也应当加强自身着地缓冲能力的训练。

所以，综合不同性别及不同组别跑者着地缓冲时的跑姿表现，我们可以总结：女性着地瞬间屈膝角度和屈膝最大角度都略大于男性，但真正代表屈膝缓冲能力的屈膝幅度指标，却是男性优于女性；水平越高的跑者着地瞬间跑姿控制越好，表现为屈膝角度较大，这样有利于缓冲。

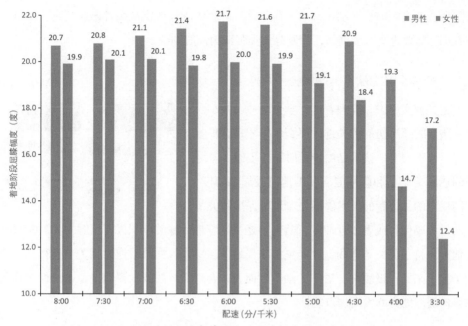

不同性别大众跑者着地阶段屈膝幅度对比（度）

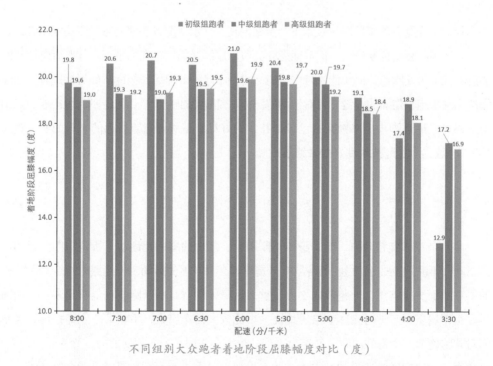

不同组别大众跑者着地阶段屈膝幅度对比（度）

　　落地缓冲能力是由着地时跑步姿态（着地瞬间屈膝角度）和缓冲能力（着地阶段屈膝幅度）共同决定的，高级组跑者虽然着地时跑步姿态控制还不错，但他们乃至所有大众跑者着地之后的缓冲动作都有不足，这也解释了为什么大众跑者伤痛高发。所以大众跑者仍然需要进行跑姿训练，特别是要加强肌肉离心训练。

三、加强跑步着地技术的两个主要方法

正如前文所说，合理着地、学会缓冲、减小受力是跑步时预防伤痛的关键，那么怎样才是合理着地呢？合理的着地技术是由着地时跑步姿态（着地瞬间屈膝角度）和缓冲能力（着地阶段屈膝幅度）共同决定的，前者的技术要领是着地时保持膝关节

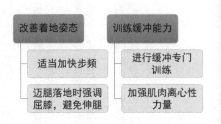

弯曲，不要伸直或者接近伸直，后者则是强调着地后膝关节积极下压缓冲。其实只有在着地时保持了膝关节弯曲，才能更加积极地下压缓冲，如果着地时膝关节伸得比较直不利于接下来的积极缓冲。对于大众跑者而言，合理缓冲的技术要通过**适当加快步频和训练肌肉缓冲能力**两方面加以掌握。

四、总结

针对大众跑者的着地缓冲技术进行测试发现：高水平跑者着地姿态优于初级跑者，表现为着地瞬间膝屈角度较大，但着地后膝关节下压缓冲仍然存在不足；女性跑者着地瞬间姿态略优于男性跑者，但女性跑者由于肌肉力量不足，着地屈膝幅度不如男性跑者。加强缓冲是预防跑步伤痛的关键，针对性的解决方法是适当加快步频和训练肌肉缓冲能力。跑者最终可以通过脚步声来判断自己着地技术的好坏，正所谓慧跑提倡的"轻如羽，跑无伤"，轻盈成为着地技术良好的最终表现。

◂◂ 第四节 着地受力 ▸▸

跑步是双脚交替向前，整个身体不断腾空、落地的周期性运动（所谓周期性运动就是指动作不断重复的运动）。走路虽然也是双脚交替向前的运动，但走路时至少有一只脚始终在地面支撑体重，而跑步需要克服重力让身体腾空，所以跑步比走路累多了。而同样是由于腾空，落地时人体会给予地面一个比较大的作用力，牛顿第三定律指出，当我们对某物施加一个力的同时，必定会得到一个大小相同、方向相反的力，称为反作用力，这个力就是我们通常所说的冲击力。冲击力如果过大或者不断积累，可能会给骨骼、关节带来损伤。根据爱燃烧公布的《2019年中国跑者调查报告》，在2019年，超过7成的跑

者经历过运动损伤，运动损伤从根本上说是由负荷过大，身体难以承受造成的。

着地冲击

换句话说，虽然导致伤痛的原因有很多，跑量过大、跑姿问题、体重较大、缺乏力量、恢复不足等不一而足，最终这些因素都会以生物力学的形式呈现出来。上述因素最终可能导致应力在身体局部（如膝关节）过于集中，并且超出身体的修复能力和承受能力，从而导致慢性劳损。

一、跑步着地时受力基本特征

认真、细致地研究大众跑者跑步过程中，特别是着地阶段的受力特征，对于指导大众科学跑步很有价值。首先给大众跑者介绍跑步着地时地面反作用力的基本特征，跑步时，地面垂直方向反作用力的经典曲线一般如右图所示。

在脚刚着地时会有一个陡然上升的力，我们把这个力称为第一峰值力，第一峰值力对跑步指导最有意义，它代表跑步

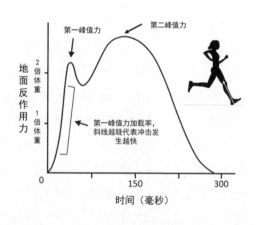

第一峰值力

第二峰值力

地面反作用力

2倍体重

1倍体重

第一峰值力加载率，斜线越陡代表冲击发生越快

0　　　　　150　　　　　300
时间（毫秒）

腾空落地时所受到的地面冲击力的大小及其产生的快慢。第一峰值力越大，曲线上升越陡，代表着地冲击越大；当然这个力也代表缓冲能力，曲线上升相对越缓，幅度越小，则代表缓冲能力越好。第一峰值力在跑步生物力学中是最重要的指标之一，因为这个指标跟伤痛密切相关，受伤主要跟第一峰值力和第一峰值力的加载率（斜率）有关。

在第一峰值力之后，力的曲线会短暂下降或者不下降，然后再次上升，此时的力会比第一峰值力更大，称之为第二峰值力。第二峰值力代表着地由缓冲期变成蹬伸期，第

二峰值力通常表示蹬伸用力的程度。

　　南京体育学院运动健康学院戴剑松副教授领导的团队对大众跑者的跑姿进行了深入研究，这其中就包括对跑步时着地阶段受力特征的分析，研究方法见本章第一节。

二、大众跑者着地时受力分析

　　下图显示了大众跑者在10个速度下的着地受力曲线，很明显随着速度加快，受力逐渐增大，曲线逐渐升高。

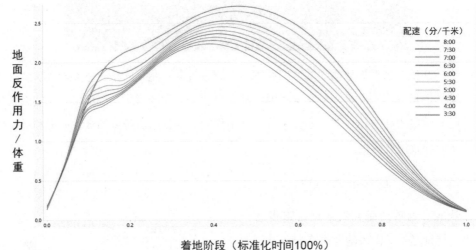

跑者在不同速度下的着地受力曲线

　　由于着地时受力大小与体重有关，体重越大，腾空落地时动量越大，自然第一峰值力也越大，所以需要将受力除以体重，下一页图的纵轴坐标显示了体重的倍数，从最慢的8:00配速到最快的3:30配速，第一峰值力从1.5倍体重增加至2~3倍体重，经过计算配速每缩短30秒，平均受力增加5%~6%倍体重，这就意味着对于一个体重60千克的跑者，配速每缩短30秒，每一步着地时受到的冲击力将增加3千克左右，看上去还不算多，但这只是每一步增加的冲击力，1千米大约1000步，这就意味着每1000步，配速每加快30秒，受力将增加多达3吨。跑步伤痛绝大部分都是劳损，即负荷积累性损伤，没有人是因为慢跑几百米受伤的，跑者往往都是在跑量不断积累过程中出现伤痛的。

　　本研究用数据证明了，每一步受力增加一点点，看上去不多，但不断累积就会产生天文数字。所以，跑者的配速和跑量一定要与自己的能力匹配，加快配速、加大跑量一定要以自身能力作为基础，通过循序渐进的训练，逐步提高身体对负荷的耐受能力。不考虑自身能力边界，盲目追求配速和跑量，容易导致积累性负荷过大，从而超过身体承受能力及恢复修复能力，引发伤痛。

　　本研究还发现女性跑者虽然体重较轻，但在对体重进行标准化处理（即受力除以体重）后，女性跑者在各个速度下第一峰值力都要大于男性跑者，这说明女性跑者着地后缓冲能力较弱，这跟女性普遍缺乏力量有一定关联。

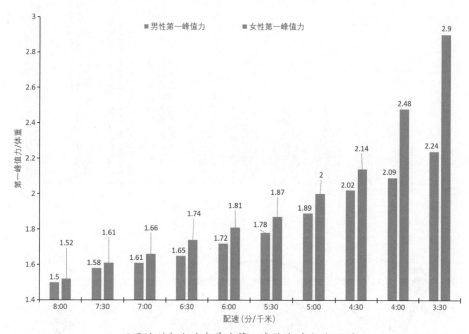

不同性别大众跑者着地第一峰值力对比（BW）

　　下一页第一幅图显示了不同水平大众跑者第一峰值力，总体而言，似乎中级组跑者第一峰值力更大，初级组跑者第一峰值力相对最小，但各组间差别不大。

　　除了第一峰值力以外，第一峰值力加载率也是受伤风险的重要预测指标，这个指标从某种意义上说，比第一峰值力更有价值。所谓第一峰值力加载率就是用第一峰值力除以达到第一峰值力的时间，即第一峰值力加载率 $= \Delta Force / \Delta t$，这个在数学上称为斜率。斜率越大，代表第一峰值力加载率越大；反之则越小，从下一页第二幅图可见，随着速度加快，第一峰值力加载率逐步增加，说明速度越快，着地初期所受到的地面反作用力瞬时冲击越大。前文已经发现随着速度加快，达到第一峰值力的时间没有发生明显变化，那么决定第一峰值力加载率的关键就是第一峰值力本身的大小，而第一峰值力随着速度不断加大，自然就导致第一峰值力加载率不断增加，由此也显示速度越快，着地时所受到的瞬时冲击越大，受伤风险越大。从第55页第一幅图中也能清楚地看到女性第一峰值力加载率更大，女性要更加注意着地冲击问题。

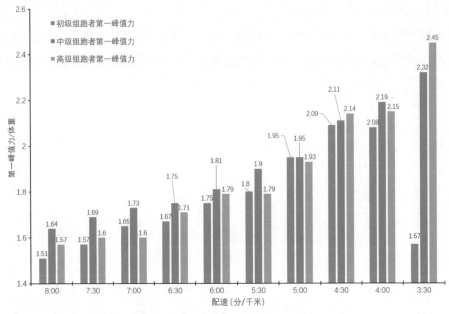

不同组别大众跑者着地第一峰值力对比（BW）

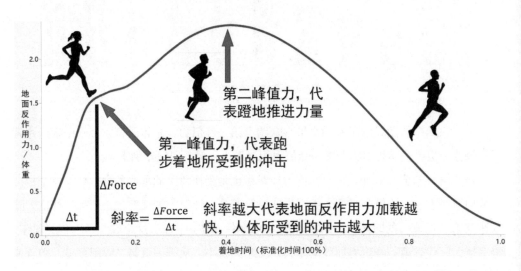

从下一页第二幅图可见，高级组第一峰值力加载率反而是最高的，这可能与高级组跑者步频较快，着地时间较短有关，着地时间短虽然从某种意义上说提高了跑步效率，但缓冲期和蹬伸期的缩短，也造成了缓冲不足，从而产生第一峰值力加载率较高的问题。因此高级组跑者要重视缓冲不足的问题，特别是要加强肌肉力量，从而更多地靠肌肉吸能，减少着地对关节的冲击。

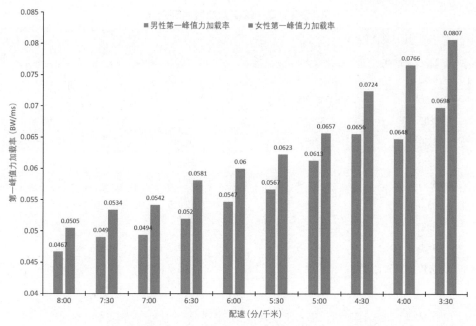

不同性别大众跑者着地第一峰值力加载率对比（BW/ms）

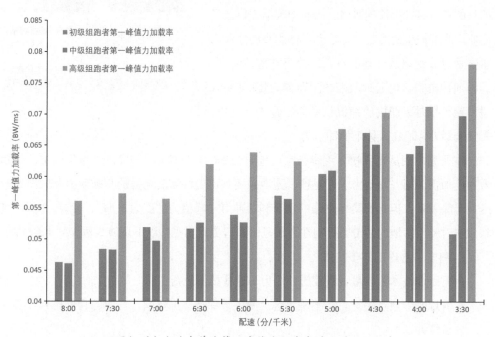

不同组别大众跑者着地第一峰值力加载率对比（BW/ms）

不同组别第一峰值力加载时间对比

配速 （分/千米）	初级组第一峰值力 加载时间（毫秒）	中级组第一峰值力 加载时间（毫秒）	高级组第一峰值力 加载时间（毫秒）
8:00	33±4	36±7	29±4
7:30	33±5	36±7	29±5
7:00	32±5	35±7	29±5
6:30	33±4	34±6	29±5
6:00	33±5	35±7	29±5
5:30	32±4	35±8	29±5
5:00	33±5	32±5	29±4
4:30	32±4	33±7	31±5
4:00	33±5	35±7	31±6
3:30	31±2	34±7	32±6

三、成也靠力，败也是力，无伤跑者如何将受力最大限度合理化

跑步通常被认为是心肺耐力运动，但心肺工作的目的是将氧气运输到肌肉，为肌肉收缩提供能量，而肌肉收缩产生的力量才是推动人体跑步的原动力。肌肉通过收缩以及合理的技术缓冲腾空落地时产生的地面冲击力，也通过收缩产生蹬伸力量。换句话说，跑得快是靠肌肉收缩提供动能，跑步不受伤得靠学会缓冲作用在人体上的冲击力。

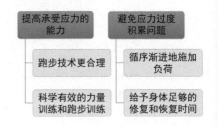

本研究发现从慢到快，跑步腾空落地时受到的第一峰值力达到1.5~3倍体重，且随着速度加快，第一峰值力上升迅速，跑者想要跑得更快需要更强的心肺耐力和肌肉力量这点毋庸置疑，但也要具备更强的承受和缓冲第一峰值力的能力。那么，跑者如何才能将跑步时腾空落地的冲击力控制在合理范围，避免受伤呢？以下是最为重要的4条建议。

1. 科学、合理的跑步技术

好的跑步技术可以最大限度缓冲受力，这些技术包括：

- 着地时着地点距离重心不是太远，膝关节保持适度弯曲，弯曲的骨骼排列才有利于缓冲。
- 着地后膝关节积极下压，从而缓冲受力。

- 在同等速度（配速不是太快的情况下）下更推荐快步频，这样有助于降低腾空高度。一方面更省力，另一方面也减小落地时的动量，还能避免着地点距离重心过远。

2. 强化肌肉力量

肌肉力量是产生动作的源泉，良好的肌肉力量一方面提供足够动力，另一方面也能够充分缓冲受力，女性跑者第一峰值力大于男性很大程度上跟女性肌肉力量较弱有关。

3. 循序渐进地跑步，逐步提高身体承受能力

再强大的肌肉力量、再合理的跑步技术也经不起超出自身能力的损耗，循序渐进地跑步本质就是逐步提高身体承受应力的能力。本研究证实了随着速度加快，第一峰值力上升迅速，所以你想跑得更快，就要具备更强的身体承受应力的能力。循序渐进地跑步，为一场马拉松比赛进行充分准备的过程就是逐步提高身体承受能力的过程。

4. 给予身体足够的修复和恢复时间

身体在承受应力之后，可能会产生局部负荷积累，这种负荷积累对于身体而言是一种刺激，身体只有通过休息和恢复才能适应刺激，并且变得更强大，这就是所谓超量恢复。过量运动造成身体损耗，加之不给身体足够的修复和恢复时间，很容易导致身体透支和衰竭，这就是所谓的没有疲劳就没有训练，没有恢复就没有提高。

四、总结

通过对大众跑者在不同速度下着地受力的分析，我们可以清楚地看到，随着速度加快，人体所承受的应力增加很快，所以大众跑者不必总想着为了跑快而跑快，而是先要打好自己的基础。女性跑者尤其要重视力量不足带来的第一峰值力和第一峰值力加载率过大的问题，精英跑者也要重视速度快带来的缓冲不足、应力过大、负荷过度积累的问题。加强心肺和力量训练，提高身体承受负荷的能力；控制跑量和配速，避免过大负荷连续积累在人体上。一正一反，有张有弛，才是科学跑步的王道。

◄◄ 第五节 "送髋"技术 ►►

跑步是一项躯干相对稳定，上肢摆臂、下肢摆腿的全身性协调运动，其中上肢摆臂以肩为轴心，下肢摆腿以髋为轴心。很多跑者会认为跑步是用腿跑，其实髋关节，即大众俗称的"胯"才是下肢运动的轴心。胯的运动在跑步中往往被称为"送髋"，"送髋"技术目前被跑步高手、中高级跑者讨论得比较多，被认为是一项关键性的跑步技术，在增加步幅、展现优美协调的跑姿等方面发挥重要作用。那究竟什么是"送髋"呢？

一、"送髋"的本质是骨盆适度回旋运动所带来的抬腿幅度的加大

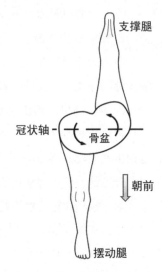

首先"送髋"这个词就让人感到困惑，听上去很厉害，但似乎又解释不清楚。送礼我们听说过，就是把礼物给出去的意思，何为"送髋"？把髋关节送向哪里呢？如果一个词没法进行科学的解释，那么也就变成形而上学了。跑步时，大腿以髋关节为轴心，向前摆动随后又落地蹬伸，髋关节的关节窝由骨盆构成，所以跑步时腰椎–骨盆–髋关节构成了一个较为复杂同时又很精密、微妙的联动复合结构。跑步时，骨盆会产生适度向左向右的回旋运动，这种回旋运动，相当于间接增加了大腿即便没有摆腿也向前运动的幅度；同时配合大腿前摆，就形成了大腿更加往前的趋势，看上去抬腿幅度比较明显，这就是所谓"送髋"。由于大腿运动以髋为轴心，髋往前多移动一点点，就能让大腿往前摆动、着地时脚往前多移动比较可观的距离，即增加步幅。

因此，"送髋"的本质就是骨盆适度回旋运动所带来的抬腿幅度的加大，抬腿幅度明显是"送髋"的外在表现，但"送髋"绝不等于只是抬大腿。如果只是抬大腿而没有骨盆的回旋运动，那么就不是"送髋"而是"抬腿"，换句话说，"送髋"表现为"抬腿"，但"抬腿"不等于"送髋"。

达到一定速度前提下的"送髋"技术不佳的原因

如果"送髋"技术表现得没那么好，首先要看速度，速度不够快，如配速在6:00以外，那么"送髋"不明显也是正常现象，这也就意味着"送髋"需要以速度作为前提，脱离速度去讨论"送髋"，要求所有跑者都去刻意"送髋"是不现实的。

在速度足够快的情况下，"送髋"技术没那么好，主要基于两点：一是骨盆回旋幅度不够，二是大腿抬得不够高。对于第一个问题，骨盆回旋幅度不够又有两个原因，一是上肢躯干带动骨盆转动幅度不够，二是腰椎–骨盆–髋关节本身灵活性欠佳；而对于第二个问题，大腿抬得不够高同样也有两个原因，一是本身抬腿能力，即发挥屈髋作用的髂腰肌力量不足，二是小腿提拉折叠不够，抬腿方式不经济而过于吃力。

二、用数据告诉你为什么"送髋"技术要以速度作为前提

大众在跑姿理解上很容易犯的一个错误就是认为跑姿是某种固定不变的刻板动作，如跑姿一定要"送髋"、一定要小腿提拉折叠，殊不知跑姿是跟速度有关的。短跑和中长跑都是跑步，显然短跑运动员的动作幅度和力度都要比中长跑运动员大一些，这说明一个道理，随着速度加快，跑姿有所改变，至少表现为跑姿的动作幅度，如抬腿、后蹬、折叠幅度都在增加。因此，用一个刻板动作作为标准去评价不同速度下的跑姿，就会产生理解偏差。很多跑者看到精英选手"送髋"明显、小腿折叠漂亮特别赞叹，认为自己做不到就是跑姿不好，其实并非完全如此，主要是

最大屈髋角度

因为你的速度达不到运动员的配速。让运动员按照你的配速去跑，他们抬腿和小腿折叠幅度自然也会变小，跟你差不多了。南京体育学院运动健康学院戴剑松副教授通过测试不同水平大众跑者的跑姿，验证了这一点，研究方法见本章第一节。

下图显示了不同性别跑者的抬腿幅度，即跑步时最大屈髋角度，这里的屈髋角度是指骨盆与大腿之间的夹角。由于骨盆本身就处于轻度前倾位，加之跑步时身体会适度前倾且骨盆本身会运动，所以这个角度是动态变化的。很明显随着速度加快，抬腿幅度越

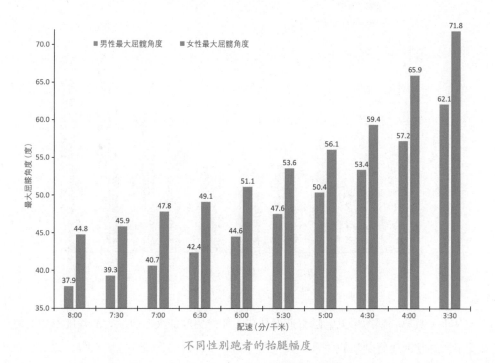

不同性别跑者的抬腿幅度

来越大，也就是说即便是大众跑者，随着速度加快也会表现出一定程度的抬腿"送髋"，速度慢时不必刻意强调抬腿，没有抬腿自然也就谈不上"送髋"。**女性抬腿幅度比男性还要更大一些。**

　　下图对比了不同水平跑者的抬腿幅度，高级组跑者在各个速度下抬腿幅度都要大于初中级组跑者，说明高级组跑者表现出更好的抬腿"送髋"能力，这种能力随着跑步能力的提升而变得更强。

最大伸髋角度

　　下一页第一幅图显示了不同性别跑者的后蹬幅度，大家可能奇怪为什么角度会从大变小甚至变成负值，这是因为运动学研究本身就要对关节运动分正负方向。大腿相对于骨盆中立位向前运动为正值，表现为屈髋；相对骨盆中立位向后运动为负值，表现为伸髋。这里所指的伸髋不是大腿相对于躯干的位置，而是大腿相对于骨盆的位置。如果是大腿相对于躯干的位置，那么蹬伸时大腿肯定在躯干的后方。但大腿相对于骨盆位置来说，由于跑步时骨盆本身就是前倾的，所以大腿相对于骨盆向后运动的幅度有限，也就是说蹬伸发力时，大腿并不会明显位于骨盆后方。

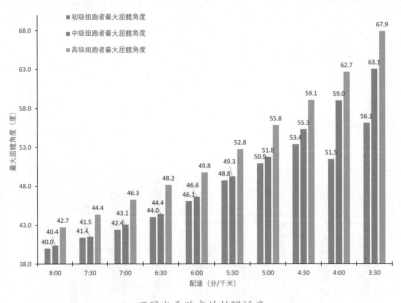

不同水平跑者的抬腿幅度

　　从下一页第一幅图可见，随着速度加快，伸髋幅度加大，但加大的程度不如屈髋那么明显，这是因为解剖学的关系，大腿本身相对于骨盆向后运动幅度有限，你试试看站立位单腿后伸就知道了。与女性屈髋幅度大于男性不同，男性大腿后蹬幅度大于女性，说明男性蹬地发力更为明显。

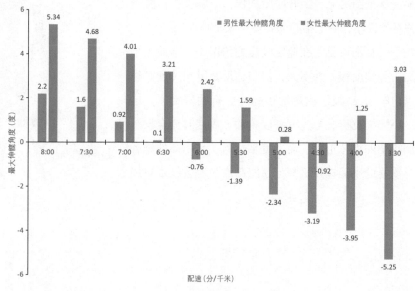

不同性别跑者的伸髋幅度

从下图可见，初级组跑者后蹬幅度大于中高级组跑者，这可能与初级组跑者骨盆和身体前倾不够有关，而骨盆相对越前倾，即使伸髋发力很明显，角度也不会显得很大。

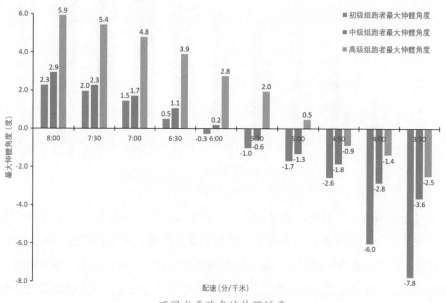

不同水平跑者的伸髋幅度

屈膝角度是指大腿延长线与小腿之间的夹角，这个角度越大，说明屈膝越明显，也就是跑者理解的小腿提拉折叠越明显。从下图可见，随着速度加快，小腿提拉折叠越明显，并且女性小腿向上抬起的幅度要大于男性。

而从下一页图可见，在速度较慢的情况下，不同水平跑者小腿折叠幅度相差并不大，但当速度足够快（配速达到5:00以内时），高级组跑者的小腿才会折叠得更紧，这也说明，小腿提拉折叠与速度高度相关。慢速时完全没有必要强调小腿的提拉折叠，而速度加快时，水平高的跑者表现为更明显的小腿提拉折叠，这跟高级组跑者技术更加熟练有关。

最大屈膝角度

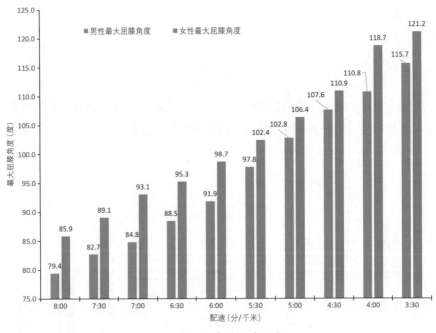

不同性别跑者的屈膝幅度

通过上述研究，我们可以清晰地看到，跑步时关节运动幅度与速度有关。速度越快，即便是普通大众跑者也会表现出一定的抬腿"送髋"和小腿提拉折叠，因此"送髋"技术、提拉折叠技术必须以一定速度作为前提，脱离速度谈技术，很容易陷入钻牛角尖的误区，而高级组跑者在速度较快时，由于专项力量更大，跑姿更加合理，所以往往动作幅度更大，这是他们的跑姿看起来比较漂亮、潇洒的主要原因。

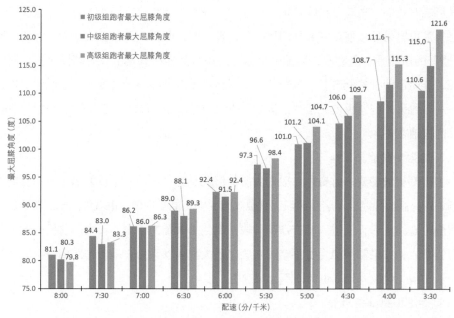

不同水平跑者的屈膝幅度

三、形成良好"送髋"技术的4个关键要领

"送髋"技术要以一定速度作为前提，表现为适度骨盆旋转加上合理抬腿。并不是简单抬腿就能做到真正的"送髋"，要实现这一技术动作，是需要从以下4个方面加以改进的。为什么这么说呢？

1. 加强摆臂

跑者一定会疑惑摆臂为什么跟"送髋"有关，一个是手上动作，一个是腿上动作，怎么可能有关系呢？还真别说，关系真的很大。跑步是全身运动，"送髋"摆腿能力增强一定要与加强摆臂相匹配，否则是无法形成"送髋"技术的。因为加强摆臂，特别是强调手臂的用力后摆可以带动躯干适度左右旋转，而躯干的左右旋转借助腰椎–骨盆–髋关节复合结构，带动骨盆左右旋转，这就帮助形成了"送髋"技术。此外，上肢用力后摆可以有效牵拉腹内斜肌、腹外斜肌，从而形成躯干牵张反射，促使骨盆在肌肉牵张反射作用下产生一定的左右旋转。其实，配速快的时候，摆臂也会自然加强，所以加强摆臂通过躯干适度扭转帮助形成"送髋"技术。

2. 改善腰椎–骨盆–髋关节灵活性

如果没有良好的腰椎–骨盆–髋关节灵活性，骨盆左右旋转和抬腿幅度不够，那么也无法形成有效的"送髋"抬腿技术。现在大部分跑者都是伏案职业人群，久坐所形成的姿态异常很容易导致使跑者屈髋的髂腰肌比较紧张，髋打不开就会表现为坐着跑。既然"送髋"的本质是骨盆左右旋转配合抬腿，髋关节又连在骨盆上，一侧伸髋另一侧就会屈髋，进而带动骨盆旋转，一侧髋无法伸展相当于就会限制骨盆旋转，这就引发连锁反应——导致另一侧髋也就无法往前运动，所以改善腰椎–骨盆–髋关节灵活性是"送髋"技术的基础之一。

3. 加强抬腿能力训练

跑者都很清楚要多练臀肌、股四头肌，但几乎都会忽视一个重要部位——髋前部肌肉的训练，髋前部肌肉学名髂腰肌，髂腰肌的主要功能是屈髋，也就是抬腿。跑步时，当一条腿蹬地结束后，就进入向前摆动阶段，也就是大腿向前摆动。大腿前摆的动力就是来自髂腰肌，如果髂腰肌力量不够，就会出现大腿前摆无力，拖着腿跑的情况。"送髋"不等于抬腿，但没有抬腿也就谈不上"送髋"了。

4. 促进小腿提拉折叠

如果你认为加强髂腰肌就能形成"送髋"抬腿，显然你把问题想简单了，如果小腿拖在地上，没有一定程度地向大腿折叠，你的"送髋"抬腿就是"锄头锄地"，尚未真正掌握精髓。合理的小腿折叠技术，大大缩小了大腿向前转动半径，转动半径的减小使转动惯量随之减小。根据转动定律，转动惯量的减小，增大了大腿绕髋关节转动的角加速度，角加速度的增大，使摆动腿的角速度得到提高，这样就能形成真正良好的"送髋"技术。可见，良好的"送髋"抬腿技术要以小腿折叠作为前提，否则你的腿就像锄头一样向前抬，费力还难看。

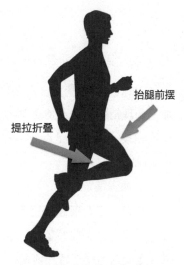

抬腿前摆

提拉折叠

小腿折叠才能更有效地
"送髋"抬腿

所以，"送髋"技术是一项整合性技术，它需要全身协调性、身体灵活性和动作技术的配合。没有摆臂和一定程度的躯干扭转，骨盆转动不起来；没有髋关节灵活性和髋部力量，腿抬不了；没有小腿折叠，抬腿不可持续，一环扣一环。

四、总结

"送髋"技术作为一项比较高级的跑步技术，并不适用于所有跑步类型，将其作为速度较快情况下的技术完善和提升更为合理和现实。"送髋"技术表现为骨盆回旋和抬腿，但本质仍是全身性整合技术，如果借助"送髋"，每一步能增加的幅度仅仅为10厘米，那么跑1千米差不多1000步，所带来的提升也将达到100米，获益是可观的！

◂◂◂ 第六节　快慢步频对比 ▸▸▸

跑姿一直都是大众跑者关注的热门话题。好的跑姿主要起到两方面作用，一方面使能量利用效率最大化和能量节省化，另一方面则是减小跑步时人体受到的冲击力，从而预防伤痛。大众跑者在跑步过程中，除了通过跑步发展心肺耐力，提升个人整体健康水平以外，改进跑姿中不合理的地方，形成良好跑姿，对于长期健康、无伤跑步，提升跑步效率，减少伤痛同样意义重大。

一、为什么提倡大众跑者使用快步频

跑者很关心自己的跑姿好不好，对于大众跑者而言，评价跑姿最重要的、探讨最多的参数就是步频。步频在很大程度上可以代表跑步习惯和跑姿整体表现。所谓步频，就是指跑步时，每分钟脚落地的次数，例如，在1分钟内，左右脚共踏出170步，那么步频就是170步/分。步幅则是指相邻两步的距离，步频乘以步幅就等于速度，在相同速度下，有些跑者采用慢步频大步幅，有些跑者采用快步频小步幅。

通常接受的传统观点，包括专业跑步教练提倡的观点就是：在速度不是足够快的情况下，快步频小步幅要优于慢步频大步幅，即相对快的步频更适合大众跑者。步频要多快？一般认为理想情况是至少达到180步/分，大众跑者能学到的优化跑姿的方法就是加快步频。

那么为什么快步频更加适合大众跑者？

快步频和慢步频区别在哪里？

步频是不是越快越好？

慢步频会导致伤痛增加吗？

这些问题一直缺乏有效的科学数据来验证和支撑。南京体育学院运动健康学院戴剑松副教授的团队进行了深入研究，并且通过研究大众跑者的步频与其他跑姿数据的关联，得到了重要的科学证据，研究方法见本章第一节。

二、不同步频究竟会对跑步产生哪些重要影响

1. 首先定义什么是不同步频跑者

为了研究不同步频对跑姿的影响，首先我们需要对不同步频的跑者进行定义，由

于通常180步/分是推荐的最佳步频，所以我们将是否达到180步/分作为分界线。达到该步频者为步频较快跑者，反之则为步频较慢跑者，本研究一共测试了10个速度下的步频，但配速达到4:30以内时，几乎所有跑者都达到180步/分（速度越快步频越快），所以本研究只分析了8个速度下的步频。下图显示了不同步频跑者在8个速度下的步频平均值，下一页图则显示了8个速度下不同步频跑者的人数比例。显然在速度较慢时，70%的跑者的步频都无法达到180步/分，而随着速度加快，步频达到180步/分的跑者越来越多，但仍有相当一部分跑者步频低于180步/分。

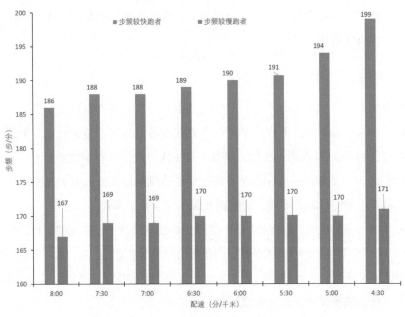

以是否达到180步/分定义步频快和步频慢的跑者

2. 步频慢会导致着地时受到较大冲击而受伤吗

由于跑者的受伤风险在很大程度上取决于跑步着地时的缓冲能力，所以本研究重点分析了不同步频对着地缓冲的影响，评价缓冲能力采用2类共5个指标，**分别是运动学指标——着地瞬间屈膝角度、着地阶段屈膝幅度、着地距离，以及动力学指标——第一峰值力和第一峰值力加载率。** 本研究所有与力有关的指标都除以体重进行了标准化，这样就避免了体重因素对结果的影响。

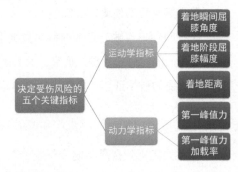

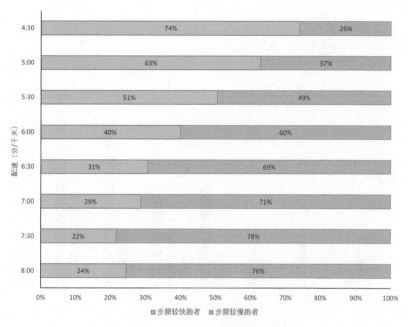

不同配速下达到180步/分的跑者人数比例

首先，我们看3个运动学指标。着地瞬间屈膝角度是指脚刚刚着地时，大腿延长线与小腿的夹角；着地距离则是指着地点距离重心的距离。着地瞬间屈膝角度越小，着地距离越大（表明此时着地点距离重心相对比较远），着地阶段屈膝幅度越小，这说明膝盖伸得越直，缓冲越差，受伤风险越大；而这个角度相对越大，着地距离较小，说明着地时膝关节弯曲越明显，越有利于缓冲，同时还能减少制动，保持速度。

从下一页第一幅图可见，随着速度加快，着地瞬间屈膝角度有逐渐增大的趋势，说明速度越快，跑者越会出自本能地增加着地瞬间的屈膝角度从而有利于缓冲。经过统计检验，8个速度下不同步频跑者的着地瞬间屈膝角度没有统计学差异，说明步频快慢并不会对跑者着地瞬间屈膝角度构成影响。在速度较快时，反而是步频慢的跑者着地瞬间屈膝角度略大于步频较快的跑者。

这个结果推翻了传统认知，传统认知认为步频慢，跑者步幅就大，跨大步的方式容易造成着地时膝过伸（屈膝角度较小）。事实并非如此，即便是步频慢跨大步，脚在下落着地时，还是会自然屈膝收腿准备着地，步频慢会导致着地时膝过伸是错误认知，缺乏数据支持。有时候你看到很多跑者着地时膝关节伸得很直，那是因为脚还在空中尚未着地，着地时膝关节会本能地自然弯曲。

下一页第二幅图显示了不同步频大众跑者着地时膝关节屈膝幅度，整个着地阶段

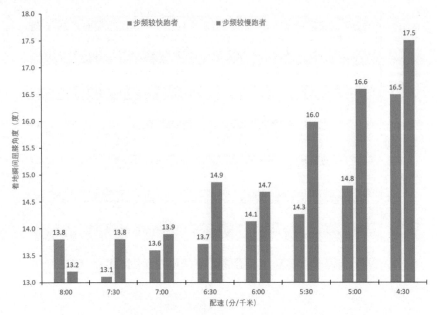

不同步频大众跑者着地瞬间屈膝角度对比

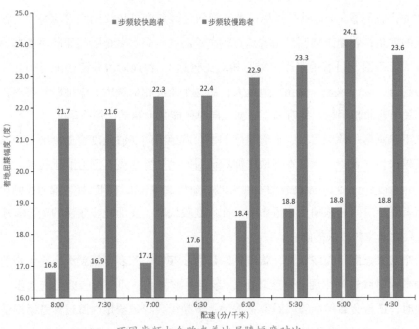

不同步频大众跑者着地屈膝幅度对比

可以划分为缓冲和蹬伸期。所谓缓冲期就是指从着地瞬间一直到膝关节屈曲到最大角度，屈膝幅度越大，说明缓冲越好，就跟我们从高处跳下要充分屈膝缓冲是一个道理。

同时足够缓冲也可以储备肌肉弹性势能，从而在蹬伸期得以释放肌肉弹性，帮助发力，所以屈膝幅度是一个评价着地缓冲技术的重要指标。从上页第二幅图可见，速度由慢到快变化时，屈膝缓冲幅度变化不大，并没有随着速度加快而加大，因为随着速度加快，着地期变短，缓冲会受到着地时长的限制。**但非常有意思的是，慢步频跑者屈膝缓冲幅度却显著大于快步频跑者**，这说明步频慢的跑者反而表现出更明显的屈膝缓冲。这可能并不是因为慢步频跑者技术更好，原因在于：一方面，步频慢，着地时间变长，有足够时间缓冲；另一方面，步频慢，腾空高度更高，人体会本能增加缓冲。所以从这两方面来看，慢步频跑者虽然腾空高度高，但缓冲也更加明显，目的是减少落地时的冲击，这一结果也进一步验证了步频慢的跑者会本能地产生更强的缓冲动作。

从下图可见，着地距离是由抬腿幅度、着地瞬间屈膝角度以及身高腿长共同决定的。随着速度加快，着地距离增加，说明速度越快、抬腿幅度越大，着地距离就越大。着地距离越大则说明着地点距离重心越远，这时候制动刹车效应就越明显，所以从保持速度、减少刹车角度而言，着地距离不宜过大。在速度较慢时，不同步频着地距离经统计学检验没有差异；但当速度达到5:30以内，不同步频着地距离就产生了统计学差异。这说明当速度较快时，如果步频较慢，跨大步很明显，就容易导致着地距离过大，增强制动效应。由此也显示，当速度越来越快时，以慢步频跳着跑肯定不是一种省力的方式。

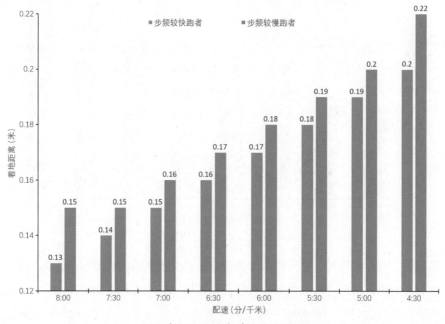

不同步频大众跑者着地距离对比

在脚刚着地时，会有一个陡然上升的力，我们把这个力称为第一峰值力，第一峰值力对跑步指导最有意义，它代表跑步腾空落地时所受到的地面冲击力的大小及其产生的快慢。第一峰值力越大，曲线上升越陡，代表着地冲击越大；当然这个力也代表缓冲能力，曲线上升相对越缓，幅度越小，则代表缓冲能力越好。第一峰值力在跑步生物力学中是最重要的指标之一，因为这个指标跟伤痛密切相关，受伤主要跟第一峰值力和第一峰值力的加载率（斜率）有关。

从下图可见，随着速度加快，第一峰值力逐步上升，但让人意想不到的是，快步频跑者第一峰值力甚至略大于慢步频跑者，7:00、5:30、4:30 3个配速下还具有统计学差异。**这进一步验证了步频越快，着地冲击越小的传统认知是站不住脚的，**究其原因，可能与步频加快后着地时间缩短，缓冲也被迫减少有关。且前文讲过步频较快的跑者着地瞬间屈膝角度与屈膝缓冲幅度还不如步频较慢的跑者，这也验证了前文数据。**所以，大家不要想当然地认为，步频快着地冲击就小，未必！**

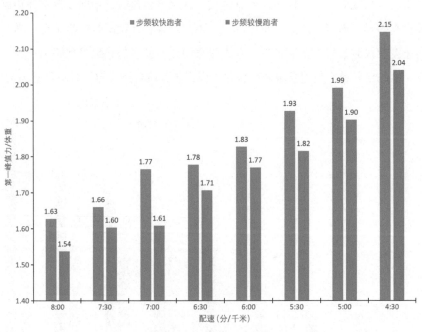

不同步频大众跑者第一峰值力对比

除了第一峰值力以外，第一峰值力加载率也是受伤风险的重要预测指标，这个指标从某种意义上说，比第一峰值力更有价值。所谓第一峰值力加载率就是用第一峰值力除以达到第一峰值力的时间，即第一峰值力加载率$=\Delta Force/\Delta t$，这个在数学上称为斜率。斜率越大，第一峰值力加载率越大；反之则越小。

从下图可见，步频较快的跑者第一峰值力加载率反而较高，即斜率较大，因为步频较快的跑者本身第一峰值力就较大，并且着地时间缩短导致其缓冲时间也缩短，所以第一峰值力加载率较高也就不难理解了。当然，经统计学检验，不同步频跑者第一峰值力并无统计学差异，即可以认为不同步频跑者第一峰值力加载率的差别不大。

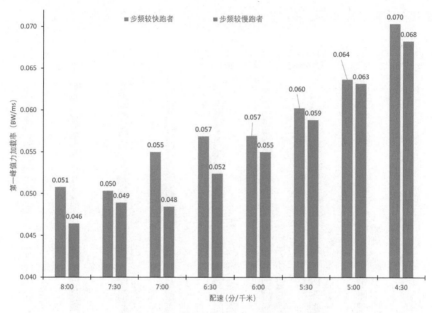

不同步频大众跑者第一峰值力加载率对比

对于决定跑步受伤风险的2类5个指标的深入分析，完全颠覆了之前对于步频凭想象产生的认知。**在同等速度下，步频达到180步/分以上，并不能减少受伤风险；步频低于180步/分也不会增加受伤风险，因为现有指标缺乏有关的科学证据来支持"传统观点"。**步频较慢的跑者虽然腾空高度增加，但着地时间延长也会使其有足够时间进行缓冲，人的本能也会使屈膝缓冲增加。步频较慢的跑者着地瞬间屈膝角度更大，屈膝缓冲幅度也更大，第一峰值力和第一峰值力加载率更小。步频慢时，着地时跨大步动作的确更加明显，但这并不表示着地瞬间膝关节会过伸。**本研究结果告诉我们：在一定范围内的慢步频不会明显增加受伤风险，当然你不能步频过慢，如步频低于150步/分，那就是跳着跑了，那样的跑姿是非常不自然的跑姿。**

3. **步频慢的最大问题不是增加受伤风险，而是降低跑步效率**

前文已经详细叙述了在同等速度下，一定范围内的慢步频并不会明显增加受伤风险，这是不是意味着慢步频就比快步频更好呢？显然没那么简单。步频较慢时，步幅较大，会导致腾空高度明显增加。从下图可见，在8个速度下，慢步频跑者明显腾空高度大于快步频跑者且步频差异具有统计学意义。跑步是双脚交替往前，身体重心不断起伏，腾空着地交替出现的运动，但跑步的本质是获得更大的水平速度。当腾空过高时，事实上会对水平速度造成影响，因为你需要不断地克服重力做功。你想想看如果做垂直纵跳，是跳20厘米高更吃力还是跳40厘米高更吃力？所以过大的重心起伏不得不让更多能量消耗在垂直方向而不是水平方向上。这是一种吃力不讨好的跑步方式。

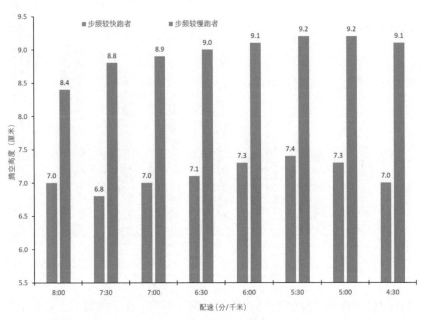

不同步频大众跑者腾空高度对比

从下一页第一幅图显示的着地时间看，随着速度加快着地时间缩短，步频较快的跑者着地时间明显短于步频较慢的跑者，这一点很容易理解，因为步频慢时腾空高度更高，需要更长时间来落地缓冲。另外，在这里也要提醒大众跑者，着地时间并非越短就一定越好，着地是获得落地缓冲、积蓄势能和产生蹬伸效果的重要时间段，着地时间变短，并非一定意味着跑步效率提高。着地时间变短，落地缓冲和蹬伸发力时间也变短，受力更大容易受伤，因为速度快时，由于落地动量大（动量等于速度乘以人体质量），对地面冲击力越大，当然获得的地面反作用力也越大。

除了慢步频使腾空高度增加导致费力这个问题以外，我们还要考虑慢步频带来的另外一个重要负面效应是在着地缓冲和离地蹬伸阶段也会增加人体整体受力，我们用冲量这个指标来衡量，所谓冲量就是力乘以作用时间，在力的曲线中体现为力的作用面积。

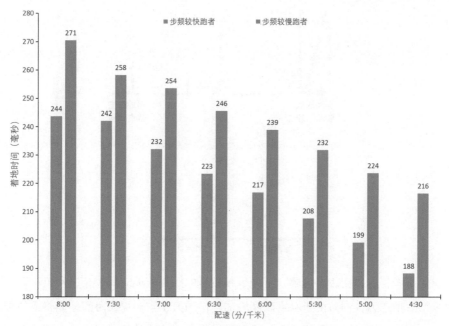

不同步频大众跑者着地时间对比

力的持续作用效果用冲量（力×时间）来衡量。

从右边的示意图，我们可以清楚地看到，在着地时，由于着地点都在重心前方，所以无论如何，着地都意味着制动刹车，无非是看刹车程度和大小。这时人会给地面一个朝前下方的作用力，当然地面就会给予人体一个向斜后方的反作用力，这个力可以分解为垂直分力和水平分力（水平分力方向与运动方向相反，所以是刹车制动），总之都会带来刹车效应。而在蹬地阶段，水平和垂直分力的合外力朝向前进方向，就变成推进力了。这样我们可以将着地阶段的冲量分为制动冲量和推

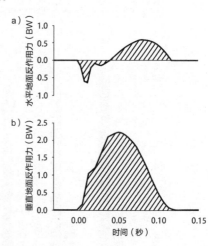

进冲量。用冲量的好处在于可以表示力的作用时间，即可以表示力在人体身上加载的综合效应。

从下一页第三幅图可见，步频较慢的跑者制动冲量明显大于步频较快的跑者，这是由于步频较慢的跑者着地时间较长，虽然缓冲增加了，但付出的代价就是肌肉缓冲用力也增加了。而从第73页的图可见，步频较慢的跑者在蹬地阶段推进冲量也明显大于步

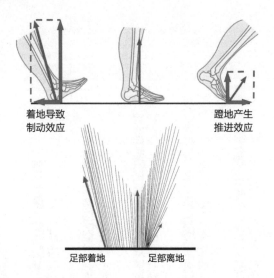

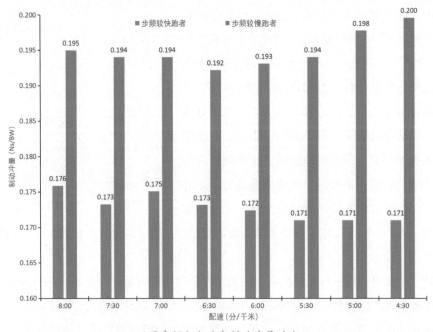

频较快的跑者，这也比较好理解，首先步频较慢的跑者着地时间较长，所以可以用更多时间来产生推进力；同时由于腾空高度增加，作用力也需要更长时间才能将人体推离地面。通过制动和推进冲量分析，我们可以得知，步频较慢的跑者无论是在着地缓冲阶段还是离地蹬伸阶段，都要比步频较快的跑者花更多时间产生力量，也就是说跑步时更加吃力，即慢步频能量利用效率较低，跑步经济性差。

不同步频大众跑者制动冲量对比

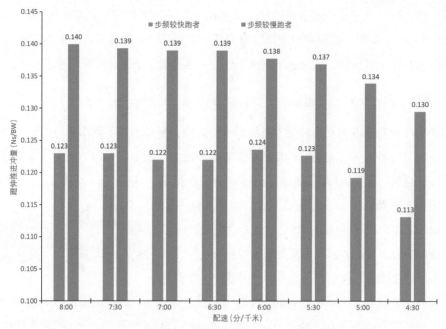

不同步频大众跑者蹬伸推进冲量对比

三、跑步步频快慢的重要科学总结

本研究用数据和事实说话，验证了同等速度下，步频快慢对跑步的综合影响，颠覆了对步频的传统认知。总的来说，步频相对慢一点从决定受伤的诸多指标来看，并不会增加受伤风险，但步频慢会使得跑步更加吃力，效率较低，能量消耗比较大，也就是说不够经济。**因为前面就已经说了，跑姿主要决定效率和受伤风险，慢步频显然不是导致受伤的高危因素，但却是影响跑步效率的重要因素。**

对于大众跑者而言，从提升跑步效率和节省能量角度而言，适当加快步频是有好处的，因为可以节省能量。但是不是一定要达到180步/分，速度慢的时候，如配速7:00以外，是不是170步/分也可以？速度加快到5:00，是不是达到190步/分更合理？我们将做进一步研究，即通过不断深入研究，最终借助运动生物力学分析，推荐给大众不同配速的最佳步频。当然，步频也跟身高有关。本研究也发现，在不考虑速度的情况下，步频与身高呈现弱的负相关；在考虑速度的情况下，则呈现中度负相关，即身高越高，步频相对越慢。这点也比较好理解，因为身高越高步幅越大，步频就自然变小了。

步频选择跟跑者身高、个人习惯有关系。有些跑者适应慢步频，有些跑者则接受快步频，不同步频不会影响受伤风险，但会影响跑步效率，总体推荐跑者在速度慢时，需要适当加快步频，这样能够节省能量。步频180步／分其实并没有多少科学依据，但180步／分作为一个参照，提示跑者应该注意步频，本身还是有意义的，但跑者没有必要把180步／分作为金科玉律，认为达不到就不好，最本质的一条就是步频与速度高度相关。

四、训练轻盈落地能力以缓冲受力才是预防跑步伤痛的关键

前文已经充分说明慢步频并不会增加受伤风险，只是增加了跑步费力程度，那么什么才是决定跑步伤痛的关键呢？**着地时受到的冲击力**。跑步与步行的最大区别是跑步存在双脚腾空期，这样人体在落地时会给予地面一个撞击力。

根据牛顿第三定律，地面这时也会给予人体一个大小相等、方向相反的反作用力，这就是我们通常所说的地面冲击力，冲击力的大小及其产生快慢与速度、体重、人体缓冲能力高度相关。跑步时速度越快，体重越

大，缓冲能力越差，当然所受到的力就越大；反之则越小。假定速度和体重这两个因素不变，跑步时着地所受到的冲击力在很大程度取决于人体的缓冲能力。**缓冲靠什么？靠肌肉。如果靠关节缓冲冲击力，那么关节迟早会受伤，而肌肉作为弹性体，是可以充分吸收能量的，所以训练肌肉能力至关重要。**通过肌肉训练，一方面增强肌肉力量和抗疲劳能力，提高承受外部负荷的能力；另一方面加强跑步专项缓冲能力训练，减少人体所受到的冲击负荷。

五、总结

步频是评价跑姿的重要指标，步频是可以加以训练的，因为慢速时适当加快步频可以帮助提高跑步效率。但步频高低并不能直接决定受伤风险，预防伤痛的本质还是加强肌肉力量和肌肉缓冲训练，较强的肌肉能力才是预防伤痛的关键所在。

◀◀ 第七节　可穿戴技术跑姿评估 ▶▶

跑姿可以说是跑者最关心的问题之一，良好的跑姿在提高跑步经济性、节省能量、提升配速、预防和减少跑步伤痛等方面发挥着至关重要的作用。反之，不合理的跑姿不仅让你跑步费劲吃力，还会大大增加受伤风险。跑姿如此重要，那么大众跑者怎样才知道自己的跑姿是否合理、正确呢？

1. 目前主要有4种方法可以帮助跑者进行跑姿评估

第一种是跑者相互之间或者请跑步教练用肉眼评估，这是一种定性评价方法，但需要有经验的跑步教练且主观性较大。

第二种是利用大多数手机都具备的慢动作摄像功能拍摄跑姿。简单一点的话直接慢放进行评估；复杂一点的话可以下载一个动作分析App，将视频导入其中进行分析，这时就可以利用App中角度等测量功能评估跑姿的关键动作，这种跑姿评估方式专业性要求更高，往往需要专业人员才能完成评估。

第三种是在专业运动生物力学实验室，借助高科技设备，如测力台、三维动作捕捉系统等先进技术设备进行测试。这种方式涉及复杂的数学建模、烦琐的现场测试、专业的后期数据处理，一般用于科学研究，普通大众难以体验，或者说国内大学和研究机构基本都不提供这类服务。

第四种则是利用可穿戴设备进行跑姿评估。目前市面上可以评估跑姿的可穿戴设备越来越多，有的已经经过多年应用发展为成熟产品，有的则是新兴产品，具有越来越强的跑姿评估功能和越来越好的应用前景。

运动手表是跑者使用最多的一类可穿戴设备，佳明运动手表无疑是其中的佼佼者，跑者对其品牌认可度较高。运动手表的核心功能是测量心率，主要分为两类：一类是胸带式心率表，另一类是光电式心率表。佳明胸带式心率表巧妙地在心率带中内置运动传感器，可以提供很多跑姿参数。由于心率带是固定在躯干上的，这样就能得到质心腾空高度（所谓的垂直振幅）、着地时间、左右脚平衡等跑姿参数，佳明在这方面做得很不错，并且逐渐成为行业标准。

而佳明针对光电式心率表无法测量跑姿的问题，又开发了跑步动态传感器（又称为"绿豆芽"），跑步时将其固定于腰部，就能得到原来心率带才能输出的一些参数。其实就是把原先放入心率带中的运动传感器单独做成一个小型可穿戴设备，从而弥补光电心率表无法评估跑姿的不足。

心率带

跑步动态传感器

接下来给跑者介绍一下佳明运动手表中跑姿参数的含义，虽然佳明Connect App中也提供了跑姿参数的解释，但很多跑者仍然不会充分利用。

2. 步频

步频是指每分钟双脚着地次数，自己掐表也能数出来。步频乘以步幅就等于距离，单位时间的距离也就是速度。因此，我们可以这样理解，在速度一定的情况下，步频快，步幅就相对小；步频慢，步幅就相对大，所以说，步频和步幅从某种意义上说，是一对矛盾。当然，总体而言，当速度较慢时，人们通常倾向于步频慢、步幅小；而当速度较快时，则步频快、步幅大。

佳明运动手表对步频的解释如右图所示。很多跑者表示看不懂，其实它采用了统计学中的百分位数。如果你的步频大于185步/分，意味着你属于步频最快的5%的跑者，你比95%的跑者步频都要快；如果你的步频介于174~185步/分，说明你步频较快，你属于前30%的跑者，你比70%的跑者步频都要快；而如果你的步频低于151步/分，则说明你的步频非常慢，你属于最慢的5%的跑者。佳明运动手表用不同颜色加以区分，目的是帮助大家更好地理解自己所处的水平。步频最快的用紫色表示；步频较快的用蓝色表示；绿色表示步频处于中间水平，

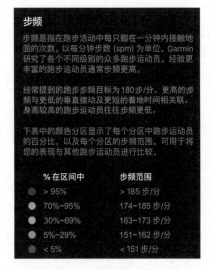

步频
步频是指在跑步活动中每只脚在一分钟内接触地面的次数。以每分钟步数 (spm) 为单位。Garmin 研究了各个不同级别的众多跑步运动员。经验更丰富的跑步运动员通常步频更高。

经常提到的跑步步频目标为180步/分。更高的步频与更低的垂直摆动及更短的着地时间相关联。身高较高的跑步运动员往往步频更低。

下表中的颜色分区显示了每个分区中跑步运动员的百分比，以及每个分区的步频范围。可用于将您的表现与其他跑步运动员进行比较。

% 在区间中	步频范围
> 95%	> 185 步/分
70%~95%	174~185 步/分
30%~69%	163~173 步/分
5%~29%	151~162 步/分
< 5%	< 151 步/分

即约有一半的跑者与你的步频相当；橙色代表步频较慢；红色则代表步频很慢；在佳明运动手表中，红色和橙色属于警戒色，代表你需要加快步频。

当然，佳明运动手表对步频的评价是不考虑速度的，这其实也有不合理的地方。因为速度慢时，步频允许慢些；而速度快时，步频本来也会自然加快。佳明运动手表的出发点是，无论速度快慢，你的步频都应该快些，如即便你的速度在7:00以外，你的步频也应该达到160步/分甚至更快。这样做纵然没错，但也有值得商榷的地方，因为在较慢的速度下（7:30以外），如果刻意强调高步频（180步/分以上），容易导致后蹬不足，即蹬地发力过程还没结束，就进入下一步着地，使得蹬地效果发挥不出来。但总体而言，让跑者习惯加快步频、缩小步幅比习惯慢步频、大步幅更好。当然，也建议佳明运动手表未来优化评估，如考虑是否根据不同速度区间给出不同的评估标准。

3. 着地时间

着地时间这个指标很容易理解，就是指脚从接触地面到蹬地离开地面的总时长。这

个时间很短，只有几百毫秒。着地是落地缓冲、储备弹性势能、蹬伸发力获得地面反作用力的重要时期。如果没有着地，人就不是跑，而变成飞了，但着地时间过长，一方面说明你的速度较慢，另一方面说明跑步效率比较低。用佳明运动手表的解释就是制动时间延长，且膝关节承受压力的时间延长。

在佳明运动手表的评价中：如果着地时间短于208毫秒，你就属于着地时间最短的前5%的跑者；如果着地时间为208~240毫秒，说明你属于跑者中的前30%；如果着地时间达到273毫秒以上，你就属于着地时间最长的30%的跑者。着地时间延长，在通常情况下，除了表示速度较慢以外，还表示你的步频较慢。步幅较大，腾空时间较长，这样你在着地时就不得不用更长时间来缓冲和蹬地，并导致刹车效应；而适当加快步频，减少腾空时间，可以达到减少着地时间的目的。所以说，很多跑姿指标不是孤立的，而是相互关联和互相影响的。

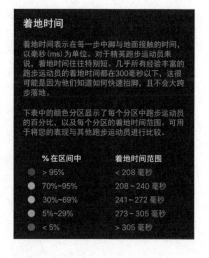

着地时间

着地时间表示在每一步中脚与地面接触的时间，以毫秒（ms）为单位。对于精英跑步运动员来说，着地时间往往特别短。几乎所有经验丰富的跑步运动员的着地时间都在300毫秒以内，这很可能是因为他们知道如何快速抬脚，且不会大跨步落地。

下表中的颜色分区显示了每个分区中跑步运动员的百分比，以及每个分区的着地时间范围。可用于将您的表现与其他跑步运动员进行比较。

	% 在区间中	着地时间范围
●	> 95%	< 208 毫秒
●	70%~95%	208~240 毫秒
●	30%~69%	241~272 毫秒
●	5%~29%	273~305 毫秒
●	< 5%	> 305 毫秒

4. 垂直振幅和垂直比

垂直振幅其实就是腾空高度。跑步是双脚交替往前迈出的运动，跑步与步行的本质区别就在于跑步会有双脚腾空期，而步行没有。跑步会有腾空，但如果腾空高度过高，会导致很多无谓的力量损耗。因为跑步是水平运动，如果重心上下起伏过大，就会把跑步变成上下运动，而克服重力做功会增加大量的体力消耗，所以我们希望跑者能够贴地飞行，就是这个意思。因此，在佳明运动手表跑姿垂直振幅这个参数中，其要求越小越好。如果垂直振幅小于6.1厘米，代表你是最优秀的5%那部分跑者；如果垂直振幅介于6.1~7.4厘米，你则属于前30%的跑者；大部分跑者介于7.5~8.6厘米；如果垂直振幅大于8.7厘米，则说明重心起伏过大，这样的跑姿非常不经济，所以相关参数用红色或者橙色表示。

垂直摆动

垂直摆动是指在跑步时身体随每一步垂直移动的范围。以厘米（cm）为单位。

许多跑步教练认为，垂直摆动越低则越省力，因为这会减少进行上下运动的能耗。一般而言，经验丰富的跑步运动员倾向于垂直摆动更低。但是，更快的步速往往需要更高的垂直摆动。垂直比也考虑到了这一点。更低垂直摆动的另一个优点是，这通常意味着在脚部触地时下半身的压力会更小。

下表中的颜色分区显示了每个分区中跑步运动员的百分比，以及每个分区的垂直摆动范围。可用于将您的表现与其他跑步运动员进行比较。

	% 在区间中	垂直摆动范围
●	> 95%	< 6.4 厘米
●	70%~95%	6.4~8.1 厘米
●	30%~69%	8.2~9.7 厘米
●	5%~29%	9.8~11.5 厘米
●	< 5%	> 11.5 厘米

垂直振幅也跟步频有关。如果你在跑步时步频较慢，通常情况下意味着步幅较大，即跨大步跑。跨大步跑时身体重心起伏大，费力不经济，所以如果你

在垂直振幅这项参数上，显示为红色或者橙色，你需要再去看看你的步频参数颜色，如果仍然是红色或橙色，你需要加快步频。步频加快后，身体重心起伏也会有所改善。

垂直比等于垂直振幅除以步幅。如果身体重心起伏越小、步幅越大，一方面代表你的速度越快，另一方面代表你的跑姿越流畅、轻盈，也就是说你用较小的身体重心起伏实现了大步幅。而如果垂直振幅大、步幅小，就是典型的跳着跑；垂直振幅大、步幅也大，则说明你需要在保持步幅的情况下加快步频，减小身体重心起伏。这个参数如果小于6.1%，表明你属于最优秀的5%的跑者；如果介于6.1%~7.4%，那么代表你属于较为优秀的30%的跑者；如果大于8.7%，则表示你属于最差的30%那部分跑者。

5. 着地平衡

着地平衡这个指标很容易理解，就是代表双脚在着地时间上的均衡性，但对这个指标的解读却是很多跑者搞不明白的，包括很多跑步教练也未必清楚。

佳明运动手表对于着地平衡的评估标准是这样的：

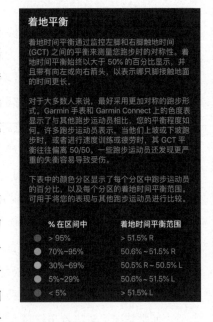

- 左右脚差别在50.5%以内（一侧增加，另一侧就等量减少），相较于50%，增加的比例加上减少的比例如果小于1%，左右脚是均衡的，用绿色表示。举例来说，一名跑者左脚为49.7%，右脚为50.3%，相较于50%，左脚减少0.3%，右脚增加0.3%，一相加就等于0.6%，0.6%小于1%，这名跑者的左右脚基本均衡。

- 左右脚的差别，相较于50%，增加的比例加上减少的比例如果介于1%~3%，左右脚不均衡，需要警惕，用橙色表示。举例来说，一名跑者左脚为48.7%，右脚为51.3%，相较于50%，左脚减少1.3%，右脚增加1.3%，一相加就等于2.6%，2.6%介于1%~3%，这名跑者的左右脚不太均衡，需要加以重视。

- 左右脚的差别，相较于50%，增加的比例加上减少的比例如果大于3%，左右脚明显不均衡，极易引发伤痛，用红色表示。举例来说，左脚为48.4%，右脚为51.6%，相较于50%，左脚减少1.6%，右脚增加1.6%，一相加就等于3.2%，3.2%大于3%，这名跑者受伤风险很高，或者本来就存在伤痛。

如果发现左右脚不均衡，相对较弱的一侧着地时间是延长了还是缩短了呢？两种可能性都存在。如果仅仅是弱侧力量弱，往往表现为弱侧着地时间延长。因为弱侧力量比健侧要差一些，所以动作看起来有点拖泥带水，不够干脆利落，需要更长时间来进行着地缓冲和蹬伸，这时就表现为弱侧着地时间延长。而如果是因为受伤，往往患侧着地时间反而缩短。这是为了避免疼痛，让患侧快速过渡，健侧不得不花更多时间完成单脚支撑阶段。因此，弱侧着地时间延长还是缩短，要具体问题具体分析。

6. 总结

以上就是佳明运动手表跑姿参数的解释，这些参数彼此都存在关联。比方说，如果步频比较慢，那么就有可能着地时间较长、垂直振幅较大、垂直比也比较大。跑者可能是一个指标不达标，或者多个指标不达标。当跑者每次跑完步，上传数据后，**可以在佳明Connect App中看到每个指标的颜色显示：如果均是绿色代表基本合格；如果呈现的都是紫色或者蓝色，则代表你是高水平跑者，跑姿良好；如果多个指标呈现红色或者橙色，则代表你需要改进跑姿。**

当然，也有跑者指出佳明运动手表用不同颜色显示的跑姿参数与速度有关。速度快时，步频快、步幅大、着地时间短，所以显示出来所有跑姿参数都是良好的；但速度慢时，步频慢、步幅小、着地时间长，这些指标则都呈现红色或者黄色预警。这样似乎也不是太科学，因为速度快慢与跑姿没有必然联系，这与佳明运动手表的评估标准基本不考虑速度有关，也显示佳明运动手表在未来仍有提升和改进空间。

第三章　无伤跑法原理

◂◂◂ 第一节　什么是无伤跑法 ▸▸▸

无伤跑法训练金字塔模型
INJURY-FREE RUNNING TRAINING PYRAMID MODEL

- 耐力 ·············· 五种训练强度
- 动作模式 ·············· 三大跑姿动作模式
- 基础运动能力 ·············· 灵活+稳定

无伤跑法训练体系由基础运动能力、动作模式和专项耐力三大模块构成，从而构建符合跑步能力发展金字塔模型的训练体系，帮助跑者学会减轻和化解跑步时人体所受到的冲击力，实现稳定、协调、轻盈奔跑。

身体灵活性
MOBILITY

灵活 MOBILITY ＋ 协调 COORDINATION

站姿踝背曲	直腿抬高	站姿体前屈
俯卧勾腿	俯卧主动伸髋	坐姿髋内收

是指通过训练充分发展关节柔性和协调性，重点发展跑步相关关节的灵活性。关节具备足够的灵活性是预防关节受伤的基础。从运动表现来看，每个关节的灵活性最终表现为动力链的协调运动。

Run ✕ Run

无伤跑法定义
INJURY-FREE RUNNING DEFINITION

无伤跑法是通过减轻、化解跑步时人体所受到的冲击力，从而有效预防伤痛的体系化训练方法。

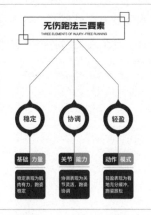

无伤跑法三要素
THREE ELEMENTS OF INJURY-FREE RUNNING

稳定　　协调　　轻盈

基础 力量	关节 能力	动作 模式
稳定表现为肌肉有力、跑姿稳定	协调表现为关节灵活、跑姿协调	轻盈表现为着地充分缓冲、跑姿放松

82

▸▸▸ 第二节 如何系统化提升跑步能力 ◂◂◂

　　跑者应如何系统化提升跑步能力？是不是多跑步就行了？怎样跑步才能有效避免伤痛？这样的问题也许困扰着许多跑者。要解答这些问题，不是头痛医头、脚痛医脚式地告诉你要注意这个、注意那个，而是要以运动科学基本理论为支撑，用系统性思维和方法论回答这类问题。本节就是在尝试回答这样"大而复杂"的问题。

一、首先理解跑者能力是由哪些要素构成的

　　要解答如何系统化提升跑步能力这个"大而复杂"的问题，首先你需要明白跑步能力是由哪些要素构成的，也许你会说：跑得快和跑得多就是跑步能力的最终体现。没错，如果跑不快也跑不远，那就谈不上跑步能力，但是从跑步能力金字塔结构来看，它们位于跑步能力金字塔的顶端——从专业术语上称为马拉松专项耐力。马拉松专项耐力不是空中楼阁，良好的马拉松专项耐力应当建立在其他更为基础的能力之上。金字塔的

中层就是所谓的跑步技术，只有具备良好的跑步技术才能为获得马拉松专项耐力打好基础。技术不行，跑姿不理想，在跑得越来越快和越来越多的情况下，就非常容易发生一个问题——伤痛，而跑步技术的支撑就是金字塔底部的身体健康水平。具体来说，就是关节灵活性和稳定性及核心控制，这些身体能力要素是形成良好跑步技术的前提，并且也为马拉松专项耐力提供身体基础。

国际上已经普遍认可运动能力金字塔模型，金字塔底部为关节灵活性和稳定性以及核心控制，塔身为专项技能，塔尖为运动表现。将该模型应用于跑步能力发展上，塔基仍然为关节灵活性和稳定性及核心控制，塔身为跑步技术，塔尖为马拉松专项耐力。只有底层越牢固，塔尖才会越高、越稳固，这就如同万丈高楼平地起，高楼建得越高，地基就打得越深。换句话说，跑者要具备良好的马拉松专项耐力，必须首先要有健康的身体和良好的技术。健康的身体就是指关节灵活性和稳定性及核心控制，良好的技术当然指的就是跑步技术，即跑者常说的跑姿。

二、不够理想的跑步能力金字塔模型

有些跑者的跑步能力金字塔模型不够理想，最常见的一种情况如下面左图所示。这样的跑者经过多年训练，马拉松专项耐力还不错，跑步技术也还说得过去，但经过测试评估，关节灵活性和稳定性以及核心控制比较差。这样的跑者极为常见，表现为平时只重视跑，而忽视身体基本灵活性和稳定性及核心控制训练，他们比较容易受伤或者说始终存在慢性劳损，又或者说提升较为缓慢。这是因为较差的关节灵活性和稳定性以及核心控制，大大降低了跑步经济性；又因为跑步较多，关节负荷较大而关节承受负荷的能力又没有得到有效强化，所以容易出现各种各样的伤痛。

还有一些跑者经过训练具有还不错的关节灵活性和稳定性以及核心控制，跑步技术也基本合理、科学，但由于跑步训练不足，所以专项耐力不够好，如下面右图所示。这样的情况多见于初级或者进阶跑者，这样的跑者假以时日，成长、进步空间比那些只专注跑，而忽视身体基础能力训练的跑者反而可能更大，因为他们塔基较为牢固，只是缺乏系统性的跑步训练而已。

三、夯实身体基础才能为持久、健康跑步奠定基础

俗话说，磨刀不误砍柴工。大众跑者其实并不需要在跑步刚开始过于强调跑多远和跑多快，而应该先很好地加强关节灵活性和稳定性及核心控制。也就是说，先把身体健康水平的基础打牢固，在此基础上注重跑步技术训练，形成科学、合理的跑姿。有了身体基础，再进行系统化的跑步训练，逐步提升心肺功能，这样你就能实现系统化提升跑步能力，并且在这个过程中，也大大降低了跑步伤痛的发生率。因为跑步能力金字塔模型告诉我们，只有加强身体基础能力训练，才能为持久、健康地跑步奠定坚实基础。

1. 良好的身体灵活性和稳定性帮助跑者提高承受应力的能力

怎样才能加强你身体承受应力的能力呢？那就是提高你的身体灵活性和稳定性。灵活性主要是指你的关节活动范围和灵活程度，良好的灵活性可以让你在全幅度范围自由、协调地运动。灵活性的提升一方面需要通过拉伸改善肌肉弹性和伸展性，一方面还需要进行筋膜放松、主动灵活性训练。与灵活性相对应的就是稳定性，良好的动作稳定性是通过力量训练实现的，肌肉力量不足会表现为动作松散、变形、不稳定，因此适当的力量训练可以帮助你提高跑步表现水平，帮助你提高承受应力的能力。总体而言，跑者必须加强身体基本能力，这种基本能力就是灵活性和稳定性在跑者身体中的和谐统一。一方面，你有足够的灵活性；另一方面，你又具备良好的稳定性。

2. 良好的跑步技术可以帮助跑者减轻、化解受力

具备基本的身体灵活性和稳定性一方面可以提高你承受应力的能力，另一方面可以为你的跑步技术打下扎实的身体基础。而合理、良好的跑步技术则可以帮助你减轻、化解你所受到的应力。也就是说，跑姿是跑步技术的外在表现，其背后的基础是身体灵活性和稳定性。

合理、良好的跑步技术应当体现为跑姿稳定、协调、轻盈。所谓稳定是指跑步过程

中躯干稳定，良好的核心稳定性可以为上肢摆臂和下肢摆腿提供最佳力学支点，从而减少用力损失，提升跑步经济性；所谓协调是指跑步过程中两腿蹬摆动作协调，跑步动作的特点是双腿在时间和空间中交替往前迈出，这就需要高度的动作协调性；所谓轻盈则是指着地轻盈，沉重的着地会导致地面冲击力的增大，无法实现轻盈。

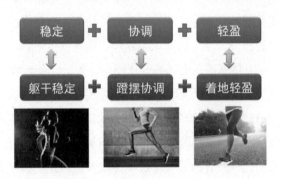

3. 再好的身体能力和跑步技术，没有科学训练也是白搭

你的身体再强壮、你的跑步技术再合理，没有科学训练，无伤奔跑则是泡影。跑者的很多伤痛就是由胡乱训练造成的，如不遵循循序渐进的一般规律而盲目增加跑量、在身体准备不充分的情况下去参加马拉松比赛或者过量跑步、疲劳连续积累而不重视身体恢复、过于追求速度而忽视基础耐力训练等。因此，如果说身体能力和跑步技术是无伤奔跑的基础，那么科学训练是无伤奔跑的支撑。

无伤跑法最佳跑步模型

四、总结

跑得快和稳是跑者跑步能力的最终体现，但要实现这一目标，需要建立很好的身体基本灵活性和稳定性基础，在此基础上，掌握科学合理的跑姿，才能更快、更有效地实现耐力提升。跑不是跑者的唯一，为了实现系统化提升跑步能力，大多数跑者都要很好地加强身体灵活性和稳定性，磨刀不误砍柴工。

◄◄◄ 第三节　无伤跑法跑姿要求 ►►►

人类天生会跑步，但能跑起来跟跑姿正确、合理完全是两码事。跑姿也许没有最佳，但一定有正确、合理一说，正确的跑姿可以让我们避免受伤，而合理的跑姿可以让跑步更轻松、更省力，所以正确、合理的跑姿最终能达到两个根本目的：省力和无伤。

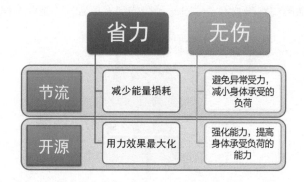

一、为什么正确、合理的跑姿能实现省力

跑步是一项与重力相对抗的运动，因为跑步时双脚会同时离地，这就需要你用力将身体推离地面。脚不离地那是走路，这也是跑步比走路累不少的根源所在。你的腾空高度越高，你克服重力做功就越多，而你实际上需要的是水平前进，所以可以通过降低腾空高度来实现省力。怎么降低腾空高度？这完全可以通过改进跑步技术来实现。

省力还可以通过加强身体能力、促进用力效果最大化实现，这个怎么理解？跑步是以肩为轴心摆臂，以髋为轴心摆腿，核心（躯干）保持相对稳定的全身性协调运动。如果躯干稳定，摆臂和摆腿就有了很好的支点，那么摆臂的平衡协调作用，摆腿的缓冲（着地阶段）、蹬伸（离地阶段）作用就能发挥最大效益。

而如果核心不够稳定，支点缺乏支撑，力量在这里就消耗了，那么摆臂、摆腿的效率就会大打折扣。举个例子跑者就理解了，如果用40%的力气人就可以跑步，但由于你的核心不够稳定，使得10%的力气白白浪费了，你是不是得花50%的力气来跑步呢？为什么你比别人累？因为你比别人多花10%的力气。这就是为什么跑步时核心控制很重要。

二、为什么正确、合理的跑姿能实现无伤

导致跑步伤痛的诱因很多，跑量、体重、力量等因素最终都会导致人体承受过大的应力负荷，从而超出自身承受能力和修复能力，引发损伤。因为每一次着地你都会受到1~2倍体重的冲击力，如果你不会缓冲这种冲击力，或者你不通过加强肌肉力量提高自身承受负荷的能力，那么你的受伤风险就比较大。换句话说，正确跑姿可以教会你缓冲地面冲击力，而力量训练可以提高你承受冲击力的能力。

除了掌握缓冲受力的跑步技术和加强肌肉力量以外，合理的跑姿还可以避免人体异常受力。举例来说，膝盖内扣、脚过度外翻这些常见错误跑姿会导致异常应力作用在膝

盖、小腿、足、踝这些部位，大大增加这些部位发生伤痛的可能性，所以纠正跑姿就是要纠正存在明显缺陷的跑步技术，这对于预防伤痛发挥着至关重要的作用。

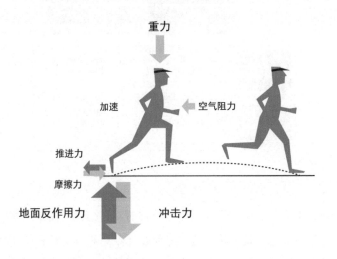

三、正确、合理的跑姿的关键是要符合运动生物力学基本原理

关于是否存在"最佳跑姿"往往充满争议，有人说好的跑姿就应该有一定标准或者参照，否则跑姿教学就失去了理论基础，没有一个统一的动作模式如何教人跑步呢？有人说跑姿因人而异，即便都是精英选手，跑姿看上去也未必是一模一样的，这两种说法其实都有道理。既然是跑步，那么就有一定的基本动作特征，跑步的基本动作特征表现为上肢摆臂、下肢摆腿、躯干保持相对稳定，任何人跑步都具备这些基本特征。而个体与个体之间存在跑姿差异，主要体现为动作细节上的差异，从而产生了不同跑姿。

从科学角度而言，允许跑姿因人而异，但这种因人而异不是游泳的"狗刨"与"自由泳"之间的差异，而是差异只能在有限范围内呈现。跑步的基本动作模式人人都应当接近一致，这种一致用科学术语表达就是跑姿要符合运动生物力学的基本原理，那么跑步的运动生物力学基本原理究竟是什么呢？承受外部应力最小化和主动用力效果最大化。

也就是说，科学、合理的跑姿肯定具备共性，这种共性就体现为符合运动生物力学基本原理，同时允许跑姿存在一定的个性，但这种个性不会明显导致应力增加，也不会导致主动用力效果下降。不合理的跑姿所引发的问题归结起来就在于产生错误应力从而增加受伤风险，同时主动用力效果不佳造成被迫使出更大力量，导致跑姿费力、不经济。

四、无论是否存在最佳跑姿，错误跑姿一定要避免

不符合运动生物力学基本原理的跑姿主要表现为承受了错误的异常应力，或者力量

传递效果不佳。是否存在最佳跑姿尚存争议，但避免不良错误跑姿则是跑者尽量要做到的，以下是不合理跑姿总结。

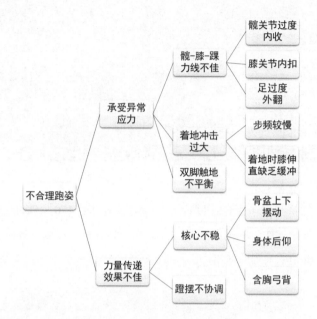

1. 髋关节过度内收和膝关节内扣（专业术语为膝外翻）

跑步时摆腿是以髋关节为核心，完成前摆和后蹬的。在着地过程中，如果髋关节力线不佳，就会出现一个非常典型的错误跑姿——髋关节过度内收，表现为膝关节内扣，小腿向外翻。有些跑者，特别是女性跑者，跑步时膝关节内扣、脚外翻，而这样的跑姿会对膝关节产生极大压力，同时还会引起髌骨运动轨迹的异常，从而诱发髌骨关节面过度磨损。

膝关节内扣

2. 足过度外翻

无论是我们说的脚跟着地，还是前脚掌（中足）着地，在着地时，都是脚跟外侧或者前脚掌外侧先着地，然后再快速过渡到内侧，这个脚发生偏转的过程，我们称为足外翻。

足外翻是跑步时足着地一个非常自然的现象，借助足外翻可以起到缓冲受力、减少冲击和振动的作用。但是足过度外翻（多见于扁平足）被认为与跑步伤痛发生高度有关。研究发现，外翻角度介于7~10度，跑步伤痛发生最少。**足过度外翻与足底筋膜炎、跟腱痛、小腿胫骨应力综合征，甚至膝痛都有较高关联度**。足过度外翻多见于扁平足跑者、下肢力线异常的跑者，以及反复崴脚，脚踝力量较弱的跑者。

腾空时脚处于内翻状态，脚外侧比内侧低，着地时脚外侧先着地，向内翻转，这被称为着地时足外翻的现象。

3. 步频较慢

总体而言，加快步频（无论速度快慢，接近或者达到170~180步/分）具有更佳的生物力学优势。步频加快，根据第二章对大众跑者的分析，可以有效降低腾空高度，这样就可以有效减少跑所受到的冲击力。

步频慢	步频加快
步幅大	步幅适当缩小
重心起伏大	减小重心起伏
克服重力做功多	避免克服重力做功过多
跑步费力	跑步省力经济

4. 着地时膝伸直，缺乏缓冲

着地过程中膝关节应当积极弯曲下压，这样就可以有效增加缓冲，而如果着地时**膝关节伸直锁死，同时又不注意积极弯曲下压，那这种跑姿对下肢关节伤害极大**。主要在于以下几点：①膝关节完全伸直锁死，在着地一瞬间，地面反作用力会因为缺乏缓冲而直达膝盖；②膝关节伸直锁死，使得膝关节弯曲缓冲明显不足；③膝关节伸直锁死，制动刹车作用明显，损失了速度，降低了跑步效率。

膝盖过伸锁死

　　如果让着地点靠近重心，一方面使得膝关节保持适度弯曲，弯曲的腿部有利于分解、消散来自地面的冲击力；另一方面，可以通过着地时膝关节顺势积极下压带来更多缓冲，同时小腿与地面夹角变大，制动刹车作用也明显减弱。

5. 双脚着地不均衡

　　着地平衡这个指标很容易理解，就是代表双脚在着地时间上的均衡性，佳明运动手表可以提供着地平衡这个指标。任何人的双脚都不可能完全一模一样，因为人本身就存在优势腿和非优势腿，所以存在轻微的着地不均衡是完全正常的，没有必要追求100%的双脚均衡。但如果因为伤痛、力量不均衡等因素，导致双脚着地时间差异过大，就有可能因为受力不均衡而引发伤痛。

6. 骨盆上下摆动

　　跑步时骨盆会轻微上下摆动，但一些跑者跑起步来骨盆上下摆动明显，这是核心，特别是臀中肌无力的表现。臀中肌向上连接骨盆，向下连接髋关节，当臀中肌无力时，骨盆上下摆动必然会导致髋关节内收、膝关节内扣、足过度外翻等连锁反应。

7. 身体后仰

　　重心放在后面，等于起到刹车作用，也就是说每跑一步产生的都是向前的动作，但由于身体后仰抵消了一部分向前的动力。跑步时躯干或者整个身体的正确姿态是身体轻微前倾。

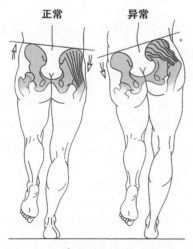

骨盆上下摆动

身体后仰

8. 含胸弓背

　　跑步是全身运动，绝不仅仅是下肢运动，上肢、躯干都要参与到跑步中，良好的躯干姿态对于动作稳定至关重要。如果无法保持躯干挺直，而是含胸弓背，不仅影响呼吸，也大大降低了跑步效率。

9. 蹬摆不协调

跑步动作看似周期重复，似乎并不复杂，但如果双脚蹬摆不协调，动作拖泥带水，也会导致跑步效率大大降低。

含胸弓背

标准跑姿

五、将跑姿理解为一种刻板模式也是跑者常犯的错误

很多流行的跑步姿势往往强调跑者必须采用一定的刻板动作，并且要求跑者模仿学习，这最终容易产生两个问题：一是跑者压根没法学会，变成学归学、跑归跑；二是引发新的伤痛问题。这种固定、刻板的跑姿模式最大的逻辑错误是忽视了跑姿并不是一成不变，而是随着速度的改变而改变的。举例来说，大众跑者如果盲目模仿精英跑者的跑姿，如提拉折叠小腿、前脚掌着地，而不考虑精英跑者的速度比大众跑者快这个前提，那么这种模仿就变得毫无意义。要么根本学不会，要么因为盲目模仿精英跑者前脚掌着地而导致足底筋膜炎等问题。

1. 从慢速到快速，没有改变的跑姿要素

着地时，着地位置与膝关节角度没有改变。无论快速还是慢速，着地点均靠近重心，膝关节在着地时保持弯曲，这样一方面避免着地瞬间关节受到较大冲击力，另一方面也有利于缓冲。

着地后，膝关节适度下压可以增加缓冲，并储备蹬伸所需的弹性势能。当速度由慢变快时，虽然地面反作用力增加，需要的缓冲也应增加，但优秀运动员不会采用使膝

关节更弯曲、增加身体起伏这种影响速度的方式来缓冲，而是巧妙地采用前脚掌落地技术，充分利用脚踝来缓冲。

由慢到快，躯干前倾角度不会发生变化。身体适度前倾可以利用重力作用带动身体向前，但这并不意味着速度越快，身体前倾角度越大。

在速度由慢到快的过程中，摆臂幅度并没有明显改变，特别是前摆幅度没有改变，而后摆幅度略有增加。

2. 从慢速到快速，改变的跑姿要素

着地方式改变。大众跑者主要采用脚跟着地，而在快速跑步时（配速4:00以内），前脚掌着地更有优势，一方面可以利用脚踝缓冲地面反作用力，另一方面也有利于减少着地时间，提高跑步效率。

脚跟着地　　　　　全脚掌着地　　　　　前脚掌着地

着地方式

小腿提拉折叠程度改变。在慢速时，小腿提拉折叠不明显；而在快速时，小腿提拉折叠非常充分。有些跑者注重学习小腿提拉折叠，这本身是正确的，但如果僵化理解提

头正直

随着速度加快，摆臂幅度轻度加大

躯干稳定，轻度前倾

随着速度加快，大腿后蹬和前摆幅度加大

着地后膝关节适度下压缓冲

由慢到快，小腿提拉折叠幅度加大

着地点靠近重心着地时保持膝关节微屈

慢速：脚跟着地快速：前脚掌着地

跑姿随配速动态变化

拉折叠，认为只要跑步就要提拉折叠小腿，这是对跑姿的误解。以慢速跑步时，根本无须强调小腿提拉折叠，在快速跑步时，提拉折叠是一个自然发生的过程。只不过普通跑者往往因为力量和协调性不够，折叠程度不如运动员而已，这是需要通过训练加强的，但绝不等同于跑步中时时刻刻都要想到提拉折叠小腿。

大腿后蹬幅度改变。当速度由慢到快时，大腿扒地后蹬幅度进一步加大，这意味着更长的做功距离、更有力的肌肉收缩，这是跑得快的根本原因所在。

大腿前摆幅度改变。慢速时，摆腿幅度小；快速时，摆腿幅度大。前摆幅度增加是下肢蹬摆"送髋"以及提拉折叠的惯性和主动发力相结合的自然结果。

不变	改变
足着地位置	足着地方式
着地膝关节角度	小腿提拉折叠
膝关节缓冲角度	大腿后蹬幅度
躯干姿态	大腿前摆幅度

速度改变时跑姿中的变与不变

六、用最终呈现效果讲解跑姿更合理

合理跑姿需要**承受外部应力最小化和主动用力效果最大化**。核心稳定可以为上肢摆臂和下肢摆腿提供最佳力学支点，从而减少用力损失，实现主动用力效果最大化。跑步是双腿交替往前迈出的运动，蹬摆动作协调是跑步时下肢运动的核心特征，动作越协调则主动用力效果越好，而轻盈地着地则可以将着地冲击减至最小，实现承受外部应力最小化。因此，无伤跑法不去刻意强调某种特定姿势，而是强化跑姿最终呈现的效果——稳定、协调、轻盈，实现这6个字，也就完全符合了跑姿生物力学的基本原理。

七、跑姿究竟能不能练出来

成熟跑者往往会认为其用自己的跑姿跑步很多年了，跑姿已经完全固化，无论跑姿好坏，很难改过来了，这其实是一种误解。改跑姿不等于"之前不会游泳，开始学习游泳"这样一个完全属于学习新技术的过程，改跑姿不是"另起炉灶"，完全推倒之前的跑姿，改跑姿的重点是纠正自己现有跑姿中存在的问题，即便现有跑姿没有明显问题，也可以进一步优化现有跑姿。所以改跑姿重点在"改"，改进不合理的跑姿细节，优化现有技术。

首先跑步是一项专门技术，既然是专门技术就需要经历一个理论学习和实践体会的过程。看书就是理论学习的过程，光说不练假把式，有了认知就需要刻意训练，当然这种训练一定要以身体灵活性和稳定性作为基础，因为好的跑姿

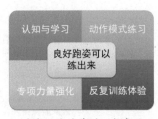

认知与学习	动作模式练习
良好跑姿可以练出来	
专项力量强化	反复训练体验

训练正确跑姿的4个步骤

既是能力的体现，也是技术的体现。光练技术不练能力，也是不行的。正确跑姿可以通过短期专门强化训练形成，但最终实现动作自动化，还需要不断跑步进行积累和体验。练习跑姿需要刻意，但长时间跑步就做不到刻意。只有通过反复训练，才能最终实现动作自动化，这样跑姿才能做到稳定、协调、轻盈。

八、总结

无伤跑法讲解跑姿不是强调某种刻板动作模式，因为跑姿的重要特征是随着速度变化而变化。无伤跑法以最终表现讲解跑姿，那就是核心稳定、蹬摆协调、落地轻盈。因此，跑姿训练不是对某种刻板动作模式的僵化学习，而是首先进行必要的身体灵活性和稳定性训练，然后在此基础上进行专门跑步技术和动作模式学习，辅以力量强化，并且不断加以反复训练，最终形成省力、无伤的跑姿。

◄◄ 第四节　无伤跑法训练报告 ►►

一、研究背景

随着大众跑步和马拉松运动的兴起，传统的就跑步论跑步，或者将跑步视作简单健身方式的大众跑步指导已经无法适应跑者越来越高的对科学跑步和科学训练的需求。一方面，越来越多成熟跑者对于耐力提升以及在马拉松比赛中实现PB（personal best，个人最好成绩）的愿望日渐强烈；另一方面，由于知识和技能的欠缺，85%以上的大众跑者曾经或者正在经历跑步伤痛。健康、无伤、持久地跑步成为全体大众跑者的基本需求。研发针对中国跑者的跑步训练指导体系，提升大众跑步科学水平，帮助大众跑者实现健康、无伤、持久跑步成为迫在眉睫的重要问题。

南京慧跑网络科技有限公司和南京体育学院，一直致力于大众科学跑步研究，在多年研究、推广科学跑步的基础上，历时5年，研发出无伤跑法体系。无伤跑法是指通过减轻、化解跑步时人体所受到的冲击力，从而有效预防伤痛、提高跑步效率的训练方法；而无伤跑法训练体系则是

借鉴现代竞技训练普遍采用的功能性训练的理念，采用运动表现的金字塔模型，形成以关节灵活性和稳定性以及核心控制为基础，以跑步技术为核心，以耐力为最终表现的体系化、科学化的训练构架和训练内容。从健康、技术、耐力3个方面全面提升跑者能力，

最终帮助跑者实现健康、持久、无伤跑步，并在此基础上顺利达成耐力提升和马拉松PB的目标。

本研究通过科学实证，将无伤跑法训练体系分别应用于初级组、中级组和高级组跑者，通过实施阶段性训练，观察和评估无伤跑法对于提升大众跑者跑步能力、预防和减少伤痛的实际作用，验证无伤跑法的科学性、有效性和可靠性。

二、研究对象

从南京本地跑步团、跑步爱好者中招募初级、中级、高级3个组别跑者共74人，参加为期8周的系统化无伤跑法训练。

高级组跑者：有3年以上跑步经验，男子组全马在3小时30分钟内完成，半马在1小时30分钟内完成；女子组全马在4小时内完成，半马在2小时内完成；男子组平均月跑量在150千米以上，女子组平均月跑量在100千米以上。

中级组跑者：有1~3年跑步经验，男子组全马在3小时30分钟到4小时30分钟以内完成，半马在1小时30分钟到2小时内完成；女子组全马在4小时到6小时内完成，半马在2小时到2小时30分钟以内完成；男子组平均月跑量在100千米以上，女子组平均月跑量在50千米以上。

初级组跑者：不足一年跑步经验，男子组月跑量在100千米以下，女子组月跑量在50千米以下，没有参加全程或半程马拉松的经历。

经过志愿报名、筛选、填写知情同意书，最终初级、中级、高级三个组别分别有29人、23人、22人参与并完成训练。

三、研究方案

在训练开始前，所有受试者填写跑步习惯问卷，进行相关测试，随后开始为期8周的系统化无伤跑法训练，训练结束后再进行相同测试，从而验证无伤跑法的实际效果。统计分析采用SAS JMP 14.2统计分析软件。

1. 训练方案

以8周的跑步训练和体能训练作为干预手段，评估系统化跑步训练模型能否有效提升不同水平大众跑者的跑步能力。跑步训练分为3周基础期、2周进阶期、3周巅峰期。高级组和中级组跑步训练强度以75%~95%HRmax（最大心率）进行训练，体能训练强度为中高强度；初级组跑步训练强度以65%~75%HRmax进行训练，体能训练强度为中低强度。跑步训练频率为4天/周，体能训练为2天/周。训练地点：初级组在南京市玄武湖，中级组和高级组在南京林业大学田径场。 跑步训练计划根据马拉松训练模型及丹尼尔斯经典跑步训练法所制定，体能训练计划根据功能性训练的"金字塔模型"制定，根据每个跑者的心肺功能测试结果及体能测试情况为跑者制订合理的个性化训练计划。

系统化跑步训练计划总表

训练内容	基础期（3周）	进阶期（2周）	巅峰期（3周）
跑步训练	有氧耐力跑 冲刺跑	有氧耐力跑 间歇跑	有氧耐力跑 乳酸阈跑
体能训练	关节灵活性和稳定性训练	基本动作模式训练、力量训练	力量训练

2. 测试方案

测试评估内容根据无伤跑法金字塔模型，从耐力、动作模式、柔韧性、力量、身体成分、跑姿6个方面进行评估，具体测试方法和测试仪器如下。

（1）耐力测试

耐力测试采用最大摄氧量测试法，在德国产H/P/COSMOS跑步机上，选择经典Bruce测试方案，采用意大利产COSMED K5遥测新陈代谢测试仪进行测试，按照最大摄氧量测试法的标准流程进行测试。

（2）动作模式评估

在借鉴功能性运动筛查（Functional Movement Screen，FMS）测试动作的基础上，结合跑步专项采用深蹲、屈髋、弓步蹲、单腿蹲、抗旋转等动作，判断受试者是否存在对称性、灵活性、稳定性、平衡性等方面的问题，从而预测受试者在跑步过程中是否存在较大损伤风险，并进行相应矫正。每个动作评分标准为"优秀"3分，"良好"2分，"差"1

分，如果在完成动作过程中发生疼痛，无论动作完成质量高低均为0分。

（3）柔韧性测试

利用德国产Mobee med全身关节活动度
测量仪，分别完成坐姿踝背屈、仰卧直腿
抬高、俯卧屈膝、俯卧伸髋、髋关节内收、
站姿体前屈等测试，分别从主观角度和客
观角度评估跟腱、大腿后群、大腿前群、髋
部柔韧性；同时采用髋关节内收、站位体前
屈等动作，从主观角度评估身体柔韧性。在
主观评分中，柔韧性"优秀"3分，"良好"
3分，"较差"1分。

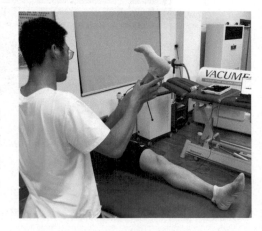

（4）力量测试

采用德国产Dr. wolff Leg-Check下肢蹬伸肌力检测系统测试股四头肌力量及双腿均衡性，采用德国产Dr. wolff Back-Check全身等长肌力检测系统测试臀大肌、髋外展肌群力量及双腿均衡性，每项测试完成3次，取平均值。采用力竭性俯卧撑测试评估上肢力量，采用平板支撑测试评估核心力量。

（5）身体成分测试

利用日本产Tanita MC-190人体成分分析仪测试身体成分，按照仪器使用流程进行测试。在进食2小时后进行测试。

（6）跑姿测试

采用华为荣耀4手环running版测试受试者跑姿，以受试者自我感受的中等速度为基准，比该配速快一分钟为快速，比该配速慢一分钟为慢速。让受试者以这3个速度分别跑400米，在测试前将手环佩戴在脚上，随即开始测试，完成400米跑立刻取下，读取数据。

四、研究结果

　　最大摄氧量是评价耐力的"金标准"指标，从下表可见，3个组别最大摄氧量均取得提高，其中初级组变化幅度最大，具有高度统计学差异（$P<0.01$），说明8周训练有效提升了跑者耐力水平，初级组提升幅度最大。最大摄氧量受遗传影响较大，对于精英组跑者而言，由于其最大摄氧量已经逼近其极限，最大摄氧量提高较为有限，但总体仍取得一定提升。

训练前后各组最大摄氧量变化

	最大摄氧量（毫升/千克/分）		达到最大摄氧量耗时（秒）	
	训练前	训练后	训练前	训练后
初级组	42.94±9.64	48.18±8.89#	689±134	740±125*
中级组	54.03±6.56	56.59±8.83	831±89	868±122*
高级组	58.13±7.97	59.48±8.72	903±138	906±119
总体	50.9±10.53	53.95±9.98#	797+153	826±141#

*表示$P<0.05$，#表示$P<0.01$

　　达到最大摄氧量耗时反映受试者在最大摄氧量测试期间，从开始直至力竭的总耗时。文献表明，受试者最大摄氧量没有提升，但达到最大摄氧量的耗时提升也表明其耐力得到提升。从结果可以发现，各组达到最大摄氧量的耗时均取得提升，其中初级组和中级组的变化具有统计学差异。汇总各组结果可以看出，所有组别受试者经过8周训练，最大摄氧量和达到最大摄氧量耗时得到提升，表明8周训练有效提升了跑者耐力水平，其中初级组和中级组进步最为显著。

动作模式是近10年来，在运动领域提出的一个比较新的概念。好的动作模式表现为该动作所涉及的部位灵活性和稳定性均衡，力线排列良好，动作完成质量高，受伤风险小。人们在实际运动过程中，往往因为勉强在不好的动作模式上增加负荷，从而导致异常应力作用于人体，使得运动损伤发生风险大大增加。跑步作为周期性运动，运动损伤主要是由于不断积累的负荷超过人体承受能力而引发，而不合理的动作模式导致负荷大大超过正常水平，从而增加了受伤风险。因此，评估和纠正动作模式成为跑者科学跑步、预防损伤的重要基础，即首先建立正确的基本动作模式，然后在这些动作模式的基础上，进行专门动作，也就是跑步技术的学习。经过这样的过程才能有效预防伤痛，因为跑步技术表现不佳背后的根源往往是基本动作模式错误，所以纠正跑步技术的前提就是纠正错误的动作模式。

本研究采用深蹲、屈髋、弓步蹲、单腿蹲、抗旋转5个与跑步相关的基本动作模式。深蹲主要反映身体前侧链肌肉的基本功能，而屈髋主要反映身体后侧链肌肉的基本功能，弓步蹲和单腿蹲主要反映跑步相关肌肉的基本功能，抗旋转则反映躯干控制能力。从上页的表可见，各组别动作模式评分经过训练均得到明显提升，具有高度统计学差异（$P<0.01$），表明无伤跑法基于金字塔运动能力模型的训练体系在帮助跑者建立正确动作模式、预防和减少伤痛方面具有显著价值。本研究显示高级组跑者虽然经过多年训练，在心肺耐力方面显著优于中级组及初级组跑者，但其动作模式却并未优于另外两个组别，显示高级组跑者也存在较多动作模式问题，受伤风险较大。改善动作模式在减少伤痛等方面具有较大价值，这也是无伤跑法强调跑者基础能力构建，优于就跑步论跑步的传统跑者指导模式的重要方面。

身体柔韧性作为构成动作模式的身体素质之一，在提升运动表现水平、预防伤痛等方面同样具有重要意义。本研究通过坐姿踝背屈、仰卧直腿抬高、俯卧屈膝、俯卧伸髋、髋关节内收、站姿体前屈等5个动作分别评估跟腱、大腿后群、大腿前群、髋部、臀部以及身体后侧链柔韧性。从下一页第一个表可见，各组别受试者身体柔韧性评分得到显著提升。由于知识和技能的欠缺，很多跑者对于拉伸缺乏足够认知，从而导致肌肉弹性和伸展性下降，一方面降低了动作经济性，另一方面也间接增加了关节压力和受伤风险。在为期8周的训练中，通过教会跑者正确、多样和有效地拉伸，并且要求跑者加强拉伸，跑者的柔韧性得到较大提升。

动作模式和身体柔韧性评分作为面向跑者的实用评估方法，在评估跑者能力方面具有较大应用价值和操作便利性，有利于进一步从客观角度评估跑者训练后的力量提升情况。

训练前后各组动作模式与身体柔韧性评分变化

	动作模式总分		身体柔韧性总分	
	训练前	训练后	训练前	训练后
初级组	18±3	23±2#	24±4	28±4#
中级组	19±2	23±1#	24±4	28±3#
高级组	18±3	23±2#	22±5	26±4#
总体	18±3	23±2#	24±5	28±4#

*表示$P<0.05$，#表示$P<0.01$

本研究应用国际先进的Dr. wolff Leg-Check下肢蹬伸肌力检测系统和全身等长肌力检测系统分别评估跑者股四头肌、臀部肌肉、髋外展肌肉力量水平。众所周知，臀肌和大腿前侧股四头肌是跑步发力最核心的肌群，髋外展肌肉，即臀中肌、臀小肌对于避免下肢力线异常（主要是膝关节内扣）、预防膝痛具有十分重要的意义。检测上述肌肉力量对于评估跑者力量水平有较大实际价值。从下表可见，各组别跑者三大部位肌肉力量均得到显著提升，仅高级组跑者右腿力量变化不明显，这与高级组跑者本身跑步专项力量较好，且右腿为优势腿有关。

训练前后各组力量素质变化

		训练前	训练后
初级组	左腿蹬腿平均值（千克）	74±32	102±35#
	右腿蹬腿平均值（千克）	73±32	100±33#
	左腿伸髋平均值（千克）	34±10	41±11#
	右腿伸髋平均值（千克）	32±12	40±10#
	左腿髋外展平均值（千克）	22±8	28±9#
	右腿髋外展平均值（千克）	25±8	29±8#
	平板支撑（秒）	128±62	175±73#
	俯卧撑（个）	20±15	33±18#
中级组	左腿蹬腿平均值（千克）	119±33	140±38#
	右腿蹬腿平均值（千克）	122±34	143±39#
	左腿伸髋平均值（千克）	43±16	50±12*
	右腿伸髋平均值（千克）	41±19	50±15#
	左腿髋外展平均值（千克）	31±7	34±7*
	右腿髋外展平均值（千克）	30±7	36±7*
	平板支撑（秒）	148±68	217±98#
	俯卧撑（个）	30±12	36±15*

续表

		训练前	训练后
高级组	左腿蹬腿平均值（千克）	95±38	111±49#
	右腿蹬腿平均值（千克）	97±33	116±47#
	左腿伸髋平均值（千克）	33±11	43±10#
	右腿伸髋平均值（千克）	30±12	43±14#
	左腿髋外展平均值（千克）	26±6	29±6*
	右腿髋外展平均值（千克）	28±7	30±6
	平板支撑（秒）	166±70	185±64
	俯卧撑（个）	32±16	38±10
总体	左腿蹬腿平均值（千克）	94±39	117±43#
	右腿蹬腿平均值（千克）	95±39	118±42#
	左腿伸髋平均值（千克）	36±13	44±11#
	右腿伸髋平均值（千克）	34±15	44±13#
	左腿髋外展平均值（千克）	26±8	31±8#
	右腿髋外展平均值（千克）	28±8	31±8#
	平板支撑（秒）	145±67	192±80#
	俯卧撑（个）	27±15	35±15#

*表示$P<0.05$，#表示$P<0.01$

　　俯卧撑数量主要反映上肢力量，平板支撑则反映核心力量，3个组别跑者同样经过训练，初级和中级组力量得到显著提升，仅高级组无显著变化。力量素质对于大众跑者而言是一种特别重要的身体素质，良好的力量素质对于提升跑步经济性、预防伤痛、提升跑步表现水平具有重要意义。但大众跑者由于之前未经过专业训练，普遍力量素质较差，这是他们容易受伤的重要原因。而由于知识缺乏，"跑步只要跑就行了"成为大众跑者的普遍观念，力量训练被大众跑者严重忽视。本研究在为期8周的训练中，高度重视跑者力量训练，每周集体训练均安排有力量训练，同时布置家庭作业，因此，跑者力量素质得到显著提高，对于力量训练与跑步关系的科学认识也大大提升。无伤跑法训练体系特别强调跑者基本身体灵活性、稳定性及核心控制训练，它们是运动能力的基础，构成了金字塔的塔基。灵活性主要通过柔韧性加以体现，稳定性则通过力量表现出来，灵活性和稳定性的综合表现则是动作模式。为期8周的身体灵活性、稳定性以及核心控制训练，证实了这种训练大大夯实了跑者的身体能力基础和金字塔塔基，在此基础上再实施跑步技术训练和耐力训练，可以使跑者有效提升，在此过程中也大大降低了损伤发生概率，这正是无伤跑法的精髓所在。也就是说无伤跑法通过体系化、科学化、遵循金字塔能力模型的训练，彻底改变了传统的就跑步论跑步、将跑步简单理解为只是跑的训练模式，大大丰富和完善了大众跑者训练指导体系。这种体系对于能力基础薄弱的大众跑者进行健康、无伤、持久跑步，并在此基础上实现提升具有显著优势。

本研究还采用了日本产Tanita MC-190人体成分分析仪测试跑者身体成分，Tanita是世界上最早从事运用生物电阻抗法测量人的身体成分的厂家，其核心算法公认精度最高。从下表可见，初级组跑者体脂率、脂肪含量、BMI（body mass index，身体质量指数）显著下降，而中级组和高级组跑者变化不大，说明无伤跑法尤其适合初级跑者，这也跟初级跑者基础较差、提升空间和幅度更大有关。而高级组和中级组跑者本身经过多年训练，身体成分较为合理。

训练前后各组身体成分变化

		训练前	训练后
初级组	体脂率（%）	21.24±7.27	20.3±7.78*
	脂肪含量（千克）	13.35±5.17	12.72±5.32*
	去脂体重（千克）	49.49±8.33	49.77±8.47
	BMI	21.97±2.68	21.83±2.46*
	肌肉量（千克）	46.58±8.15	47.01±8.17
中级组	体脂率（%）	15.51±6.03	13.83±6.27
	脂肪含量（千克）	10.68±4.53	9.29±4.69
	去脂体重（千克）	56.79±6.52	56.17±6.35
	BMI	22.71±2.27	22.11±2.32
	肌肉量（千克）	54.15±6.15	53.01±6.37
高级组	体脂率（%）	14.02±5.89	14.57±6.65
	脂肪含量（千克）	8.07±3.25	8.14±3.83
	去脂体重（千克）	47.98±11.9	48.16±7.42
	BMI	20.34±1.35	20.12±1.45
	肌肉量（千克）	47.31±7.04	45.47±7.16
总体	体脂率（%）	17.31±7.19	16.70±7.56*
	脂肪含量（千克）	10.95±4.93	10.41±5.10*
	去脂体重（千克）	51.31±9.71	51.45±8.17
	BMI	21.71±2.40	21.48±2.31
	肌肉量（千克）	49.15±7.92	48.58±7.91

*表示$P<0.05$，#表示$P<0.01$

下一页表显示了各组别训练前后跑姿变化情况，各组呈现不同变化特征。初级组经过训练，步频明显加快，步幅也同步增大，着地时间缩短，着地冲击、外翻幅度和摆动角度增大。通常认为，适当加快步频可以减小重心起伏，使跑姿较为省力。初级组步频和步幅同步增大表明其跑步能力得到明显增强，同时着地时间缩短也进一步证明了跑步经济性提升。中级组步频无显著变化，步幅变小，着地时间延长，着地冲击、外翻幅度、摆动角度均减小，这些指标显示中级组跑者跑步时缓冲能力得到一定程度的增强。而高级组跑者步频减小，着地时间缩短，摆动角度变小。总体而言，所有跑者的步频得到提升，步幅相应减小，着地时间缩短，摆动角度缩小，也就是说跑者经过训练，更多采用小步快跑这样一种较为省力的跑姿，步频提升相应地会带来步幅和摆动角度的变小，着地时间缩短则表明跑者跑步动作协调性提升。

训练前后各组跑姿变化

		训练前	训练后
初级组	平均步频（步/分）	160.28±12.6	167.82±12.12#
	步幅（厘米）	68.28±9.31	82.31±10.87#
	平均着地时间（毫秒）	330.89±71.19	289.12±31.7#
	平均着地冲击（重力加速度）	14.72±4.25	16.17±3.88#
	平均外翻幅度（度）	10.5±3.65	12.13±3.87#
	平均摆动角度（度）	74.79±8.79	80.92±11.67#
中级组	平均步频（步/分）	175.12±13.53	178.26±14.1
	步幅（厘米）	114.26±23.67	98.07±16.76#
	平均着地时间（毫秒）	252.64±37.25	252.92±29.74*
	平均着地冲击（重力加速度）	20.9±2.93	19.7±3.4#
	平均外翻幅度（度）	16.11±4.56	15.25±4.87#
	平均摆动角度（度）	102.86±16.8	90.9±12.14#
高级组	平均步频（步/分）	180.57±15.96	176.69±11.93*
	步幅（厘米）	115.26±23.51	96.24±19.28#
	平均着地时间（毫秒）	244.79±40.15	257.41±43.55#
	平均着地冲击（重力加速度）	21.67±2.91	20.98±2.72
	平均外翻幅度（度）	15.47±3.96	14.52±3.84
	平均摆动角度（度）	101.47±12.88	93.15±11.48#
总体	平均步频（步/分）	170.77±16.34	173.53±13.62#
	步幅（厘米）	96.54±29.76	91.07±17.03#
	平均着地时间（毫秒）	281.15±66.91	269.07±38.38#
	平均着地冲击（重力加速度）	18.69±4.74	18.56±4.02
	平均外翻幅度（度）	13.75±4.82	13.77±4.44
	平均摆动角度（度）	91.51±18.72	87.34±12.96#

*表示$P<0.05$，#表示$P<0.01$

五、跑者对本次训练的评价

本研究还采用问卷调研了跑者对此次训练的总体感受及满意度。由于本次训练正值暑期，较为炎热，无形中增加了训练难度，但总体仍有约75%的跑者完成或者基本执行了训练计划。跑者集体训练出勤率较高，同时也能自觉完成布置的训练计划。

跑者主观训练完成情况

	完成	基本完成	完成一半	基本没完成
初级组	37.5%	54.17%	4.17%	4.16%
中级组	5.56%	50%	33.33%	11.10%
高级组	13.33%	60%	20%	6.67%
合计	21.05%	54.39%	17.54%	7.02%

下表显示了跑者自我感受在耐力、力量、柔韧性、跑姿等方面的提升，总体而言，跑者在耐力和力量方面主观感觉提升较大，越是起点较低的跑者自我感觉在耐力和力量方面提升越大。

跑者自我感觉在跑步能力方面的提升

		明显提升	提升	没有变化
初级组	耐力	41.67%	54.17%	4.16%
	力量	33.33%	58.33%	8.34%
	柔韧性	20.83%	62.5%	16.67%
	跑姿	33.33%	50%	16.67%
中级组	耐力	16.67%	66.67%	16.67%
	力量	22.22%	44.44%	33.33%
	柔韧性	16.67%	33.33%	50%
	跑姿	11.11%	50%	38.89%
高级组	耐力	20%	53.33%	26.67%
	力量	6.67%	66.67%	26.67%
	柔韧性	6.67%	53.33%	40%
	跑姿	13.33%	73.33%	13.33%
总体	耐力	28.07%	57.89%	14.04%
	力量	22.81%	56.14%	21.05%
	柔韧性	15.79%	50.88%	33.33%
	跑姿	21.05%	56.14%	22.81%

接近100%的跑者均认为此次训练与之前相比，内容更加丰富、全面，表明此次训练与跑者以往的自我训练或者参加的其他训练营相比有显著不同，显示本次无伤跑法训练在内容、形式方面实现了较大创新，这表明无伤跑法训练相较于传统跑步训练具有鲜明特征。

跑者对本次训练与之前训练对比

	训练内容更丰富全面	跟之前差不多	不知道	不如之前训练
初级组	100%	0%	0%	0%
中级组	100%	0%	0%	0%
高级组	94.4%	0%	5.56%	0%
合计	98.25%	0%	1.75%	0%

本页第二个表显示了跑者对此次训练的满意度，满意度超过85%，说明跑者对此次训练总体组织安排满意度较高。本页第三个表显示跑者自我对训练的满意度为73%，不满意主要体现在由于工作较忙，部分跑者训练执行度不佳，训练不规律。

跑者对训练安排的满意度

	很满意	比较满意	一般	不满意
初级组	100%	0%	0%	0%
中级组	72.22%	27.78%	0%	0%
高级组	80%	20%	0%	0%
合计	85.86%	14.04%	0%	0%

跑者自我对训练的满意度

	很满意	比较满意	一般	不满意
初级组	45.83%	41.67%	12.5%	0%
中级组	33.33%	40.35%	17.54%	8.78%
高级组	20%	40%	20%	20%
合计	33.33%	40.35%	17.54%	8.78%

下表显示了跑者在训练期间的伤痛情况，约一半的跑者训练前后没有发生伤痛，原有伤痛缓解或者明显缓解的比例约为30%，约有10%的跑者由于跑量等问题发生负荷积累性伤痛。总体而言，无伤跑法训练有效降低了跑者伤痛发生概率，少量新发伤痛主要集中在小腿肌肉等部分，膝痛发生较少，且问题普遍不严重。

	发生了新的伤痛	原有伤痛明显缓解	原有伤痛有所缓解	原有伤痛无变化	我没有伤痛
初级组	4.17%	12.5%	33.33%	12.5%	37.5%
中级组	22.22%	5.56%	11.11%	27.78%	33.33%
高级组	6.67%	6.67%	20%	6.66%	60%
合计	10.53%	8.77%	22.81%	15.78%	42.11%

下表显示了跑者参加本次训练的收获，95%的跑者表示通过此次训练，对科学跑步有了新的认识，说明无伤跑法不仅教会了跑者方法、技能，也让跑者重新认识了什么是科学跑步。理念的进步和方法的掌握对于跑者未来实现健康、无伤、持久奔跑具有潜在的重要意义。有67%和44%的跑者认为8周训练较为系统，且通过训练提升明显，32%的跑者则表示伤痛明显减少，这与前述约有30%的跑者伤痛减轻一致，表明问卷可靠性较高。

	选择率
对科学跑步有了新的认识	95%
训练很系统	67%
能力提高比较明显	44%
伤痛明显减少	32%
没有什么特别收获	0%

六、结论

① 经过8周训练，跑者最大摄氧量得到显著提升，初级组跑者变化最为明显，表明无伤跑法训练体系可以有效提升大众跑者心肺耐力水平。

② 经过8周训练，各组别跑者动作模式和身体柔韧性得到显著提升，表明无伤跑法训练体系可以有效纠正大众跑者动作模式，改善身体柔韧性，而良好的身体灵活性和稳定性对于大众跑者夯实身体能力基础、预防伤痛具有重要意义。

③ 经过8周训练，各组别跑者下肢、上肢及核心力量得到显著增强，表明无伤跑法训练体系可以有效增强跑者力量素质，这正是大众跑者最为欠缺、最需要加强的能力之一。

④ 经过8周训练，初级组跑者身体脂肪含量降低，身体成分改善，表明无伤跑法对于大众减肥和控制体重具有较大实际价值，而中级组和高级组跑者身体成分变化不大。

⑤ 经过8周训练，跑者步频得到明显提升，同时着地时间缩短，说明跑者经过训练更多采用小步快跑这样一种公认的较为省力的跑步方式，同时跑步着地时间得到缩短还说明跑者的跑姿协调性提升，着地、支撑、蹬摆等动作衔接得到改善。

⑥ 基于跑者金字塔能力模型的无伤跑法训练体系可以显著改善大众跑者身体灵活性、稳定性、核心控制等基础素质，并在此基础上，经过系统化力量和耐力训练，有效增强跑者的专项力量和耐力素质。无伤跑法训练体系针对性、科学性强，是适合大众跑者的优秀训练方法和指导体系，有较大应用推广价值。

⑦ 跑者对于无伤跑法训练满意度较高，认为这种训练体系内容丰富、全面，对于全面提升跑者能力具有明显效果，且适合中国跑者的实际情况，接地气，跑者执行度良好。

第二篇　无伤跑法技能 ▶

第四章　无伤跑法身体功能评估

◂◂ 第一节　身体灵活性评估 ▸▸

跑者都理解跑后要做拉伸，拉伸可以放松肌肉，缓解跑步结束之后的肌肉僵硬，同时拉伸还可以改善肌肉弹性和伸展性。但跑者仔细思考一下，做了那么多年拉伸，也一直重视跑后拉伸，似乎自己的身体柔韧性却几乎没有变化，之前柔韧性好的还是好，差的还是差。这至少说明一个道理，拉伸有用，但拉伸并不能够改善身体柔韧性！那么跑者需要改善柔韧性吗？如何才能改善柔韧性呢？

一、真正肌肉素质良好的跑者要尽量做到一字马

短跑运动员以腿部和臀部肌肉发达著称，但对于那些世界上顶级的短跑运动员，发达的肌肉并没有影响他们具备良好的身体柔韧性，他们往往都可以比较轻松地完成一字马，而那些二三流运动员则往往无法完成一字马。这提醒想要成为高水平跑者的人，一定要具备良好的身体柔韧性。

关节柔韧性是灵活性的基础，只有具备足够大的活动度，你才能把肌肉拉得最长、收得最短，从而增加你的肌肉做功距离。在同等步频和排除身体影响的情况下，每一步你都比别人步幅大，那么这样你就能比别人跑得更有效率。一些跑者推崇所谓"送髋"技术，"送髋"技术首先就要求你具备良好的髋关节灵活性，这样大腿前摆和后蹬才能获得更大的运动幅度，从而体现出"送髋"这样特定的高级跑步技术。

有人说跑者不需要非常好的身体柔韧性，只要达到正常跑姿所需要的关节活动范围就可以了。这样的观点看起来好像也没有错，但我们要注意，肌肉主动运动拉得越长，储备在肌肉、肌腱、筋膜等软组织中的弹性势能也就越大，这样，利用软组织的回弹，不需要肌肉过度用力就能获得力量，这就是省力跑步的关键所在。

真正良好的肌肉应当具备这样的素质：在放松时很软很松弛，在用力一瞬间很紧。

但很多跑者的肌肉在放松时摸上去就感觉硬邦邦的，这说明肌肉弹性不够，肌肉张力比较大。这就意味着主动肌在用力时，拮抗肌还在对抗，这样主动肌就不得不用更大力气才能完成动作，从而让跑步变得费力。所以肌肉在放松时越柔软，可延展性越好，那么就能带来越好的身体柔韧性，而僵硬的肌肉是不可能带来良好的身体柔韧性的。**因此，我们可以这样总结：一个柔韧性好的人不见得能成为优秀的跑者，但优秀的跑者都应该具备良好的身体柔韧性，柔韧性不足也会限制一名跑者成长为优秀跑者，优秀跑者要尽量完成一字马。**

二、柔韧性不等于灵活性

柔韧性的英文叫作flexbility，灵活性的英文叫作mobility，这两个词我们往往混用或者认为是同义词，但其实二者是有本质区别的。柔韧性指的是身体各关节的活动幅度；如我们用自己的体重或者借助外力把肌肉拉长的过程。如下图所示的动作，这时我们用手拉住小腿就是借助外力去拉伸大腿后侧肌肉。

而下图所示的动作，则是自己主动发力将腿抬高，这个抬高幅度受制于你的臀肌的力量以及大腿后侧肌肉紧张度。主动发力所能达到的关节活动范围就称为灵活性，即灵活性是主动用力的体现，柔韧性更多的是被动施加力所能达到的活动范围。

灵活性才是运动真正需要的能力。正确的跑姿本质上需要全身各关节都具备良好的灵活性，这是主动用力展示出来的效果，而不是施加外力作用的效果。良好的灵活性需要以一定的柔韧性作为基础，但柔韧性好未必就能展示出良好的灵活性，因为灵活性还需要肌肉力量、身体协调性等参与。所以，跑者真正需要追求的是良好的灵活性，灵活性好，柔韧性一般不差，但柔韧性好不代表灵活性就一定好。

现代运动科学认为关节灵活性与稳定性是对立统一的整体，关节灵活性为运动提供幅度和范围，而关节稳定性为运动提供支撑和保护，任何关节都应当保持适当的灵活性和必要的稳定性。有的关节更需要灵活性，而有的关节则更多地体现稳定性，它们的功能状态为一切人体运动打下基础。有意思的是，相邻关节往往都是灵活与稳定交替，如踝关节灵活、膝关节稳定，髋关节灵

灵活性对于跑步的意义

活、腰椎稳定，胸椎灵活、颈椎稳定。该稳定的关节如果过度灵活就容易受伤，而该灵活的关节灵活性不够则会影响运动幅度并导致邻近稳定关节的过度活动。

三、怎样全面评估身体灵活性

灵活性与稳定性相对应，良好的灵活性表现为柔韧性良好，关节灵活，活动自如，良好的灵活性有利于更好地掌握技术，让跑步动作更加舒展，把肌肉拉得最长、收得最短，从而延长肌肉做功距离。灵活性可以从身体各主要关节，特别是与跑步有关的关节活动度表现出来。

1.脚踝

双脚前后站立，后脚脚尖紧贴前脚脚跟，在脚跟不抬起的情况下，屈膝。沿着前脚脚踝做一条黄色条带。观察后脚膝盖与黄色条带的位置关系。

灵活性较好：后脚膝盖超过前脚脚踝上方（后脚膝盖超过黄色条带）。

灵活性一般：后脚膝盖在前脚脚踝上方（后脚膝盖位于黄色条带上）。

灵活性差：后脚膝盖无法达到前脚脚踝上方（后脚膝盖无法达到黄色条带）。

小腿柔韧性测试

2. 大腿后侧

仰卧位，在膝关节伸直状态下，尽可能抬高大腿。

灵活性良好：大腿基本与地面垂直，或者踝关节垂线所处位置在另一侧大腿中线以上。

灵活性一般：踝关节垂线所处位置在另一侧大腿膝盖与大腿中线之间。

灵活性较差：踝关节垂线所处位置在另一侧大腿膝盖以下。

3. 大腿前侧

俯卧位屈膝，观察小腿与大腿的贴合程度。

灵活性良好：小腿与大腿贴合度良好，大小腿夹角小于30度。

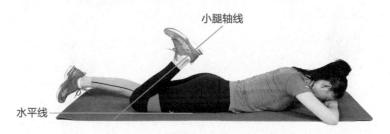

灵活性一般：小腿与大腿贴合度一般，大小腿夹角介于30~45度。

灵活性较差：小腿与大腿贴合度较差，大小腿夹角大于45度。

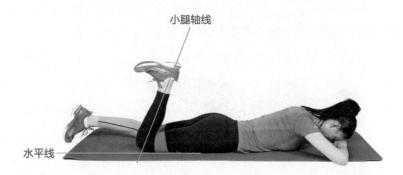

4. 大腿外侧

侧卧，下侧腿屈髋屈膝，上侧腿屈膝后伸下落，观察一侧大腿能否充分下落。

灵活性良好：大腿充分下落，膝盖可以触碰地面。

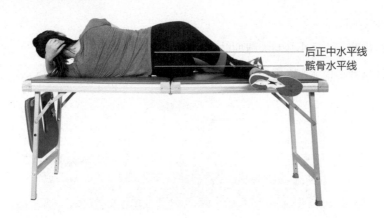

后正中水平线
髌骨水平线

灵活性一般：膝盖无法触碰地面，但可以下落至身体正中线附近。

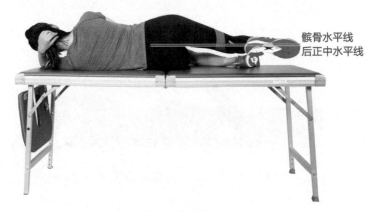

髌骨水平线
后正中水平线

灵活性较差：大腿无法下落至身体中线以下。

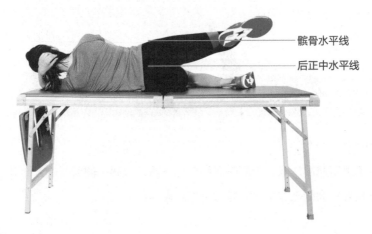

髌骨水平线
后正中水平线

5. 髋部

俯卧屈膝，将大腿抬离地面，观察抬起幅度。

灵活性良好：大腿可以较大幅度抬离地面，大腿与地面的夹角大于30度。

灵活性一般：大腿可以中等幅度抬离地面，大腿与地面的夹角介于15~30度。

灵活性较差：大腿抬离地面幅度小，大腿与地面的夹角小于15度。

6. 臀部

坐姿，跷二郎腿，观察大小腿重叠程度。

灵活性良好：大小腿可以充分重叠，小腿不超过大腿前侧。

灵活性一般：大小腿可以重叠，但小腿超过大腿前侧。

灵活性较差：大小腿无法充分重叠，大小腿之间缝隙明显。

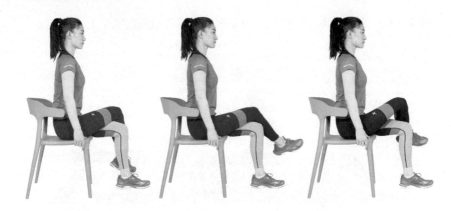

7. 身体后侧链

站位体前屈，观察指尖下探幅度。

灵活性良好：指尖可以充分触碰地面。

灵活性一般：指尖无法触地，但可以触碰脚背。

灵活性较差：指尖无法触碰脚背，指尖位置在脚踝上方。

8. 胸椎灵活性

侧卧位，上侧腿屈髋屈膝放至身体前侧，上侧腿膝盖贴紧地面，上半身扭转，观察一侧手是否能触碰地面。

灵活性良好：一侧手可以充分触碰地面。

灵活性一般：一侧手无法触碰地面，但该侧上肢能够与地面平行。

灵活性较差：一侧手无法触碰地面，且该侧上肢无法与地面平行。

除了前述下肢灵活性评估，胸椎灵活性评估近年来受到更多关注。胸椎是脊柱重要的组成部分，24块椎骨构成的脊柱中，胸椎占了一半。胸椎本应该是相对灵活的关节，但大多数人会丧失胸椎灵活性，而腰椎和颈椎本该是相对稳定的关节，但可能因为活动过多或者负荷过大而容易受伤。因此，脊柱是身体核心的组成部分，而核心训练的一个重要课题就是要通过力量训练来提高腰椎和颈椎稳定性，并且通过灵活性训练提升胸椎灵活性。而胸椎组成了胸廓，胸椎灵活性不够就会使得胸廓的运动，即呼吸运动受到某种程度的限制，这是人们呼吸效率低下的重要原因。

伏案是现代人类最主要的学习、工作方式。由于坐姿不良，我们很容易出现含胸驼背的情况，这样就无法保持上背部挺直。长此以往，一方面导致胸椎节段压力增加；另一方面，也使得胸椎自然生理弯曲发生改变，从而降低胸椎应有的灵活性。

胸椎参与胸廓的构成，而呼吸运动必然伴随胸廓起伏，当胸椎灵活性不足时，主要影响到呼吸时的胸廓起伏运动，可能还会导致异常的呼吸模式，或者导致有效通气量的下降。这时你可能往往感觉自己跑步时呼吸挺费劲的，表现为呼吸模式错误和呼吸效率低下。因此，除了跑者都理解的下肢灵活性评估以外，胸椎灵活性也要评估。

9. 下肢灵活性综合测试

此方法可综合测试下肢灵活性，但由于自己无法观察到身体位置，所以需要一名同伴来进行观察评价。需要一张结实的桌子或者比较高的床，坐在桌子或者床的边缘。平躺，双手用力抱住一侧腿，另一侧腿自然放下，主要观察放下的一侧腿的位置。

灵活性良好：膝关节低于髋关节，小腿与地面垂直。

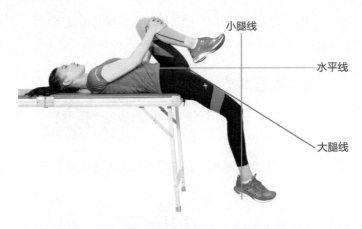

　　灵活性一般：髋部紧张，使得膝关节高于髋关节，大腿无法下落。髋部紧张在伏案人群中极为常见。髋部紧张一方面容易引发腰痛；另一方面，使得跑步时腿无法充分蹬伸。

　　灵活性较差：大腿前侧紧张时，使得小腿无法下落至与地面保持垂直，大腿前侧紧张是膝关节疼痛重要的危险因素。

　　从正面看，如果大腿与前正中线接近平行，表明大腿外侧髂胫束紧张度正常。

　　从正面看，如果大腿向外打开，则说明大腿外侧髂胫束紧张，因为髂胫束紧张会拉动大腿向外。

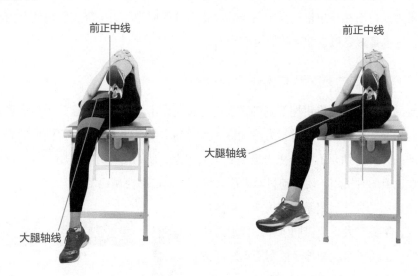

四、总结

　　跑得快和稳是跑者跑步能力的最终体现，但要跑得快和稳，需要建立良好的身体基本灵活性和稳定性基础，在此基础上，掌握科学、合理的跑姿，才能更快、更有效地实现耐力提升。跑不是跑者的唯一，为了实现系统性提升跑步能力，大多数跑者都要很好地加强身体灵活性和稳定性训练，磨刀不误砍柴工。如果要改善身体灵活性，请具体参见本书第五章无伤跑法身体功能训练。

◂◂ 第二节　身体稳定性评估 ▸▸

　　身体稳定性主要反映力量及动作协调性，力量和稳定性对于跑步具有十分重要的意义，因为一切动作都是通过肌肉发力来实现的。良好的力量可以让你跑得更快、更稳、更经济、更无伤，力量和稳定性同样可以通过一系列动作来进行评估。

跑得更稳	跑得更快
跑得更省力	跑得更无伤

力量和稳定性对于跑步的意义

一、什么叫作稳定性

　　稳定性是指协调、稳定、精准完成特定动作的能力，稳定的跑姿可以最大限度避免受到错误应力的作用，如一些跑者在腾空落地时，表现为髋关节过度内收、膝关节内扣、足过度外翻，我们把这种情况称为髋膝踝力线排列不佳，而这会导致下肢关节受到错误应力作用，从本质上说这是因为下肢关节稳定性不够，从而无法维持正常力线。而在马拉松比赛中后半程，很多跑者因为体力下降、肌肉疲劳而导致跑姿变形，这也是跑姿稳定性下降的典型表现。

二、是不是只要有力量就代表稳定

一定的肌肉力量是稳定性的基础，没有力量就谈不上稳定性，这是为什么我们反复强调跑者需要加强力量、多进行力量训练。力量的增强有助于动作稳定性的提高，这是毫无疑问的，但有劲儿不等于把力道用到了刀刃上，所谓"四两拨千斤"讲的道理就是力量要在正确的时机用，用运动科学术语来讲，就是能够协调地发力。

右图显示了身体稳定系统的构成，身体要保持稳定，需要三大系统协同工作，分别是被动子系统、主动子系统和神经控制子系统。被动子系统主要由不具备收缩性的韧带、关节囊、筋膜等软组织构成，它们可以提供基础的身体稳定性，如膝关节在伸直时，膝关节两侧的副韧带处于拉紧状态，所以膝关节伸直时稳定性高于弯曲时。运动可以让这些结构变得强韧，

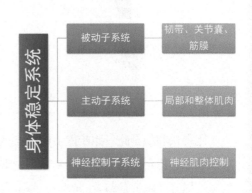

从而提高身体稳定性。此外，韧带、关节囊里面有很多本体感受器，它们可以向大脑传输关节的空间位置觉，从而让肌肉更好地产生精细运动以保持运动的协调与稳定。

主动子系统主要是指肌肉，其中既包括局部肌肉也包括整体肌肉，因为一个动作往往都是由多个肌肉协调收缩实现的，肌肉主动运动为人体提供了最主要的稳定来源，所以肌肉训练很重要。

而把肌肉力量以正确的力道使出，而不是使蛮劲儿，就需要神经肌肉控制，这时就是神经控制子系统在发挥作用了。例如，对于跑步而言，腾空后落地时人体受到1~2倍体重的地面冲击力，尽可能减少着地时冲击就成为降低损伤风险的关键。在着地时，保持肌肉预收缩、着地后膝关节积极下压缓冲及保持髋膝踝力线排列良好，都需要神经向肌肉发出正确、适时的指令，这就是神经肌肉控制。神经肌肉控制越好，动作协调性越好，力量发挥的效果也就越好。

三、正确的跑步动作模式的本质是跑步技术

神经对肌肉的良好控制就如同力量训练本身，是需要进行训练的，并不是天生的。我们将神经对肌肉的控制训练称为动作模式训练，动作模式训练的本质就是技能学习，跑步也是一项专门技能，需要进行专门的动作模式学习。有人说人类天生会跑步，但会跑步跟跑姿正确完全是两码事，就好比"狗刨"也能游起来，但距离标准泳姿相去甚远。很多时候，正是因为我们认为人人都会跑步，从而忽视建立正确的跑步动作模式，忽视跑步技术的学习，造成跑姿不正确，跑得越多伤害越大。所以，正确的跑步动作模式加上足够的肌肉力量，就能提供跑步所需要的身体稳定性。

跑步是一种特定的动作模式，但我们可以通过一系列基础动作对其进行评估，这也是身体功能评估（Functional Movement Screen）的核心原理。例如，你在下蹲时容易出现膝盖内扣，那么跑步时可能也容易出现膝盖内扣，这种膝盖内扣有可能是由不知道正确的动作模式造成的，有可能是由肌肉力量不足造成的，又或者兼而有之。所以动作模式评估很重要，它可以反映你的身体基本稳定性，而如果发现动作稳定性不佳，就需要通过动作模式训练和力量训练来建立身体基础稳定性，这种基础稳定性为无伤健康跑步提供了身体基础。

决定动作稳定性的两大支柱

1. 过头举下蹲

动作解析：双手握住一根棍子（晾衣竿之类的道具均可）上举，要求棍子在头顶正上方。双脚开立与肩同宽，膝盖自然伸直，挺胸收腹。缓慢下蹲至大小腿完成折叠，同时仍然保持挺胸收腹状态，棍子仍然在头顶正上方，同时膝盖不过度超过脚尖，全脚掌踩实地面。

如果手不上举，相信多数人都可以蹲到底，但是当双手上举时，各种动作缺陷就出来了。这个动作综合反映了人体上肢、躯干和下肢所有关节的灵活性和稳定性，跑步恰恰需要上肢、躯干和下肢的协调运动。

错误动作模式1：能蹲到底，但脚跟无法落地，膝盖过度超过脚尖。

提示：跟腱弹性差、小腿肌肉过紧、足踝灵活性不够，跑步时容易导致跟腱炎、足底筋膜炎、小腿胫骨应力综合征、髌骨劳损。

错误动作模式2：无法下蹲至大小腿折叠。

提示：臀肌、大腿肌肉过紧，下肢力量差，跑步时容易导致小

正确动作模式

腿胫骨应力综合征、髌骨劳损、髌腱炎，此类人群是跑步伤痛的高危人群。

　　错误动作模式3：能蹲到底，但含胸弓背明显，棍子无法保持在头顶正上方。

　　提示：腰腹力量差，上背部僵硬且力量差，肩部柔韧性差，跑步时容易导致躯干不稳，大大降低跑步效率，影响呼吸。

　　错误动作模式4：下蹲时膝盖内扣。

　　提示：臀肌力量差，动作模式错误，跑步时容易导致髂胫束摩擦综合征、髌骨劳损等。

　　错误动作模式5：下蹲时无法保持棍子水平。

　　提示：身体存在旋转、不平衡等代偿问题，跑步中容易出现受力不均。

2. 弓步蹲

　　动作解析：双手在体后握住棍子紧贴背部，两脚成一条线，双脚距离保持在弓步蹲至最低处时，后脚膝盖贴近前脚脚跟的距离。要求能缓慢弓步蹲，膝盖轻轻触碰地面或者接近地面，不出现明显撞击地面现象，腰背挺直，姿态控制良好，同时棍子仍然紧贴背部。

错误动作模式1：能下蹲，但弓背明显，棍子偏离背部。

提示：核心控制不佳，无法实现核心控制下的下肢正确运动。

错误动作模式2：膝盖超过脚尖。

提示：臀肌力量不足，容易产生膝关节过度负荷问题。

错误动作模式3：无法下蹲。

提示：下肢关节灵活性不足，肌肉离心收缩控制差。

正确动作模式

错误动作模式

1　2　3

3. 单腿下蹲

动作解析：双手叉腰，能做到明显的下蹲，单腿下蹲达到一定幅度时，膝盖无明显晃动、内扣，平衡保持良好。

错误动作模式1：膝盖过度内扣。

提示：臀肌无力或者动作模式异常。

错误动作模式2：含胸弓背。

提示：核心力量不足，控制差。

错误动作模式3：身体产生不同程度的旋转。

提示：核心力量不足，控制差。

错误动作模式4：无法保持身体平衡。

提示：单腿支撑平衡能力差，增加受伤风险。

正确动作模式

错误动作模式

4. 屈髋

动作解析：双手在体后握住棍子紧贴背部，两脚成一条线，膝盖保持自然伸直，身体前倾屈髋，躯干大约与地面成45度。

正确动作模式：腰背挺直，能充分屈髋，棍子紧贴背部。

错误动作模式1：无法屈髋，靠弯腰代偿。

提示：屈髋能力不足，臀肌较为紧张。

错误动作模式2：屈髋不明显，靠屈膝代偿。

提示：屈髋能力不足，骨盆控制差。

正确动作模式

错误动作模式

5. 超人式

动作解析：采用双手双膝支撑跪位，一侧脚脚尖支撑于地面，同时伸出对侧手和脚，保持核心稳定，再收回。在完成动作过程中无明显核心晃动，身体保持平衡。

正确动作模式：腰背挺直，手脚能充分伸出，控制良好。

正确动作模式

错误动作模式：核心不稳，无法保持平衡。

提示：核心稳定性差，无法为上下肢提供动作发力支点。

错误动作模式

四、总结

如果跑者在完成上述动作模式评估时出现各种错误动作模式，就应该一方面很好地加强肌肉力量，另一方面进行正确动作模式的学习和训练。有时动作做不好并非力量不佳，也有可能是不知道如何做正确的动作。怎么训练？请参见第五章。

第五章 无伤跑法身体功能训练

‹‹‹ 第一节　髋关节灵活性训练 ›››

动作名称：髋部网球滚揉

锻炼目的：改善髋部肌群柔韧性，提升髋关节活动度。

身体姿势：俯卧于瑜伽垫上，一侧腿伸直，将网球置于同侧腿髋部，双肘撑地。

动作过程：髋部在网球上按压滚揉，使肌肉产生轻微酸痛感，训练过程中某一点出现明显疼痛时，可持续按压5~8秒，维持20~30秒，练习1~2组。

动作名称：髋部拉伸

锻炼目的：改善髋部肌群柔韧性，提升髋关节活动度。

　　身体姿势：单腿跪于瑜伽垫上，右膝跪地，左脚向前踩实地面，左侧大腿约与地面平行，躯干挺直，双手扶左膝。

　　动作过程：髋关节向前移动，保持髋部有轻微拉伸感。拉伸过程中保持均匀呼吸，不要憋气。维持20~30秒，练习1~2组。

　　动作名称：髋部动态牵拉

　　锻炼目的：改善髋部肌群柔韧性，提升髋关节活动度。

　　身体姿势：站立位，双脚与肩同宽，收腹挺胸，目视前方。

　　动作过程：双手叉腰，右腿向前迈一步呈弓步姿势，左手向上伸直，产生明显拉伸感，保持1秒，左右手交替进行。每侧练习10~15次，练习1~2组。

　　动作名称：跪姿挺髋

　　锻炼目的：牵拉大腿前侧肌群，激活臀肌。

身体姿势：身体呈跪姿位，双脚脚尖撑地，使臀部坐于脚后跟处，腰腹平直，抬头挺胸，两手握住脚后跟。

动作过程：臀肌收缩发力，向前顶髋，身体呈反弓姿势，使大腿前侧肌群感受到轻微拉伸感，保持1秒，然后还原。练习10~15次，1~2组。

动作名称：翻转青蛙式

锻炼目的：改善髋关节活动度，提高髋关节灵活性。

身体姿势：跪撑于瑜伽垫上，臀部后坐。

动作过程：重心向前，然后抬高一侧小腿使髋关节内旋，左右侧交替进行。每侧练习15~20次，练习1~2组。

动作名称：蹲姿髋旋转

锻炼目的：改善髋关节活动度，提高髋关节灵活性。

身体姿势：双腿下蹲至大腿与地面平行，双肘贴紧双膝，两手交叉相握。

动作过程：左右腿交替向对侧旋转，膝盖轻触地面，循环进行。每侧练习10~15次，练习1~2组。

动作名称：坐姿跪起

锻炼目的：改善髋关节活动度，提高髋关节灵活性。

身体姿势：坐于瑜伽垫上，一侧腿屈膝90度放于身体正前方，一侧腿屈膝90度放于身体一侧。

动作过程：由坐姿变为跪姿，使臀部抬离地面，保持1秒，恢复起始姿势，完成一定次数换另一侧。训练过程中注意保持身体稳定。每侧练习10~15次，练习1~2组。

动作名称：坐姿髋旋转

锻炼目的：改善髋关节活动度，提高髋关节灵活性。

身体姿势：坐于瑜伽垫上，双臂在身后伸直撑地，双腿屈膝90度。

动作过程：双腿向左右侧交替旋转并接触地面。训练过程中腰背挺直，身体保持稳定。每组练习10~15次，练习1~2组。

动作名称：臀肌泡沫轴滚揉

锻炼目的：放松臀部肌群，改善髋关节活动度。

身体姿势：一侧腿屈膝踩实地面，另一侧腿呈跷二郎腿姿势，并将泡沫轴放于臀部下方，对侧手放于膝盖处，一手撑地。

动作过程：臀部在泡沫轴上来回滚揉，滚揉过程中使肌肉产生轻微酸痛感，滚揉结束换另一侧。滚揉过程中身体保持稳定。滚揉30~60秒，练习1~2组。

动作名称：臀部网球滚揉

锻炼目的：放松臀部肌群，改善髋关节活动度。

身体姿势：坐于瑜伽垫上，一侧腿屈膝踩实地面，另一侧腿呈跷二郎腿姿势，并将网球放于臀部下方，对侧手放于膝盖处，一手撑地。

动作过程：臀部在网球上按压滚揉，使肌肉产生轻微酸痛感。训练过程中某一点出现明显疼痛时，可持续按压5~8秒，维持20~30秒，练习1~2组。

动作名称：卧姿臀肌拉伸

锻炼目的：改善臀部肌群柔韧性，提升髋关节活动度。

身体姿势：仰卧于瑜伽垫上，左腿伸直，右腿大小腿折叠，两手握住右腿小腿。

动作过程：两手发力将右大腿向对侧躯干靠拢，保持轻微拉伸感，拉伸过程中保持自然呼吸，不要憋气。维持20~30秒，每侧练习1~2组。

动作名称：卧姿臀肌拉伸

锻炼目的：改善臀部肌群柔韧性，提升髋关节活动度。

身体姿势：仰卧于瑜伽垫上，呈跷二郎腿姿态。

动作过程：两手握住下侧小腿，向躯干靠拢，保持轻微拉伸感。拉伸过程中保持自然呼吸，不要憋气。维持20~30秒，每侧练习1~2组。

动作名称：坐姿臀部拉伸

锻炼目的：改善臀部肌群柔韧性，提升髋关节活动度。

身体姿势：坐于瑜伽垫上，左腿伸直，右腿屈膝屈髋放于左侧大腿外侧，左手抱住右侧大腿，右手撑于身体后方，躯干向右侧旋转。

动作过程：左手发力将右侧大腿向身体靠拢，躯干向右侧扭转，使臀部产生轻微拉伸感。每侧拉伸20~30秒，练习1~2组。

动作名称：站姿臀肌动态牵拉

锻炼目的：改善髋关节活动度，提高髋关节灵活性。

身体姿势：站立位，支撑腿半蹲，对侧腿小腿放到支撑腿大腿正上方呈跷二郎腿姿势，双手握住对侧腿小腿。

动作过程：支撑腿伸直，双手握住对侧腿小腿向上提拉，使臀部产生轻微牵拉感，保持1秒，左右侧交替进行。每侧练习10~15次，练习1~2组。

动作名称： 站姿跷二郎腿臀肌动态牵拉

锻炼目的： 改善髋关节活动度，提高髋关节灵活性。

身体姿势： 站立位，双手叉腰，一侧腿微屈，对侧腿屈膝90度放于支撑腿大腿正面呈跷二郎腿姿势。

动作过程： 向下半蹲，使臀部产生轻微牵拉感，保持1秒，然后站起，左右侧交替进行。每侧练习10~15次，练习1~2组。

动作名称： 卧姿大腿后侧拉伸

锻炼目的： 放松大腿后侧肌群，改善髋关节活动度。

身体姿势： 仰卧于瑜伽垫上，一侧腿直膝抬高，双手握住抬高腿小腿。

动作过程： 用力将抬高腿拉向身体，使大腿后侧肌群产生轻微牵拉感，保持一定时间，换另一侧。维持20~30秒，每侧练习1~2组。

错误动作： 屈膝抬腿。

133

动作名称：坐姿大腿后侧拉伸

锻炼目的：放松大腿后侧肌群，改善髋关节活动度。

身体姿势：坐于瑜伽垫上，左腿伸直，两臂自然伸直，右腿盘腿，使右脚掌贴紧左侧大腿。

动作过程：躯干前倾，使大腿后侧肌群产生轻微牵拉感。拉伸过程中保持腰背挺直，每次维持20~30秒，练习1~2组。

动作名称：站姿大腿后侧拉伸

锻炼目的：改善大腿后侧肌群柔韧性，提升髋关节活动度。

身体姿势：站立位，一只脚向前迈一步且脚后跟着地，双手扶住前腿大腿，俯身前倾，保持腰背挺直，使大腿后侧肌群产生轻微牵拉感。每侧维持20~30秒，练习1~2组。

错误动作：弓腰。

动作名称：站姿臀肌拉伸

锻炼目的：改善臀部肌群柔韧性，提升髋关节活动度。

身体姿势：站立位，双手扶一稳定物体，一侧腿小腿放置到另一侧腿大腿处呈跷二郎腿姿势，下蹲至臀部肌群产生轻微牵拉感。每侧维持20~30秒，练习1~2组。

动作名称：毛毛虫爬行

锻炼目的：拉伸下肢后侧肌肉，提升整个下肢动力链的活动度。

身体姿势：身体前倾呈体前屈姿势，双腿伸直，双手伸直。

动作过程：两只手掌支撑于地面，交替向前爬行至呈俯卧撑姿势，使大腿及小腿后侧产生轻微牵拉感，再向后爬行至体前屈姿势。训练过程中注意双腿一直要保持伸直状态。练习6~8次，1~2组。

动作名称：下犬式

锻炼目的：改善身体后侧链柔韧性，提升身体灵活性。

身体姿势：双脚与双手伸直支撑于瑜伽垫，身体呈倒"V"字形，使身体后侧链产生轻微牵拉感。训练过程中注意腰背挺直，肩胛骨充分后缩，核心收紧。维持20~30秒，练习1~2组。

动作名称：燕式平衡

锻炼目的：改善大腿后侧肌群柔韧性，提升髋关节活动度。

身体姿势：站立位，双脚与肩同宽，收腹挺胸，双手侧平举。

动作过程：躯干前倾，同时一侧腿向后上方抬起，使头、肩、髋、膝、踝在一条直线上，且平行于地面。支撑腿自然伸直，使大腿后侧肌群产生轻微牵拉感，保持1秒后，换另一侧。每侧练习10~15次，练习1~2组。

动作名称：手抓脚趾（踝）蹲起

锻炼目的：放松大腿后侧肌群，提高膝、髋、踝关节灵活性。

身体姿势：蹲于地面，双手拉住脚尖，柔韧性差者可握住踝关节。

动作过程：双手拉住脚尖或握住踝关节不动，双腿缓慢伸直，使大腿后侧产生轻微牵拉感。每次练习20~30秒，练习1~2组。

动作名称：髋关节环绕

锻炼目的：改善髋关节活动度，提高髋关节灵活性。

身体姿势：站立位，双手叉腰。

动作过程：站立，一侧腿抬至大腿与地面平行，向后旋转并落地，左右侧交替进行。每侧练习10~15次，练习1~2组。

动作名称：前踢腿

锻炼目的：改善大腿后侧肌群柔韧性，提升髋关节活动度。

身体姿势：站立位，双脚与肩同宽，收腹挺胸，双手侧平举。

动作过程：一侧腿向前上方踢，对侧手伸直与前踢腿脚尖相触，使大腿后侧肌群产生轻微拉伸感，左右侧交替进行。每侧练习10~15次，练习1~2组。

动作名称：最伟大拉伸

锻炼目的：拉伸腿部、髋部和躯干肌群，提升关节活动度。

身体姿势：站立位。

动作过程： 右腿向前迈步呈弓步姿势，左腿伸直，双手放于前侧大腿处；向前下方俯身，双手伸直撑地；躯干向右侧旋转带动右手向上伸直；恢复至此前的俯身姿势，双手撑于前腿两侧；前腿伸直将脚尖抬起，身体向后侧移动，然后恢复至起始姿势，换另一侧。训练过程中注意，身体产生拉伸感后保持1秒。每侧练习6~8次，练习1~2组。

◂◂ 第二节　膝关节灵活性训练 ▸▸

动作名称：大腿前侧泡沫轴滚揉

锻炼目的： 放松大腿前侧肌群，改善膝关节活动度。

身体姿势： 俯卧于瑜伽垫上，将泡沫轴放在一侧大腿的下方，另一侧腿屈膝屈髋着地支撑，双臂屈肘支撑于地面。

动作过程： 大腿在泡沫轴上来回滚揉，使肌肉产生轻微酸痛感。滚揉过程中注意，肌肉产生轻微酸痛感即可。滚揉30~60秒，练习1~2组。

动作名称：大腿前侧泡沫轴加强滚揉

锻炼目的： 放松大腿前侧肌群，提升膝关节活动度。

身体姿势： 俯卧于瑜伽垫上，将泡沫轴放在双腿的大腿下方，双臂屈肘支撑于地面。

动作过程： 大腿在泡沫轴上来回滚揉，使肌肉产生轻微酸痛感。滚揉过程中注意，肌肉产生轻微酸痛感即可，滚揉30~60秒，练习1~2组。

动作名称：大腿外侧泡沫轴滚揉

锻炼目的： 改善大腿外侧肌群柔韧性，降低大腿外侧肌群及髂胫束紧张程度。

身体姿势： 侧卧于瑜伽垫上，将泡沫轴压于左侧大腿外侧下方，左臂屈肘撑于地面，右腿屈膝屈髋置于身体前侧支撑。

动作过程： 大腿外侧在泡沫轴上来回滚揉，使肌肉产生轻微酸痛感。滚揉过程中注意，肌肉产生轻微酸痛感即可。滚揉30~60秒，练习1~2组。

动作名称：大腿外侧泡沫轴加强滚揉

锻炼目的： 改善大腿外侧肌群柔韧性，降低大腿外侧肌群及髂胫束紧张程度。

身体姿势： 侧卧于瑜伽垫上，两腿并拢伸直，将泡沫轴置于左侧大腿外侧下方，左臂屈肘撑于地面。

动作过程： 大腿外侧在泡沫轴上来回滚揉，使肌肉产生轻微酸痛感。滚揉过程中注意，肌肉产生轻微酸痛感即可。滚揉30~60秒，练习1~2组。

动作名称：大腿内侧泡沫轴滚揉

锻炼目的： 放松大腿内侧肌群，改善膝关节活动度。

　　身体姿势：俯卧于瑜伽垫上，右侧腿向外侧抬腿，将泡沫轴压于右侧大腿内侧，双臂屈肘支撑于地面，左腿伸直，脚尖支撑于地面，躯干抬离地面。

　　动作过程：大腿内侧在泡沫轴上来回滚揉，使肌肉产生轻微酸痛感。滚揉过程中注意，肌肉产生轻微酸痛感即可。滚揉30~60秒，练习1~2组。

　　动作名称：卧姿大腿前侧拉伸

　　锻炼目的：改善大腿前侧肌群柔韧性，提升膝关节活动度。

　　身体姿势：侧卧于瑜伽垫上，下侧腿伸直，上侧腿勾小腿，用同侧手握住踝关节处。

　　动作过程：用力将脚跟拉向臀部，使大腿前侧肌群产生轻微拉伸感。拉伸过程中保持均匀呼吸，双腿靠拢。维持20~30秒，每侧练习1~2组。

　　错误动作：双腿间距过大。

错误动作

　　动作名称：坐姿大腿内收肌群拉伸

　　锻炼目的：改善大腿内收肌群柔韧性，提升髋关节活动度。

身体姿势： 坐于瑜伽垫上，双腿屈膝且脚掌相对，双手握住双脚踝关节处，两侧前臂贴紧小腿。

动作过程： 两侧前臂用力向下按压，使大腿内侧产生轻微拉伸感，持续一定时间。拉伸过程中保持均匀呼吸，每次练习20~30秒，练习1~2组。

动作名称： 站姿大腿内收肌群拉伸

锻炼目的： 改善大腿内收肌群柔韧性，提升髋关节活动度。

身体姿势： 站立位，右侧腿单腿站立，左腿外展伸直放于训练凳上，躯干向左侧弯曲，使左侧大腿内侧有轻微拉伸感。保持20~30秒，练习1~2组。

动作名称： 跪姿大腿前侧拉伸

锻炼目的： 改善大腿前侧肌群柔韧性，提升膝关节活动度。

身体姿势： 单腿跪于瑜伽垫上，右侧腿膝盖跪地，腰背挺直，目视前方。

动作过程： 右手握住右侧脚踝，将其拉向臀部，使右侧大腿前侧有轻微拉伸感。拉伸过程中使身体保持稳定，维持20~30秒，练习1~2组。

动作名称：大腿前侧拉伸

锻炼目的： 改善大腿前侧肌群柔韧性，提升膝关节活动度。

身体姿势： 单腿站立，另一侧腿勾小腿，同侧手握住踝关节将脚跟拉向臀部，使大腿前侧保持轻微拉伸感。拉伸过程中保持身体稳定。每侧拉伸20~30秒，练习1~2组。

错误动作： 被拉伸腿外展。

错误动作

◄◄◄ 第三节　踝关节灵活性训练 ►►►

动作名称：小腿后侧泡沫轴滚揉

锻炼目的： 放松小腿后侧肌群，改善踝关节活动度。

　　身体姿势：坐于瑜伽垫上，将泡沫轴放于左侧小腿下方，右腿屈膝支撑于地面，双臂支撑在身体后方。

　　动作过程：双手推地带动身体前后移动，小腿在泡沫轴上来回按压滚揉。滚揉过程中使肌肉产生轻微酸痛感，滚揉30~60秒，练习1~2组。

　　动作名称：小腿后侧泡沫轴加强滚揉

　　锻炼目的：放松小腿后侧肌群，改善踝关节活动度。

　　身体姿势：坐于瑜伽垫上，将泡沫轴置于左侧小腿下方，双腿交叠，双臂支撑在身体后方。

　　动作过程：双手推地带动身体前后移动，小腿在泡沫轴上来回按压滚揉。滚揉过程中使肌肉产生轻微酸痛感，滚揉30~60秒，练习1~2组。

　　动作名称：小腿外侧泡沫轴滚揉

　　锻炼目的：放松小腿外侧肌群，改善踝关节活动度。

　　身体姿势：坐于瑜伽垫上，一侧腿屈膝屈髋，并将泡沫轴放于同侧小腿外侧下方，双手握住该侧腿膝部下方和踝部上方，另一侧腿向外伸直。

　　动作过程：小腿外侧在泡沫轴上滚揉，同时双手适当按压，使肌肉产生轻微酸痛感。滚揉30~60秒，练习1~2组。

动作名称：小腿前侧泡沫轴滚揉

锻炼目的： 放松小腿前侧肌群，改善踝关节活动度。

身体姿势： 单腿跪姿，一侧小腿前侧跪于泡沫轴上，双臂伸直支撑于地面，腰背挺直。

动作过程： 一侧小腿前侧在泡沫轴上按压滚揉。滚揉过程中使肌肉产生轻微酸痛感，滚揉30~60秒，练习1~2组。

动作名称：网球足底滚揉

锻炼目的： 放松脚底筋膜及肌肉，改善踝关节灵活性。

身体姿势： 站于地上，一只脚将网球踩于足底。

动作过程： 脚掌用力踩压网球并进行前后滚揉，滚揉过程中使足底产生轻微酸痛感。滚揉20~30秒，练习1~2组。

145

动作名称：小腿后侧网球滚揉

锻炼目的：放松小腿后侧肌肉，改善踝关节活动度。

身体姿势：坐于瑜伽垫上，一侧腿伸直，将网球放于小腿后侧下方，腰背挺直，双手支撑于身体后方。

动作过程：小腿后侧在网球上来回滚揉，使肌肉产生轻微酸痛感。每侧练习30~60秒，1~2组。

动作名称：**勾脚尖小腿后侧网球滚揉**

锻炼目的：放松小腿后侧肌肉，改善踝关节活动度。

身体姿势：坐于瑜伽垫上，一侧腿伸直并勾脚尖，将网球放置于小腿后侧下方，腰背挺直，双手支撑于身体后方。

动作过程：小腿后侧在网球上滚揉，使肌肉产生轻微酸痛感。每侧练习30~60秒，1~2组。

动作名称：**小腿外侧网球滚揉**

锻炼目的：放松小腿外侧肌群，提升踝关节活动度。

身体姿势：坐于瑜伽垫上，一侧腿盘腿，将网球放置于小腿外侧下方，另一侧腿向外屈膝，脚踩实地面。

动作过程：小腿外侧在网球上滚揉，并用双手适当按压，使肌肉产生轻微酸痛感，换另一侧。滚揉30~60秒，练习1~2组。

动作名称：小腿前侧网球滚揉

锻炼目的：放松小腿前侧肌群，改善踝关节活动度。

身体姿势：单腿跪姿，一侧小腿前侧跪于网球上，双臂伸直支撑于地面，腰背挺直。

动作过程：小腿前侧在网球上滚揉，使肌肉产生轻微酸痛感。滚揉30~60秒，练习1~2组。

动作名称：小腿内侧网球滚揉

锻炼目的：放松小腿内侧肌群，提升踝关节活动度。

身体姿势：坐于瑜伽垫上，一侧腿盘腿，并将网球放置于小腿内侧上方，双手交叠

按压在网球上，另一侧腿向外伸直。

动作过程： 双手适当按压，同时用网球沿小腿内侧进行上下滚揉，使肌肉产生轻微酸痛感。滚揉30~60秒，练习1~2组。

动作名称：小腿弓步拉伸

锻炼目的： 放松小腿后侧肌群，提升踝关节活动度。

身体姿势： 双腿前后分开，弓步站立，双手扶一固定物体，后腿充分伸直，脚跟着地。

动作过程： 躯干向前倾，使小腿后侧肌群产生轻微拉伸感。训练过程中注意双脚脚尖指向前方。拉伸20~30秒，练习1~2组。

错误动作： 脚尖外八字。

错误动作

动作名称：站姿小腿拉伸

锻炼目的： 放松小腿后侧肌群，提升踝关节活动度。

身体姿势： 双脚前后站立，前脚脚尖向上抵在稳定物体上，脚跟着地，后腿伸直，双手扶一稳定物体，躯干前倾。

动作过程： 身体重心前移，使小腿后侧肌群产生轻微拉伸感。每侧持续20~30秒，练习1~2组。

动作名称：小腿深层比目鱼肌拉伸

锻炼目的：放松小腿后侧深层比目鱼肌，提升踝关节活动度。

身体姿势：双脚前后站立，双腿屈膝半蹲，双手扶住椅背。

动作过程：身体向前、向下发力，主动屈膝，使小腿后侧深层肌群产生轻微拉伸感。维持20~30秒，练习1~2组。

动作名称：小腿外侧拉伸

锻炼目的：放松小腿外侧肌群，提升踝关节活动度。

身体姿势：坐于瑜伽垫上，一侧腿伸直抬高至与地面成45度，对侧手握住抬高腿的脚掌外侧，使脚轻度内翻，另一侧腿伸直放于地面，另一侧手臂伸直撑地。

动作过程：抬高腿逐渐伸直，使小腿外侧产生轻微拉伸感。训练过程中注意保持身体稳定。每侧拉伸20~30秒，练习1~2组。

动作名称：脚趾背屈

锻炼目的：放松小腿后侧和足底肌群，提升踝关节活动度。

身体姿势： 跪于瑜伽垫上，双脚脚尖撑地，臀部坐于脚后跟处，使小腿后侧和足底肌群产生轻微拉伸感。训练过程中注意腰背挺直，核心收紧。维持20~30秒，练习2~3组。

动作名称：站姿小腿灵活性训练

锻炼目的： 放松小腿后侧肌群，提升踝关节活动度。

身体姿势： 双腿前后站立，后腿伸直，前腿膝盖半屈，躯干挺直，双手扶住椅背。

动作过程： 前腿在脚跟不抬起的情况下，充分屈膝努力让膝盖向前移至最大幅度，重复进行。每侧练习15~20次，练习1~2组。

◀◀ 第四节　胸椎灵活性训练 ▶▶

动作名称：胸椎泡沫轴滚揉

锻炼目的： 改善胸椎屈伸活动度。

身体姿势： 仰卧于瑜伽垫上，将泡沫轴放于背部胸椎处，腰背挺直，核心收紧，双手置于耳旁。

动作过程： 卷腹，肩部向上抬起，然后缓慢下落，使脊柱后伸，保持2秒后恢复至起始姿势。训练过程中保持均匀呼吸，练习10~15次，1~2组。

动作名称：上犬式

锻炼目的： 改善胸椎屈伸活动度，提高胸椎灵活性。

身体姿势： 俯卧于瑜伽垫上，双手置于肩部正下方并伸直双臂撑起身体，伴随背肌用力，腹部会产生轻微拉伸感，注意避免给予腰椎过大压力。训练过程中注意保持自然呼吸，不要憋气。维持20~30秒，练习1~2组。

动作名称：全身拧转式

锻炼目的： 改善胸椎旋转活动度，提升胸椎灵活性。

身体姿势： 侧卧于瑜伽垫上，对侧手将上侧腿向上拉至最大幅度，另一侧手握住下侧腿脚踝向后拉伸至最大幅度，保持身体的轻微拉伸感。维持20~30秒，练习1~2组。

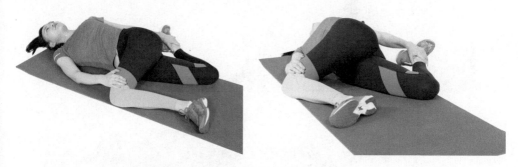

动作名称：猫式/骆驼式

锻炼目的： 改善胸椎旋转活动度，提升胸椎灵活性。

身体姿势： 跪撑于瑜伽垫上，双臂伸直。

动作过程： 吸气，腰腹向上拱起，低头，使上半身成弓形，保持1秒，然后呼气，腰腹向下压，头后仰，保持1秒，交替进行。训练过程中注意呼吸，向上运动吸气，向下运动呼气。练习10~15次，2~3组。

动作名称： 仰卧单腿钟摆

锻炼目的： 改善下肢及胸椎灵活性。

身体姿势： 仰卧于瑜伽垫上，直膝抬起一侧腿与地面垂直，双手张开与躯干垂直。

动作过程： 抬起腿左右摆动，并接触地面，使身体产生轻微牵拉感，接触地面时保持1秒，左右侧交替进行。训练过程中注意动作要连续、缓慢、有控制。每侧练习10~15次，练习1~2组。

动作名称： 侧卧胸椎旋转

锻炼目的： 改善胸椎旋转活动度，提高胸椎灵活性。

身体姿势： 侧卧于瑜伽垫上，上侧腿屈髋屈膝，对侧手下压上侧腿膝关节，上侧手与躯干垂直。

动作过程： 手臂与躯干上半部同时进行左右旋转，头与躯干一起转动，使身体产生轻微牵拉感，保持1秒还原。训练过程中固定髋部及下肢，避免它们随身体发生转动。每侧练习10~15次，练习1~2组。

动作名称： 跪姿胸椎旋转

锻炼目的： 改善胸椎旋转活动度，提高胸椎灵活性。

身体姿势： 跪撑于瑜伽垫上，腰背挺直，核心收紧，双手支撑于肩关节正下方。

动作过程： 一侧手扶头，与躯干保持一致，躯干进行左右旋转，使身体产生轻微牵拉感，保持1秒还原。每侧练习10~15次，练习1~2组。

动作名称：**坐姿旋转**

锻炼目的：提高下肢和胸椎灵活性。

身体姿势：坐于瑜伽垫上，左腿在身体前侧屈髋屈膝，右腿在身体后侧屈髋屈膝，腰背挺直。

动作过程：躯干向左右交替旋转，使身体产生轻微牵拉感，保持1秒还原。每侧旋转10~15次，练习1~2组。

动作名称：**坐姿转体**

锻炼目的：改善胸椎旋转活动度，提高胸椎灵活性。

身体姿势：坐于板凳上，双腿、双脚并拢，躯干挺直，两臂折叠交叉放于胸前。

动作过程：躯干、头、手臂一起进行左右侧旋转。训练过程中保持自然呼吸，每侧练习12~16次，练习1~2组。

动作名称：**蹲姿转体**

锻炼目的：改善下肢和胸椎灵活性。

身体姿势：双脚开立，略微外展，下蹲至大腿与地面平行，双肘紧贴双膝。

动作过程：躯干与头向右侧旋转，右手向正上方举起，使身体产生轻微牵拉感，左右侧交替进行。每侧练习10~15次，练习1~2组。

动作名称：弓步旋转

锻炼目的：改善胸椎旋转活动度，提升胸椎灵活性。

身体姿势：站立于地面，双腿伸直，双手放于身体两侧。

动作过程：右脚向前迈一步呈弓步姿势，左手放到前腿右方，右手臂侧平举，连同躯干向右侧旋转，使身体产生轻微牵拉感，保持1秒，左右侧交替进行。每侧练习10~15次，练习1~2组。

◂◂ 第五节　上肢稳定性训练 ▸▸

动作名称：肩胛骨Y形收紧训练

动作难度：初级。

锻炼目的：激活肩关节局部肌群，强化上肢稳定性。

身体姿势：双脚开立，躯干前倾，双臂伸直上举，使手臂与躯干呈Y形，大拇指指向上方。

动作过程：肩胛骨后缩，双臂向后上方移动，恢复至起始姿势。训练过程中注意腰背挺直，核心收紧。每组练习15~20次，练习1~2组。

动作名称：肩胛骨T形收紧训练

动作难度：初级。

锻炼目的： 激活肩关节局部肌群，强化上肢稳定性。

身体姿势： 双脚开立，躯干前倾，双臂侧平举，使手臂与躯干呈T形，大拇指指向上方。

动作过程： 肩胛骨后缩，双臂向后上方移动，恢复至起始姿势。训练过程中注意腰背挺直，核心收紧。每组练习15~20次，练习1~2组。

动作名称：肩胛骨W形收紧训练

动作难度： 初级。

锻炼目的： 激活肩关节局部肌群，强化上肢稳定性。

身体姿势： 双脚开立，躯干前倾，双臂伸直上举，然后使手臂呈W形，大拇指指向上方。

动作过程： 肩胛骨后缩，双臂向后上方移动，恢复至起始姿势。训练过程中注意腰背挺直，核心收紧。每组练习15~20次，练习1~2组。

动作名称：肩胛骨上回旋收紧训练

动作难度： 初级。

锻炼目的： 激活肩关节局部肌群，强化上肢稳定性。

身体姿势： 双脚开立，躯干前倾，双臂伸直上举，然后使手臂呈W形，大拇指指向上方。

动作过程： 肩胛骨后缩，双臂沿躯干向上伸直手臂，再恢复至起始姿势。训练过程中注意腰背挺直，核心收紧。每组练习15~20次，练习1~2组。

动作名称：跪姿俯卧撑

动作难度：中级。

锻炼目的：发展上肢力量。

身体姿势：俯撑姿势，双臂伸直支撑于肩部正下方，双腿弯曲，膝关节支撑于地面，腰背挺直。

动作过程：屈肘下降至肘关节成90度，然后双臂伸直将身体撑起，回到起始姿势，循环进行。训练过程中注意腰背挺直，核心收紧。每组练习10~15次，练习2~3组。

错误动作：向下运动时臀部未下落。

错误动作

动作名称：标准俯卧撑

动作难度：高级。

锻炼目的：发展上肢力量。

身体姿势：俯撑姿势，双臂伸直支撑于肩部正下方，双腿伸直，脚尖支撑于地面。

动作过程：屈肘下降至肘关节成90度，且肘与肩齐平，然后快速伸直双臂将身体撑起，回到起始姿势，循环进行。训练过程中注意腰背挺直，核心收紧。每组练习10~15次，练习2~3组。

错误动作：塌腰。

错误动作

◀◀ 第六节　核心稳定性训练 ▶▶

动作名称：静力跪姿手撑

动作难度：初级。

锻炼目的：激活核心稳定肌群，强化核心稳定性。

身体姿势：俯撑于瑜伽垫上，手臂伸直支撑于肩关节正下方，双腿屈膝使膝关节着地支撑，腰背挺直，肩、髋、膝在同一直线上。训练过程中注意核心收紧，保持自然呼吸。维持20~60秒，练习2~3组。

错误动作：肩、髋、膝不在同一直线上。

错误动作

动作名称：静力跪姿肘撑

动作难度：初级。

锻炼目的：激活核心稳定肌群，强化核心稳定性。

身体姿势：俯撑于瑜伽垫上，屈肘90度支撑于肩关节正下方，双腿勾小腿使膝关节着地支撑，腰背挺直，肩、髋、膝在同一直线上。训练过程中注意核心收紧，保持自然呼吸。维持20~60秒，练习2~3组。

错误动作：肩部、髋部和膝部不在同一直线上。

动作名称：静力侧平板膝撑

动作难度：初级。

锻炼目的：激活腰腹外侧肌群，强化核心稳定性。

身体姿势：侧支撑于瑜伽垫上，一侧手臂屈肘90度支撑于肩关节正下方，双腿屈膝使膝关节着地支撑。训练过程中保持肩、髋、膝成一条直线。维持20~60秒，每侧练习2~3组。

动作名称：静力跪撑伸腿

动作难度：初级。

锻炼目的：激活核心稳定肌群，强化核心稳定性。

身体姿势：跪姿，俯身支撑于瑜伽垫上，双臂伸直放于肩关节正下方，一侧腿伸直抬高，与地面平行。训练过程中注意腰背挺直、核心收紧。维持20~60秒，每侧练习2~3组。

错误动作：伸腿指向斜后方。

动作名称：**卷腹**

动作难度：初级。

锻炼目的：发展上腹肌力量。

身体姿势：仰卧于瑜伽垫上，双腿屈膝90度，双手交叉放于胸前。

动作过程：肩部缓慢抬离瑜伽垫，使腹直肌充分收缩，身体与地面成30~45度角即可，腰部不要离开地面，然后向下还原。训练过程中保持自然呼吸，不要憋气。每组12~16次，练习2~3组。

动作名称：倒卷腹

动作难度： 初级。

锻炼目的： 发展下腹肌力量。

身体姿势： 仰卧于瑜伽垫上，大腿抬至与地面垂直，脚尖勾起，双手放于身体两侧。

动作过程： 双腿向躯干部位靠拢，收紧腹部，使臀部离开地面，然后慢慢回到起始姿势，循环进行。每组12~16次，练习2~3组。

动作名称：静力臀桥

动作难度： 初级。

锻炼目的： 激活臀部及腰腹后侧肌肉，强化核心稳定性。

身体姿势： 仰卧在瑜伽垫上，膝关节弯曲使脚跟尽量贴近臀部，然后将臀部抬离地面，肩、髋、膝成一条直线。训练过程中注意腰背挺直、核心收紧。维持20~60秒，每侧练习2~3组。

动作名称：交替摸肩

动作难度：中级。

锻炼目的：激活腰腹外侧肌群，强化核心稳定性。

身体姿势：俯撑于瑜伽垫上，手臂伸直支撑于肩关节正下方，双腿勾小腿使膝关节着地支撑。

动作过程：左右手交替抬离地面，触碰对侧肩关节。训练过程中注意腰背挺直、核心收紧。重复12~16次，练习2~3组。

错误动作：交替摸肩过程中躯干倾斜。

动作名称：静力平板手撑

动作难度：中级。

锻炼目的：发展核心肌群力量，增强核心稳定性。

身体姿势：俯撑于瑜伽垫上，双手支撑于肩关节正下方，双腿伸直，脚尖撑地，肩、髋、膝和踝保持在同一直线上。训练过程中注意腰背挺直、核心收紧，保持均匀呼吸。维持20~60秒，练习2~3组。

动作名称：平板支撑

动作难度：中级。

锻炼目的：发展核心肌群力量，增强核心稳定性。

身体姿势：俯撑于瑜伽垫上，手臂屈肘90度支撑于肩关节正下方，双腿伸直，脚尖撑地，肩、髋、膝和踝保持在同一直线上。训练过程中注意腰背挺直、核心收紧，保持均匀呼吸。维持20~60秒，练习2~3组。

错误动作： 支撑过程中塌腰。

错误动作： 支撑过程中弓腰。

错误动作： 支撑过程中肘关节支撑位置过于靠前。

动作名称：静力平板单手撑

动作难度： 中级。

锻炼目的： 发展核心抗旋转能力，提升核心稳定性。

身体姿势： 俯撑于瑜伽垫上，单手支撑于肩关节正下方，另一侧手臂抬高伸直，双腿伸直，脚尖撑地，肩、髋、膝和踝保持在同一直线上。训练过程中注意腰背挺直、核心收紧，保持均匀呼吸。维持10~15秒，练习2~3组。

动作名称：**静力平板单脚撑**

动作难度：**中级**。

锻炼目的：发展核心抗旋转能力，提升核心稳定性。

身体姿势：俯撑于瑜伽垫上，双手支撑于肩关节正下方，单腿支撑，另一侧腿伸直抬高，肩、髋、膝和踝保持在同一直线上。训练过程中注意腰背挺直、核心收紧，保持均匀呼吸。每侧维持20~30秒，练习2~3组。

动作名称：**静力侧平板脚撑**

动作难度：**中级**。

锻炼目的： 发展腰腹外侧肌群力量，增强核心稳定性。

身体姿势： 侧支撑于瑜伽垫上，一侧手臂屈肘90度支撑于肩关节正下方，双脚并拢，抬起髋部，使身体成一条直线。训练过程中保持均匀呼吸，每侧维持20~40秒，练习2~3组。

动作名称：静力侧支撑膝撑腿外展

动作难度： 中级。

锻炼目的： 发展腰腹外侧肌群力量，增强核心稳定性。

身体姿势： 侧支撑于瑜伽垫上，一侧手臂屈肘90度支撑于肩关节正下方，下侧腿屈膝使膝关节着地支撑，上侧腿伸直抬高外展。训练过程中注意双腿膝关节朝前。每侧维持10~20秒，练习2~3组。

动作名称：俄罗斯转体

动作难度： 高级。

锻炼目的： 发展腹内斜肌和腹外斜肌力量，增强核心稳定性。

身体姿势： 坐于瑜伽垫上，双手交叉放于体前，双腿屈膝抬离地面，腰背挺直，略微后倒。

动作过程： 躯干向左右两侧交替旋转。训练过程中注意保持躯干挺直。重复12~16次，练习2~3组。

动作名称： 转体踩车

动作难度： 高级。

锻炼目的： 发展腹内斜肌和腹外斜肌力量，增强核心稳定性。

身体姿势： 仰卧于瑜伽垫上，双手置于耳后。

动作过程： 头部、肩部抬离瑜伽垫，躯干向一侧旋转，对侧肘膝尽量触碰，左右侧交替进行。训练过程中注意上下肢的协调与配合。每组12~16次，练习2~3组。

动作名称： 静力超人式

动作难度： 高级。

锻炼目的： 发展核心肌群力量，增强核心稳定性。

　　身体姿势： 跪姿，俯身支撑于瑜伽垫上，对侧手臂和腿伸直，核心收紧。训练过程中注意保持自然呼吸，不要憋气。维持20~30秒，每侧练习2~3组。

　　动作名称：静力平板对角撑

　　动作难度： 高级。

　　锻炼目的： 发展核心肌群力量，增强核心稳定性。

　　身体姿势： 俯撑于瑜伽垫上，对侧手臂和腿伸直并抬离地面，保持规定时间，换另一侧。训练过程中注意腰背挺直，核心收紧。维持10~15秒，每侧练习2~3组。

动作名称：静力单脚撑提膝

动作难度：高级。

锻炼目的：发展腰腹外侧肌群力量，增强核心稳定性。

身体姿势：侧支撑于瑜伽垫上，上侧腿支撑，下侧腿屈膝屈髋各90度，耳、肩、髋成一条直线。训练过程中注意腰背挺直，核心收紧。维持10~20秒，每侧练习2~3组。

动作名称：静力侧支撑脚撑腿外展

动作难度：高级。

锻炼目的：发展腰腹外侧肌群力量，增强核心稳定性。

身体姿势：侧支撑于瑜伽垫上，一侧手臂屈肘90度支撑于肩关节正下方，下侧腿伸直以脚外侧撑地，上侧腿伸直抬高。训练过程中注意腰背挺直，核心收紧。维持10~20秒，每侧练习2~3组。

动作名称：静力单腿臀桥

动作难度：高级。

锻炼目的：发展臀部及核心后侧力量，增强核心稳定性。

身体姿势：仰卧在瑜伽垫上，单腿臀桥支撑，另一侧腿伸直，保持稳定。维持10~30秒，每侧练习2~3组。

‹‹‹ 第七节　　下肢稳定性训练 ›››

动作名称：贝壳式

动作难度：初级。

锻炼目的：发展臀中肌力量，提升髋关节稳定性。

身体姿势：侧卧于瑜伽垫上，屈膝90度，双腿并拢。

动作过程：将上侧腿膝关节向上抬起至最大幅度，双脚脚后跟不能分开，保持1秒，恢复至起始姿势，循环进行。每侧练习12~16次，练习2~3组。

错误动作：骨盆发生旋转。

动作名称：侧卧腿外展

动作难度：初级。

锻炼目的：发展臀中肌力量，提升髋关节稳定性。

身体姿势：侧卧于瑜伽垫上，下侧腿屈膝屈髋各90度，上侧腿伸直勾脚尖。

动作过程：上侧腿外展至最大幅度，然后还原。训练过程中注意动作连续、缓慢、有控制。每侧练习12~16次，练习2~3组。

错误动作：脚尖朝上。

错误动作

动作名称：侧卧直腿画圆

动作难度：初级。

锻炼目的：发展臀中肌力量，提升髋关节稳定性。

身体姿势：侧卧于瑜伽垫上，下侧腿屈膝屈髋各90度，上侧腿伸直悬空。

动作过程：上侧腿依次向后、下、前和上移动，画一个圆形。训练过程中注意上侧腿保持伸直。每组12~16次，练习2~3组。

动作名称：抓毛巾

动作难度：初级。

锻炼目的：强化足底肌肉力量。

身体姿势：站立位，一侧脚踩毛巾。

动作过程：脚趾张开、下压并发力抓住毛巾，保持1秒后松开，循环进行。每组16~20次，练习2~3组。

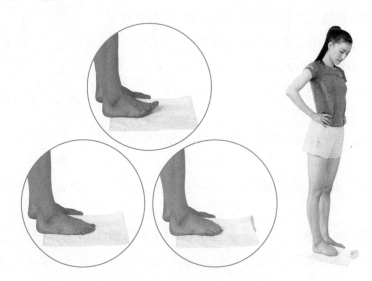

动作名称：侧平举单腿静力平衡

动作难度：初级。

锻炼目的：强化下肢的稳定性。

身体姿势：单腿站立，一侧腿抬高使大腿与地面平行，双臂侧平举。训练过程中注意腰背挺直，核心收紧。每侧维持20~60秒，练习2~3组。

错误动作：身体向一侧倾斜。

错误动作

175

动作名称：抱胸单腿静力平衡

动作难度：初级。

锻炼目的：强化下肢的稳定性。

身体姿势：单腿站立，一侧腿抬高使大腿与地面平行，双臂环抱于胸前。训练过程中注意腰背挺直，核心收紧。每侧维持20~60秒，练习2~3组。

动作名称：侧桥贝壳式

动作难度：中级。

锻炼目的：发展臀中肌力量与核心力量，提升髋关节稳定性。

身体姿势：侧支撑于瑜伽垫上，右手肘部支撑起身体，左手叉腰，双膝并拢撑地，向后勾小腿。

动作过程：左腿膝关节向上抬起至最大幅度，双脚脚后跟不能分开，保持1秒，缓慢下落。训练过程中注意腰背挺直，核心收紧。每侧练习10~15次，练习2~3组。

动作名称：侧桥腿外展

动作难度：中级。

锻炼目的：发展臀中肌和核心力量，提升下肢稳定性。

身体姿势：侧支撑，下侧腿屈膝撑地，上侧腿伸直抬起，与地面平行。

动作过程：上侧腿尽量上抬至最大幅度，保持1秒，缓慢下落，循环进行。训练过程中注意脚尖朝前。每组10~15次，练习2~3组。

动作名称：半蹲

动作难度：中级。

锻炼目的：发展腿部及臀部肌肉力量，增强下肢稳定性。

身体姿势：双脚开立，脚尖指向前方或略微外旋，双手交叉环抱对侧肩部。

动作过程：向下半蹲至膝关节呈90度，然后快速蹬地站起，循环进行。训练过程中注意腰背挺直，膝盖不超过脚尖，膝盖与脚尖方向一致。每组20~30次，练习2~3组。

动作名称：硬拉

动作难度：中级。

错误动作：弓背。

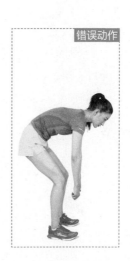

错误动作

锻炼目的： 发展大腿后侧肌肉力量，增强下肢稳定性。

身体姿势： 站立位，双脚与肩同宽，腰背挺直，核心收紧，双臂自然伸直。

动作过程： 以髋关节为轴，躯干前倾至双手触碰膝关节的位置，然后躯干向后运动至中立位。训练过程中注意腰背挺直，核心收紧。每组10~15次，练习2~3组。

错误动作： 弓背。

动作名称： 单腿提踵

动作难度： 中级。

锻炼目的： 发展小腿后侧肌肉力量，提升踝关节稳定性。

身体姿势： 右腿前脚掌踩台阶，左腿抬起悬空，左手扶一固定物体。

动作过程： 前脚掌蹬地，将脚跟抬至最高处。每侧练习10~15次，练习2~3组。

动作名称： 侧平举闭眼单腿静力平衡

动作难度： 中级。

锻炼目的： 改善本体感觉，提升下肢的稳定性。

身体姿势： 单腿站立，闭眼，双臂侧平举，一侧大腿抬起。训练过程中注意腰背挺直，核心收紧。每侧维持20~30秒，练习2~3组。

动作名称：抱胸闭眼单腿静力平衡

动作难度：中级。

锻炼目的：改善本体感觉，提升下肢的稳定性。

身体姿势：单腿站立，闭眼，双臂交叉抱胸，一侧大腿抬起，身体保持稳定。训练过程中注意腰背挺直，核心收紧。每侧维持15~30秒，练习2~3组。

动作名称：单腿外展

动作难度：高级。

锻炼目的：发展臀中肌力量，增强髋关节稳定性。

身体姿势：单腿站立，一侧腿伸直悬空，收腹挺胸，腰背挺直，双手叉腰。

动作过程：悬空腿外展至最大幅度，保持1秒，然后还原。训练过程中注意脚尖指向前方。每侧练习10~15次，练习2~3组。

错误动作：脚尖应当朝前，脚尖不能朝上。

错误动作

动作名称：单腿浅蹲后外摆

动作难度：高级。

锻炼目的：发展臀中肌力量，增强髋关节稳定性。

身体姿势：单腿屈膝站立，一侧腿悬空，收腹挺胸，腰背挺直，双手叉腰。

动作过程：悬空腿向侧后方伸展，保持1秒，恢复至起始姿势。训练过程中注意脚尖指向前方。每侧练习10~15次，练习2~3组。

错误动作：脚尖指向外侧。

错误动作

动作名称：侧弓步

动作难度：高级。

锻炼目的：发展臀部和大腿肌肉力量，增强下肢稳定性。

身体姿势：双脚开立，双脚距离约两倍肩宽，双臂交叉于胸前或腰部。

动作过程：左右腿交替侧蹲，循环进行。训练过程中注意双脚踩实地面，下蹲腿膝盖与脚尖方向一致且不超过脚尖。每侧练习10~15次，练习2~3组。

错误动作1：伸直腿脚外翻。

错误动作2：膝盖超过脚尖。

错误动作

动作名称：深蹲

动作难度：高级。

锻炼目的：发展腿部及臀部肌肉力量，增强下肢稳定性。

身体姿势：站立位，双脚开立与肩同宽，收腹挺胸，双臂交叉放于体前。

动作过程：向下半蹲至大腿平行于地面，然后快速撑起，循环进行，完成规定次数。训练过程中注意腰背挺直，膝盖不超过脚尖，膝盖与脚尖方向一致。每组12~20次，练习2~3组。

错误动作1：下蹲过程中膝盖内扣。

错误动作2：下蹲过程中弓背且膝盖超过脚尖。

错误动作3：下蹲过程中半蹲且膝盖超过脚尖。

错误动作

动作名称： 单腿硬拉

动作难度： 高级。

锻炼目的： 发展臀部与大腿后侧肌肉力量，增强下肢稳定性。

身体姿势： 单腿站立，一侧腿伸直略微后伸，离开地面，腰背挺直，核心收紧，双臂自然伸直。

动作过程： 以髋关节为轴，躯干前倾至双手触碰膝关节的位置，同时一侧腿后伸并向上抬起，身体呈"T"字形，然后躯干向后运动至中立位。训练过程中注意身体保持稳定，腰背挺直，核心收紧。每组10~16次，练习2~3组。

错误动作： 身体倾斜。

动作名称： 单腿全蹲

动作难度： 高级。

锻炼目的： 发展下肢肌肉力量，增强下肢稳定性。

身体姿势：双手叉腰，左腿站立，右腿向前抬起。

动作过程：左腿下蹲至最低处，右腿与地面平行。训练过程中保持身体稳定。每侧练习8~10次，练习2~3组。

第六章 无伤跑法技术训练

◄◄ 第一节　初级难度 ►►►

动作名称： 屈膝单腿支撑

锻炼目的： 强化跑步着地动作模式，提升下肢稳定性。

身体姿势： 单腿屈膝站立，腰背挺直，身体前倾，双手叉腰。

动作过程： 身体重量压于前脚掌，脚跟略微离地，保持身体稳定，自然呼吸，不要憋气。训练过程中避免含胸驼背，膝关节不要内扣。维持20~30秒，练习2~3组。

错误动作： 膝关节内扣。

错误动作： 含胸驼背。

错误动作

动作名称： 原地小碎步

锻炼目的： 改善跑步协调性，提升步频，强化跑步节奏。

身体姿势： 双脚开立与肩同宽，腰背挺直，躯干略微前倾，手臂呈前后摆臂姿态。

动作过程： 双脚原地快速交替点地，脚跟不落地，手臂始终保持较慢的摆臂频率，注意上下肢协调与配合。每组20~30秒，练习2~3组。

动作名称：**原地小跳**

锻炼目的：强化跑步节奏，提升步频。

身体姿势：双脚开立与肩同宽，腰背挺直，躯干略微前倾，双手叉腰。

动作过程：前脚掌蹬地发力，双脚快速、同时离开地面，保持节奏，持续原地进行。
注意踝关节发力，动作富有弹性。每组15~20秒，练习2~3组。

动作名称：**蹲姿开合跳**

锻炼目的：改善跑步协调性，强化跑步节奏。

身体姿势：双脚开立与肩同宽，腰背挺直，躯干略微前倾，双手叉腰。

动作过程：前脚掌蹬地发力跳起，双腿快速内收，着地后迅速跳起，双腿快速分开，连续快速进行。训练时踝关节发力，动作富有弹性，减小身体重心上下起伏幅度。每组15~20秒，练习2~3组。

　　动作名称：蹲姿交替前后跳

　　锻炼目的：改善跑步着地过程中，左右腿的衔接及跑步协调性。

　　身体姿势：双脚开立与肩同宽，腰背挺直，躯干略微前倾，双手叉腰。

　　动作过程：前脚掌蹬地发力，双脚快速前后交替跳跃，保持节奏，持续进行。训练时踝关节发力，动作富有弹性。每组15~20秒，练习2~3组。

　　动作名称：前后跳

　　锻炼目的：强化跑步节奏，提升身体控制能力。

　　身体姿势：双脚开立与肩同宽，腰背挺直，躯干略微前倾，双手叉腰。

动作过程： 前脚掌蹬地发力，双腿有弹性、有节奏地前后快速跳跃。训练时踝关节发力，节奏变化明显，减小身体重心上下起伏幅度。每组15~20秒，练习2~3组。

动作名称：左右跳

锻炼目的： 强化跑步节奏，提升身体控制能力。

身体姿势： 双脚开立与肩同宽，腰背挺直，躯干略微前倾，双手叉腰。

动作过程： 前脚掌蹬地发力，双腿有弹性、有节奏地进行左右快速跳跃。训练过程中核心收紧，注意对身体重心的控制。每组15~20秒，练习2~3组。

动作名称：交叉跳

锻炼目的： 改善跑步着地过程中，左右腿的衔接及跑步协调性。

身体姿势： 双脚开立与肩同宽，腰背挺直，躯干略微前倾，双手叉腰。

动作过程：前脚掌蹬地发力，跳起后双腿左右交叉落地，落地后迅速跳起，双腿分开着地，循环进行。训练过程中，左右腿交替在前，注意对身体重心的控制。每组15~20秒，练习2~3组。

动作名称：小步扒地

锻炼目的：改善踝关节灵活性，强化跑步着地时的扒地动作模式。

身体姿势：双脚开立与肩同宽，呈站立姿态，腰背挺直，手臂呈摆臂姿态放于身体两侧。

动作过程：提膝抬腿使脚尖离开地面，踝关节放松，脚尖自然下垂，然后迅速伸腿使脚尖落地，向后扒地，左右侧交替进行。训练时注意上肢摆臂协调配合。每组完成8~10米，练习2~3组。

动作名称：**高抬腿**

锻炼目的： 模拟跑步训练，强化跑步节奏。

身体姿势： 双脚开立与肩同宽，膝关节略微弯曲，腰背挺直，手臂呈摆臂姿态放于身体两侧。

动作过程： 左右腿快速交替屈膝抬腿，上肢与下肢协调配合，快速摆臂。训练中提膝到最高处时，保持大腿与地面平行，核心收紧，不要低头。每组10~15秒，练习2~3组。

动作名称：**直腿跑**

锻炼目的： 改善身体协调性，强化跑步节奏。

身体姿势： 双脚开立与肩同宽，呈站立姿态，腰背挺直，手臂呈摆臂姿态放于身体两侧。

动作过程： 左右腿伸直交替向前跑，前脚掌着地。训练过程中使动作保持一定节奏，并注意着地缓冲，自然呼吸，不要憋气。每组完成8~10米，练习2~3组。

动作名称：**后踢腿跑**

锻炼目的： 改善身体协调性和膝关节灵活性，提升跑步过程中大小腿的折叠幅度。

身体姿势： 双脚开立与肩同宽，呈站立姿态，腰背挺直，手臂呈摆臂姿态放于身体两侧。

动作过程： 左右腿交替后踢向前跑，尽量使脚跟接触臀部。训练中摆臂协调，配合良好，自然呼吸。每组完成8~10米，练习2~3组。

◄◄ 第二节　中级难度 ►►

动作名称：原地单腿提拉

锻炼目的：强化跑步提拉技术动作，提升跑步经济性。

身体姿势：双脚开立与肩同宽，膝关节略微弯曲，腰背挺直，手臂呈摆臂姿态放于身体两侧。

动作过程：屈膝屈髋，快速将右脚跟拉向臀部，然后下落着地，左脚原地垫步，循环完成规定次数后，换左腿进行。完成动作过程中注意上下肢、左右腿的协调与配合。每组完成20~30次，练习2~3组。

动作名称：原地弓步提拉

锻炼目的：模拟跑步过程中的着地动作，强化着地动作模式。

身体姿势：双腿前后分开，呈弓步姿态站立，腰背挺直，双手叉腰。

动作过程：将前腿脚跟迅速拉向臀部，然后自然落地，连续快速进行。训练时动作保持快速、连续、有节奏，身体重心保持稳定。每组完成20~30次，练习2~3组。

动作名称：肩绕环后踢腿跑

锻炼目的：改善全身协调性，提升跑步经济性。

身体姿势：双脚开立与肩同宽，呈站立姿态，腰背挺直，手臂自然下垂放于身体两侧。

动作过程：左右腿交替后踢向前慢跑，同时双臂伸直以肩关节为轴由后向前或由前向后运动。训练时尽量使脚跟踢向臀部，上下肢协调配合。每组完成8~10米，练习2~3组。

动作名称：**侧向肩绕环后踢腿跑**

锻炼目的：改善全身协调性，提升跑步经济性。

身体姿势：双脚开立与肩同宽，呈站立姿态，腰背挺直，手臂自然下垂放于身体两侧。

动作过程：左右腿交替后踢向前慢跑，同时双臂屈肘，以肩关节为轴由左向右或由右向左运动。训练时尽量使脚跟踢向臀部，上下肢协调配合。每组完成8~10米，练习2~3组。

动作名称：**反弓跳**

锻炼目的：改善全身协调性，提升跑步经济性。

身体姿势：双脚开立与肩同宽，呈站立姿态，腰背挺直，手臂自然下垂放于身体两侧。

动作过程：双臂伸直向上抬起，同时一侧腿后伸，然后快速向前踢腿，双手向前伸触碰小腿，快速循环进行。训练过程中注意上下肢的协调与配合。每组完成10~16次，练习2~3组。

动作名称： 侧步跳

锻炼目的： 提升跑步着地时膝关节的稳定性，预防膝关节损伤。

身体姿势： 双脚开立与肩同宽，腰背挺直，躯干略微前倾，手臂屈肘90度放于身体两侧。

动作过程： 左右腿交替侧向蹬地，着地时保持稳定。训练时摆臂协调，核心收紧，着地时保持稳定。每组完成10~16次，练习2~3组。

动作名称： 侧高抬腿交叉跑

锻炼目的： 改善全身协调性，提升跑步经济性。

身体姿势： 双脚开立与肩同宽，腰背挺直，屈膝屈髋，身体略微前倾，手臂下垂放于身体两侧。

动作过程： 身体重心向左侧倾斜，右腿高抬腿前交叉于左腿左侧后着地，左腿向左侧快速移动，右腿与左腿后交叉，左腿向左侧快速移动着地。训练时摆臂要配合下肢运动，核心收紧。每组完成8~12次，练习2~3组。

动作名称：**垫步跳**

锻炼目的：改善身体协调性，强化跑步节奏。

身体姿势：双脚开立与肩同宽，膝关节略微弯曲，腰背挺直，手臂呈摆臂姿态放于身体两侧。

动作过程：左右腿交替单腿起跳，双腿同时落地，向前行走。训练时摆臂要配合下肢运动，动作有节奏、有弹性。每组完成8~10米，练习2~3组。

<<< **第三节 高级难度** >>>

动作名称：**高抬腿跑**

锻炼目的：模拟跑步训练，强化跑步节奏。

身体姿势：双脚开立与肩同宽，膝关节略微弯曲，腰背挺直，手臂呈摆臂姿态放于身体两侧。

动作过程：左右腿快速交替提膝，向前慢跑，快速摆臂以配合。注意训练中提膝至最高处时使大腿与地面平行，自然呼吸，不要憋气。每组完成8~10秒，练习2~3组。

动作名称： 垫步踢腿

锻炼目的： 改善身体协调性，强化跑步节奏。

身体姿势： 双脚开立与肩同宽，呈站立姿态，腰背挺直，手臂呈摆臂姿态放于身体两侧。

动作过程： 左右腿交替屈髋提膝至最高处快速伸腿，积极下压摆动着地，行进中加以垫步配合，左右腿循环交替，向前行走。训练时摆臂要配合下肢运动，动作有节奏、有弹性。每组完成8~10米，练习2~3组。

动作名称： 提拉跑

锻炼目的： 强化跑步着地、提拉技术。

身体姿势： 双腿前后分开，呈弓步姿态站立，腰背挺直，双臂屈肘90度放于身体两侧。

动作过程： 双腿交替将脚跟拉向臀部，向前跑，左右两腿均要训练。训练时动作保持连续、轻盈、有节奏。每组完成10~20次，练习2~3组。

动作名称：后蹬跑

锻炼目的： 改善跑步步幅，强化跑步节奏。

身体姿势： 双脚开立与肩同宽，呈站立姿态，腰背挺直，手臂自然伸直放于身体两侧。

动作过程： 左腿用力蹬地，同时右腿快速提膝抬高，积极下落着地，然后迅速用力蹬地，左侧腿快速提膝抬高，积极下落着地，左右侧腿交替运动向前跑动。训练时注意后腿用力蹬地，摆臂要协调、配合。每组完成8~10米，练习2~3组。

动作名称：车轮跑

锻炼目的：改善跑步步幅，强化跑步节奏。

身体姿势：双脚开立与肩同宽，呈站立姿态，腰背挺直，手臂自然伸直放于身体两侧。

动作过程：身体略微后仰，一侧腿提膝至最高处，伸膝积极下压摆动，双腿交替进行，向前移动。训练时摆臂要协调、配合，核心收紧。每组完成8~10米，练习2~3组。

动作名称：前侧前高抬腿

锻炼目的：改善身体协调性，强化跑步节奏。

身体姿势：双脚开立与肩同宽，呈站立姿态，腰背挺直，手臂自然伸直放于身体两侧。

动作过程：左腿进行前、侧、前3个方向高抬腿，右腿进行行进间的垫步，完成3

个方向的高抬腿为一个动作，左右腿交替进行。训练时上肢放松，配合下肢。每组完成8~10米，练习2~3组。

第七章　无伤跑法专项力量训练

<<< 第一节　专项核心训练 >>>

动作名称： 臀桥提膝

动作难度： 初级。

锻炼目的： 模拟跑步蹬摆过程中核心保持稳定的训练。

身体姿势： 仰卧于瑜伽垫上，一侧腿屈膝屈髋进行支撑，另一侧腿伸直略微离开地面，双手放于身体两侧。

动作过程： 支撑腿用力蹬地，将臀部抬离地面，同时另一侧伸直腿快速屈膝抬腿90度，然后缓慢下落。训练时两条腿协调蹬摆，核心收紧，保持稳定。每组完成12~16次，练习2~3组。

动作名称： 伸腿死虫式

动作难度： 初级。

锻炼目的： 激活核心肌群。

身体姿势： 仰卧于瑜伽垫上，屈膝屈髋90度，手臂伸直，指向天花板。

动作过程：双臂保持不动，一侧腿伸直，伸直后停留1秒，左右腿交替进行。训练时保持下背部紧贴地面，均匀呼吸，不要憋气。每组完成16~20次，练习2~3组。

动作名称：**身体前倾**

动作难度：初级。

锻炼目的：体会跑步时身体重心的移动，提升跑步时核心稳定性。

身体姿势：双脚开立与肩同宽，呈站立姿态，腰背挺直，手臂屈肘90度放于身体两侧。

动作过程：核心收紧，身体前倾，体会身体重心的移动。前倾一定幅度后，一侧腿向前支撑保持身体稳定。训练时腰背挺直，目视前方。每组完成10~15次，练习2~3组。

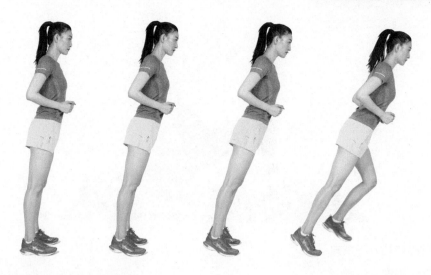

动作名称：臀桥交替提膝

动作难度：中级。

锻炼目的：强化双腿摆动时的核心稳定性。

身体姿势：仰卧于瑜伽垫上，静力臀桥支撑，双手放于身体两侧。

动作过程：在保持静力臀桥的姿态下，双腿交替屈膝屈髋90度。训练时核心收紧，保持肩、髋、膝在一条直线上。每组完成12~16次，练习2~3组。

动作名称：死虫式

动作难度：中级。

锻炼目的：激活核心肌群，强化跑步时躯干的稳定性。

身体姿势：仰卧于瑜伽垫上，屈膝屈髋90度，手臂伸直，指向天花板。

动作过程：对侧腿、手臂同时伸展，伸展至踝、膝、髋、肩、手臂成一条直线，保持1秒，左右交替进行。训练时保持下背部紧贴地面，均匀呼吸，不要憋气。每组完成16~20次，练习2~3组。

动作名称： 单腿支撑身体前倾

动作难度： 中级。

锻炼目的： 体会跑步时身体重心的移动，提升跑步时核心稳定性。

身体姿势： 身体呈单腿站立姿态，腰背挺直，手臂屈肘90度放于身体两侧。

动作过程： 核心收紧，身体前倾，体会身体重心的移动。前倾一定幅度后，一侧腿向前支撑保持身体稳定，循环进行。训练时腰背挺直，目视前方。每组完成10~15次，练习2~3组。

动作名称： 超人式

动作难度： 中级。

锻炼目的： 训练核心的抗旋转能力，提升跑步时躯干的稳定性。

身体姿势： 身体呈俯卧跪撑姿态，脚尖、膝关节、手撑地。

动作过程： 对侧脚尖、膝关节、手臂屈肘抬离地面，然后腿向后伸直，手臂向前伸直，手臂、髋、膝、踝尽量保持在一条直线上，保持1秒，缓慢收回，循环进行，完成一定次数后，换另一侧。训练过程中核心收紧，保持稳定，身体不要左右倾斜，保持均匀呼吸。每组完成15~20次，练习2~3组。

错误动作：腿、手臂屈曲的过程中身体左右倾斜。

动作名称：俯桥提膝后摆腿

动作难度：高级。

锻炼目的：训练核心的抗旋转能力，提升跑步时躯干的稳定性。

身体姿势：俯撑于瑜伽垫上，脚尖着地，双手撑于肩关节正下方，肩、髋、膝、踝成一条直线。

动作过程：一侧腿向前屈膝屈髋至最大幅度，然后屈膝约90度向后上方摆动，循环进行，完成规定次数后，换另一侧。训练时核心收紧，保持稳定。每组完成12~16次，练习2~3组。

动作名称： 侧支撑上腿蹬摆

动作难度： 高级。

锻炼目的： 在模拟跑步姿态下强化腰腹外侧肌力。

身体姿势： 侧支撑于瑜伽垫上，屈膝90度，膝关节着地，肘关节支撑于肩关节正下方。

动作过程： 上侧腿向前摆动，同侧手臂向后摆动，循环前后摆动。训练时上下肢要协调配合，腰腹外侧肌肉收紧，保持躯干稳定。每组完成16~20次，练习2~3组。

动作名称： 侧支撑下腿蹬摆

动作难度： 高级。

锻炼目的： 在模拟跑步姿态下强化躯干稳定性。

身体姿势： 侧支撑于瑜伽垫上，上侧腿伸直，脚内侧着地，下侧腿屈膝屈髋90度，置于身体前侧，肘关节支撑于肩关节正下方，肩、髋、膝成一条直线。

动作过程： 下侧腿屈膝90度向前摆动，同时对侧手臂向前摆臂，循环前后摆动。训练时上下肢要协调配合，腰腹外侧肌肉收紧，保持躯干稳定。每组完成12~16次，练习2~3组。

动作名称： 伏地登山

动作难度： 高级。

锻炼目的： 强化跑步时核心的稳定性。

身体姿势： 俯撑于瑜伽垫上，脚尖着地，双手支撑于肩关节正下方，肩、髋、膝、踝成一条直线。

动作过程： 左右腿交替屈膝抬腿至最大幅度，核心收紧，保持稳定。训练时自然呼吸，不要憋气。每组完成16~20次，练习2~3组。

◂◂ 第二节　蹬摆协调训练 ▸▸

动作名称：原地军步

动作难度：初级。

锻炼目的：强化跑步节奏，提升跑步过程中下肢的摆动能力。

身体姿势：双脚开立与肩同宽，呈站立姿态，腰背挺直，手臂呈摆臂姿态放于身体两侧。

动作过程：左右腿交替屈髋抬腿抬至最大幅度，进行原地踏步，同时屈肘90度前后摆臂。训练时动作有节奏、有力量。每组完成20~30次，练习2~3组。

动作名称：垫步高抬腿

动作难度：初级。

锻炼目的：强化跑步节奏，提升跑步过程中下肢的摆动能力。

身体姿势：双脚开立与肩同宽，呈站立姿态，腰背挺直，手臂呈摆臂姿态放于身体两侧。

动作过程：一侧腿用力蹬地略微跳起，另一侧腿快速屈髋抬腿抬至最大幅度，左右腿交替进行，同时屈肘90度前后摆臂。训练时动作有节奏、有力量。每组完成20~30次，练习2~3组。

动作名称：弓步蹲

动作难度：初级。

锻炼目的：强化下肢力量，提升跑步经济性。

身体姿势：双脚前后分开，呈弓步站立姿态，腰背挺直，双手叉腰。

动作过程：屈膝屈髋向下蹲至前侧大腿与地面平行，然后快速蹬地站起，循环进行。训练时核心收紧，身体保持稳定，目视前方。每组完成12~16次，练习2~3组。

动作名称：弓步提膝

动作难度：中级。

锻炼目的：强化下肢力量，提升跑步蹬摆能力。

身体姿势：双脚前后分开，呈弓步站立姿态，腰背挺直，双手叉腰。

动作过程： 下蹲至前侧大腿与地面平行，然后前腿原地蹬地站起，后腿提膝抬腿至最大幅度，原地循环进行，完成一定次数后，换另一侧。训练时核心收紧，身体保持稳定。每组完成12～16次，练习2～3组。

动作名称： 弓步提膝摆臂

动作难度： 中级。

锻炼目的： 强化下肢力量，提升跑步蹬摆能力。

身体姿势： 双脚前后分开，呈弓步站立姿态，腰背挺直，双臂屈肘90度放于身体两侧。

动作过程： 下蹲至前侧大腿与地面平行，然后前腿原地蹬地站起，后腿提膝抬腿至最大幅度，对侧手向前摆臂，原地循环进行。训练时核心收紧，身体保持稳定。每组完成12～16次，练习2～3组。

动作名称：**单腿硬拉接提膝**

动作难度：中级。

锻炼目的：提升跑步协调蹬摆能力。

身体姿势：左腿支撑，单腿站立，右腿悬空，腰背挺直，双臂自然伸直放于身体两侧。

动作过程：身体前倾，同时右腿向后伸直，保持躯干与伸直

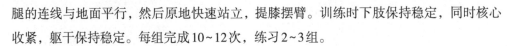

腿的连线与地面平行，然后原地快速站立，提膝摆臂。训练时下肢保持稳定，同时核心收紧，躯干保持稳定。每组完成10~12次，练习2~3组。

动作名称：**弓步走**

动作难度：高级。

锻炼目的：强化下肢力量，提升跑步蹬摆能力。

身体姿势：双脚前后分开，呈弓步站立姿态，腰背挺直，双手叉腰。

动作过程：下蹲至前侧大腿与地面平行，然后前腿原地蹬地站起，后腿提膝抬腿至最大幅度，向前落地，左右腿交替运动，向前行走。训练时核心收紧，身体保持稳定，目视前方。每组完成12~16次，练习2~3组。

动作名称：**弓步提膝跳**

动作难度：高级。

锻炼目的：强化下肢力量，提升跑步蹬摆能力。

身体姿势：双脚前后分开，呈弓步站立姿态，腰背挺直，双臂屈肘90度放于身体两侧。

动作过程：下蹲至前侧大腿与地面平行，然后前腿原地蹬地跳起，同时后腿提膝抬腿至最大幅度，对侧手向前摆臂。训练中落地时要积极缓冲，身体保持稳定。每组完成8~12次，练习2~3组。

动作名称：弓步跳

动作难度：高级。

锻炼目的：强化下肢力量，提升跑步蹬摆能力。

身体姿势：双脚前后分开，呈弓步站立姿态，腰背挺直，双臂屈肘90度放于身体两侧。

动作过程：快速下蹲至前侧大腿与地面平行，然后快速蹬地跳起，在空中进行左右腿的前后交换，换另一侧继续。训练中落地时要积极缓冲，膝关节保持稳定。每组完成12~14次，练习2~3组。

◂◂◂ 第三节　落地缓冲训练 ▸▸▸

动作名称：快速下蹲

动作难度：初级。

锻炼目的：提升跑步过程中下肢的落地缓冲能力。

身体姿势：双脚开立与肩同宽，脚跟离地，呈站立姿态，腰背挺直，手臂伸直上摆，使身体处于拉长状态。

动作过程：快速下蹲至大小腿成90度夹角并制动，同时快速向后摆臂，然后缓慢站起。训练时注意上下肢的协调与配合，并在下蹲至一定幅度后快速制动。每组完成10~12次，练习2~3组。

动作名称：单腿浅蹲

动作难度：初级。

锻炼目的：强化下肢力量与稳定性，提升跑步经济性。

身体姿势：单腿支撑站立，一侧腿屈膝悬空，腰背挺直，双手叉腰。

动作过程：臀部后坐，屈膝屈髋45度下蹲，然后站起。训练时保持身体稳定，不要膝关节内扣。每组完成12~16次，练习2~3组。

错误动作：膝关节内扣。

错误动作

动作名称：直腿跳

动作难度：初级。

锻炼目的：提升跑步过程中踝关节的落地缓冲能力。

身体姿势：双脚开立与肩同宽，呈站立姿态，腰背挺直，手臂呈摆臂姿态放于身体两侧。

动作过程：膝关节保持自然伸直，前脚掌蹬地发力垂直跳起，前脚掌积极、主动着地，快速循环进行。训练过程中膝关节保持自然伸直，踝关节富有弹性，使动作有节奏。每组完成16~20次，练习2~3组。

动作名称：**高处跳下缓冲**

动作难度：中级。

锻炼目的：强化落地缓冲能力，提升跑步着地时下肢的稳定性。

身体姿势：双脚开立与肩同宽，呈站立姿态，站在约10厘米高的板凳上，腰背挺直，双臂自然伸直放于身体两侧。

动作过程：双腿蹬地从高处跳下，双腿落地的同时向后摆臂，落地时屈膝屈髋，积极缓冲。训练时着地动作轻盈，膝关节稳定。每组完成8~12次，练习2~3组。

动作名称：**连续蹲跳**

动作难度：中级。

锻炼目的：强化落地、蹬地之间的协调转换，提升跑步过程中着地、蹬地的效率。

身体姿势：双脚开立与肩同宽，挺胸收腹，双臂自然伸直放于身体两侧。

动作过程：快速下蹲蹬地跳起，落地时要积极缓冲下蹲，然后迅速蹬地跳起，循环连续进行。训练时保持腰背挺直，动作富有连续性。每组完成12~16次，练习2~3组。

动作名称： 原地向前跨步单腿缓冲

动作难度： 中级。

锻炼目的： 模拟跑步着地缓冲动作，提升着地时的动态稳定能力。

身体姿势： 左腿屈膝屈髋支撑站立，右腿屈膝悬空，腰背挺直，双臂呈摆臂姿态放于身体两侧。

动作过程： 左腿向后蹬地，身体前倾，右腿着地支撑，保持稳定，保持1~2秒，再跳回起始位置。训练时落地轻盈，膝关节保持稳定。每组完成12~16次，练习2~3组。

动作名称： 交替向前跨步单腿缓冲

动作难度： 中级。

锻炼目的： 模拟跑步着地缓冲动作，提升着地时的动态稳定能力。

身体姿势： 左腿屈膝屈髋支撑站立，右腿屈膝悬空，腰背挺直，双臂呈摆臂姿态放于身体两侧。

动作过程： 左右腿交替向前跨步，单腿落地缓冲，保持1~2秒。训练时，落地轻盈，膝关节保持稳定。每组完成12~16次，练习2~3组。

动作名称：高处跳下单腿缓冲

动作难度： 高级。

锻炼目的： 强化单腿落地缓冲能力，提升跑步着时下肢的稳定性。

身体姿势： 双脚开立与肩同宽，呈站立姿态，站在约10厘米高的板凳上，腰背挺直，双臂呈摆臂姿态放于身体两侧。

动作过程： 下蹲，向前摆臂，双腿用力蹬地从高处跳下，单腿落地的同时向后摆臂，落地时屈膝屈髋积极缓冲。训练时着地动作轻盈，膝关节稳定。每组完成16~20次，练习2~3组。

动作名称：连续单腿跳

动作难度：高级。

锻炼目的：强化落地、蹬地之间的协调转换，提升跑步过程中着地、蹬地的效率。

身体姿势：单腿支撑站立，一侧腿抬离地面，腰背挺直，双臂屈肘90度，放于身体两侧。

动作过程：臀部后坐，快速下蹲蹬地跳起，落地时要积极缓冲下蹲，然后迅速蹬地跳起。训练时保持身体稳定，不要膝关节内扣。每组完成12~16次，练习2~3组。

动作名称：**转体跨跳单腿缓冲**

动作难度：高级。

锻炼目的：提升着地时的动态稳定能力。

身体姿势：一侧腿屈膝屈髋支撑站立，另一侧腿屈膝悬空，腰背挺直，双手呈摆臂姿态放于身体两侧。

动作过程：向支撑腿的对侧转体90度，悬空腿落地缓冲，保持稳定1秒，再次转体90度跳回起始位置。训练时上肢要协调配合，落地轻盈，膝关节保持稳定。每组完成16~20次，练习2~3组。

第八章 无伤跑法科学训练

◄◄ 第一节 跑步三要素 ▶▶

跑步是一项看似简单，但事实上十分强调科学性的运动。科学地跑步可以让你更有效地提升自己，能让你从跑步中得到快乐和健康，而不科学地跑步不仅无法带来上述好处，反而可能给你的身体带来伤害。跑步相关内容总结起来几乎都有三大要素。

一、跑者应当具备的三大要素

跑步是一项耐力型运动，但绝非仅仅耐力好就能持久、健康地跑步，还应当具备一定的力量素质和身体柔韧性。耐力是长时间持续奔跑的基础，没有耐力也就谈不上跑步，但良好的力量素质却是无伤跑步的重要保证。因为跑步时心肺系统将氧气运输到肌肉，从而让肌肉持续收缩为身体提供足够动能，肌肉骨骼系统和心肺系统同样重要。而良好的身体柔韧性可以使关节全幅度运动，不仅动作舒展，跑姿流畅、飘逸，还不易受伤。

二、跑者应当进行的三大训练

正如前文所说，跑者应当具备耐力、力量、柔韧性三大身体素质，为了获得三大素质，应该进行耐力训练、力量训练和柔韧性训练三大训练。很多跑者只是跑，即只重视耐力素质，而忽视力量训练，建议跑者每周进行1~2次力量训练，这对于提升跑步能力和预防伤痛是十分重要的。而柔韧性训练主要在耐力训练和力量训练结束后进行，既可以作为放松方式，也是一种单独的训练，所以跑后拉伸不是可有可无，而是

训练的组成和延续，其目的就是保持和发展身体柔韧性，避免身体变得僵硬。当然，跑者参加一些瑜伽之类的特别有利于发展身体柔韧性的运动也是大有裨益的。

三、决定心肺耐力的三大因素

心肺耐力在跑者应具备的三大素质中占据决定性地位，心肺耐力主要由心肺机能、血液中血红蛋白含量和肌肉利用氧气的能力三大因素决定。其中心肺机能最为重要，所以跑者必须有一颗强大的心脏，而呼吸功能一般不是限制心肺机能的决定性因素，呼吸功能重在提高呼吸效率和通气效率。氧气在血液中的运输必须与血红蛋白结合，血红蛋白含量越高，氧气运输效率越高。肌肉利用氧气的能力由肌肉中毛细血管密度、线粒体数量（细胞的能量工厂）、肌纤维类型、氧化酶活性等决定。总体而言，正确的耐力训练和适度的力量训练可以帮助跑者提高肌肉利用氧气的能力。

四、正确、合理的跑姿应当具备的三大特征

正确、合理的跑姿对于改善跑步体验、提升跑步经济性、减少伤痛等非常重要。每个人甚至包括优秀运动员的跑姿都未必完全相同，所以可能并不存在最佳跑姿一说，只要跑姿符合生物力学的基本原理，正确、合理就已经足够了。正确、合理的跑步技术应当体现为核心稳定、动作协调、着地轻盈。所谓核心稳定是指跑步过程中躯干稳定，良好的核心稳定性可以为上肢摆臂、下肢摆腿提供最佳力学支点，从而减少用力损失，提升跑步经济性；所谓动作协调是指跑步过程中双腿蹬摆动作协调，跑步的动作特点是双腿在时间和空间中交替往前迈出，这就需要高度的动作协调性；所谓着地轻盈则是指着地时要轻盈，沉重的着地当然会导致地面冲击力增大。

五、通过跑步获得健康、提升耐力的三大要素

通过跑步收获健康、提升耐力显然不是靠跑几步就能实现的，你需要以一定强度持续一定时间、有规律地去跑才能获得最大限度的耐力提升。这就是跑步的三大要素，运动强度（intensity）、持续时间（time）和频率（frequency），这也是心肺耐力运动处方的三大要素。按照《2008美国身体活动指南》和世界卫生组织《关于身体活动有益健康的全球建议》的基本要求，每周累计运动75分钟是保持健康所需要的最低

运动量。跑步基本上是一种大强度运动，每周跑步3次，每次25分钟左右、跑3~4千米，就足够有益健康，跑得越多，健康收益越大。如果你是一名马拉松跑者，每周跑75分钟显然是远远不够的，可能一次LSD（Long Slow Distance，长距离慢跑）训练就会超过75分钟。选择天天跑步还是隔天跑步，跑得快还是慢，跑的时间长还是短并没有统一要求，而应根据个人情况、训练计划选择适合自己的跑步时间、强度和频率。但对于大众而言，轻松跑、隔天跑、每次跑20多分钟，养成跑步习惯就已经非常不错了。

六、科学、规范跑步的三大流程

很多跑者穿上跑鞋就开始跑步，跑完就回家，这是跑步不够规范的表现。正确、科学的跑步是由跑前热身、主体训练和跑后拉伸三大流程组成的，缺一不可。跑者可能会问，不做跑前热身和跑后拉伸我不也在正常跑步吗？的确，不做热身和拉伸不影响跑步本身，但不做跑前热身，你跑步时进入状态比较慢，容易发生"极点"现象。而不做跑后拉伸则影响恢复，导致肌肉弹性下降，为伤痛埋下隐患。所以说，科学、规范的跑步不能缺乏跑前热身和跑后拉伸环节，这是一名严肃跑者应该具备的素养。

七、正确、规范的跑前热身由三部分组成

如果把跑前热身做规范、做到位，至少可以获得以下好处：唤醒机体，升高体温，降低软组织黏滞性，激活肌肉，调动心肺功能，促进关节滑液分泌，减少岔气现象，促进身体散热，等等。上述好处，不是随便动动胳膊、扭扭腰就能获得的，掌握科学、正确的热身方法十分重要。原地模拟跑、肌肉动态牵拉外加肌肉激活是被主流认可的热身方式。所谓原地模拟跑就是在原地模拟跑步动作的跑步练习。热身的第二步就是肌肉动态牵拉，肌肉动态牵拉与静态牵拉相对应，是指在完成一系列动作的过程中，有控制地将肌肉牵拉较短时间（1~2秒）并重复8~12次的拉伸方法，它可以在短时间内有效地拉伸多块肌肉，能有效增加关节活动度。完成上述两个步骤之后，再做几个肌肉激活动作效果更佳。

八、跑后拉伸三要素

跑后拉伸是消除疲劳、放松肌肉、改善肌肉弹性的重要方式。跑后拉伸既是柔韧性训练的主要内容，也是跑后恢复的重要形式。很多跑者几乎不做跑后拉伸，或者草草了

事，这带来的最大问题是肌肉弹性下降使得伤痛发生概率提高。跑后拉伸应当对下肢肌肉都进行完整拉伸。在拉伸强度方面，以产生牵拉感或者微痛感为度，并非越痛拉伸效果越好。一次拉伸时间以15~30秒为最佳，拉伸时间也并非越长越好。在拉伸次数方面，一个部位不是只拉伸一遍就可以了，而是要重复拉伸2~3次。这样下来，跑后拉伸一般需要持续15~20分钟。

九、跑步训练的3种跑法

如果只是跑步健身，那么你完全可以只以固定速度完成固定距离的跑步，十年如一日都没有任何问题，但如果你希望不断提升自己的耐力，在马拉松比赛中实现PB，那么这样跑步远远不行。跑步训练和跑步健身是两个完全不同的概念。如果你希望在马拉松比赛

中"破4""破3"，那么你需要在训练中融入有氧跑、混氧跑和无氧跑3种跑法。有氧跑主要是指以身体有氧氧化系统供能为主的运动，其中又包括轻松跑和马拉松配速跑两种跑法。轻松跑的心率介于最大心率的65%~78%；马拉松配速跑心率高一些，介于最大心率的78%~88%，但仍然属于有氧跑的范畴；混氧跑则是指有氧供能系统和无氧供能系统混合供能的跑法，无氧跑时体内会有一定的乳酸堆积，但乳酸值不会一直上升，此时心率介于最大心率的89%~92%，这种训练有时又被称为速度耐力训练或者抗乳酸训练，一般持续时间不会超过半小时；无氧跑则是指以无氧供能系统供能为主，体内会有明显的乳酸堆积且呈现上升趋势的跑法，这种强度下配速很快，但你会因为乳酸堆积带来的极端难受感而终止跑步，此时心率介于最大心率的97%~100%，间歇跑、冲刺跑都是典型的无氧跑，一般持续0.5~3分钟。

十、预防跑步伤痛的3个关键

对于跑者而言，跑步最大的问题恐怕并不是无法减肥、没效果、无法提高，而是伤痛，85%的跑者曾经或者正在经历伤痛便是证明。作为不断重复单一动作的运动，积累性负荷对身体局部产生的压力

正是导致伤痛的主要原因。预防跑步伤痛关键是要做到以下3点：第一是跑姿合理，正确、合理的跑姿可以有效缓冲地面冲击和吸收能量，从而将积累性负荷减至最小；第二就是要提高身体承受负荷的能力，即强化体能，特别是加强力量对于预防伤痛很有意义；第三就是要让身体能力与跑量匹配，有多大能

耐就跑多远。跑量合理首先是要预防过量运动，如在准备不足的情况下跑马拉松，一些跑者跑完一场马拉松后，身体这里痛那里痛的根源就是跑一次马拉松的量大大超出了身体承受能力；其次是要防止跑量增长过快，一般周跑量增长10%是较为合理的，超过50%会使得伤痛发生风险大大增加。所以预防伤痛的关键是处理好跑量与身体能力之间的关系，并不说跑量不能大、不能增长，而是跑量要和身体能力匹配。

十一、参加马拉松的3个基本要求

马拉松是一项长时间、大强度的极限运动，完全不同于平时跑步，在身体准备不充分的情况下，贸然跑马拉松非常容易导致各种状况和伤痛。参加马拉松有3个基本要求：体能储备要充分，体能分配要合理，要学会在比赛中正确补给。所谓体能储备要充分就是准备要充分：从月跑量要求来说，为全马而备赛，理想月跑量应当达到200~250千米，多一些更好，至少也需要达到150~200千米；为半马而备赛，理想月跑量应当达到120~150千米，至少也需要达到80~100千米；在训练中要能够完成接近比赛距离的70%~80%的训练量，这样的训练次数不一定要很多，但一定要安排，如跑全马之前要跑完过30千米，跑半马之前要跑完过15千米。在马拉松比赛中体能分配也很重要，要注意体能均匀分配。全程匀速或者前半程快一点、后半程慢一点都是允许的，但要避免前半程速度过快，以防后半程"撞墙"或者心率飙升。一般而言，跑半马最佳配速比跑5千米时的最佳配速慢15~20秒，跑全马最佳配速比跑5千米时的最佳配速慢20~40秒，跑者可以根据这个关系去考虑马拉松比赛时的合理体能分配策略。参加马拉松比赛会大量出汗，所以比赛中补糖、补盐、补水对于推迟疲劳和防止抽筋、预防"撞墙"就显得很重要。比赛中提倡逢补给站必进，头10千米可以只喝白水，10千米以后白水和运动饮料要搭配饮用，少量多次，后半程进食和补充盐丸等也能发挥作用，马拉松比赛中防脱水、防电解质紊乱很重要。

十二、促进恢复的3个基本方法

无论是平时跑步，还是参加马拉松比赛，重视恢复对于消除疲劳、预防抵抗力下降、更快"满血复活"都显得十分重要。"恢复是训练的组成和延续"这个概念如果能在跑者脑海中形成，无疑是跑者科学跑步理念的一次飞跃。大众跑者不能像专业运动员那样使用"高精尖"的恢复方式，但做好肌肉放松、注重均衡合理的膳食、保证充足睡眠对于消除疲劳、促进恢复都是很有必要的。肌肉放松可以通过拉伸、泡沫滚筒放松以及现在流行的筋膜枪等方式实现；膳食营养方式遵循《中国居民膳食指南》的基本要求就行；而在睡眠方面，成年人应当保证8小时的睡眠。

十三、选择一双适合自己的跑鞋看3个方面

跑鞋是跑者的第一装备，如何选鞋至关重要，鞋的价格尽管从某种程度上代表了鞋的某些性能或者特性，买了贵的鞋但穿上并不舒服的情况比比皆是。鞋合不合适，只有脚知道。选鞋主要考虑3个方面，最重要的就是适合自己的脚，适不适合自己的脚主要从长度、宽度、高度等几个方面来衡量。长度是最重要的但并非唯一指标，

一般来说，大脚趾距离鞋头至少要有能容纳一个大拇指的空间，亚洲人脚普遍偏肥，所以鞋的宽度其实也很重要，鞋背则不能压脚背。在鞋合脚的前提下，再考虑功能。功能方面主要考虑缓震和支撑，由于跑步具有双脚腾空期，所以着地时，人体（主要是足）会与坚硬地面发生撞击，跑鞋缓震性能越好，就越能减少这种撞击对人体的不利影响。而一双支撑良好的跑鞋可以减少脚的过度偏转，对于某些扁平足跑者具有一定意义。

十四、把跑步坚持到底的3个诀窍

把跑步坚持一辈子是一件伟大的事情，首先你要有坚定的信念，就是要坚持积极健康的生活方式。选择什么样的生活方式直接决定了你的健康水平，如果你想健康幸福地生活一辈子，坚持跑步就是最佳实现途径之一。当然，跑步是一件需要付出体力的事情，你需要有坚强的意志，这种意志不仅能让你坚持跑，还能让你不找借口，

无论严寒酷暑还是风吹日晒。当然，坚持跑步不是蛮干，只有掌握了正确的方法，你才能健康、无伤、持久地跑步。跑步跑太快导致体验差、胡乱跑步导致伤痛都是妨碍你将跑步坚持到底的原因。

十五、总结

持久、健康、无伤地跑步不是说你能跑10千米还是40千米，而是说你能不能将跑步坚持10年、20年甚至是一辈子，坚持跑步一生是一件伟大又幸福的事情，也是需要科学和智慧的事情。

◀◀ 第二节　系统训练的重要性 ▶▶

跑者是不是常常有这种感觉：平时练得很勤快也比较认真，但为什么感觉自己没什么进步？是训练方法不得当，还是真的快到自己的天花板了？看过了本节你一定会找到让你纠结的问题的答案。

一、跑者为什么会感觉自己没什么进步

跑者经过一段时间的训练，感觉自己没什么进步，是基于什么样的逻辑呢？首先这样的跑者对自己有比较高的要求，希望自己能跑得越来越快，或者耐力越来越好，能有所提高。那么什么叫作提高呢？主要表现为在同等心率情况下或者在同等疲劳情况下，速度加快；又或者在同等速度下，心率变慢及疲劳感减轻。跑者感觉自己没进步，其实主要表现为在同等心率或者同等疲劳情况下，配速没有提高。也就是说，跑步还是那么累，速度还是那么慢，没有明显提高，所以会感觉焦虑和无助，感觉自己白练了。

二、跑者其实是杞人忧天，把运动能力和运动表现混为一谈了

在多数情况下，跑者感觉自己没有进步，并不是真的没有进步，其实有实实在在的进步，只不过进步有大有小，跑者看了这个一定会觉得很诧异。不会吧！真的确定我在进步？明明感觉自己跑得还是那么慢，想要全马破4小时，3个半小时乃至3小时差距很大呀！

本书要告诉大多数跑者，你真的在进步！只不过由于你一直在训练，所以这种进步被掩盖了，用科学语言来表达，那就是你把运动能力和运动表现混为一谈了。所以跑者首先要明白什么是运动能力，什么是运动表现。

运动能力是一种能力（ability），能力代表着你的竞技实力，也就是你的"底子"和"厚度"。只有认认真真、扎扎实实地训练，夯实你的耐力"底子"，增加你的耐力"厚度"，能力才能获得提升，但能力能不能表现出来，受到疲劳、恢复等多种因素的影响。当你持续进行中高强度训练，身体比较疲劳、恢复不足的时候，你的能力就不一定能表现出来。

运动表现是一种表现（performance），一种当前的状态，代表你目前实际能跑多快。实际跑多快从根本上说是由运动能力决定的，但也受到天气、疲劳、恢复等其他很多因素的影响，跑者说自己练得挺勤快但没什么进步，其实说的是运动表现不好。运动表现不好不代表运动能力没有提高，而运动能力提高肯定会带来运动表现的提升，但假如身体比较疲劳、恢复不足，那么运动能力与运动表现就有可能不匹配，这是完全正常的现象。

所以说，跑者认为自己经过训练没有提高，其实说的是自己运动表现不好，但运动能力在很大程度上是提高了的，只不过没有表现出来而已。那么怎样才能让运动能力表现出来呢？不要急，在赛前通过减量训练，加强恢复，调整状态，你就能在比赛中将运动能力表现出来。例如，在冬训阶段，运动能力处于隐秘的、缓慢的、逐步的提高过程中，而由于训练比较辛苦，你的运动表现是不佳的，但这完全不代表你没有提高，你确实是在提高！

三、从运动能力–运动表现–疲劳模型中理解为什么你感觉自己没有进步

苏联运动训练学家，后移居美国，目前在宾夕法尼亚大学任教的扎齐奥尔斯基教授提出的著名的运动能力–运动表现–疲劳模型，是对超量恢复理论的重要补充和更新。他认为训练负荷既会对运动表现产生影响，也会对疲劳产生影响，二者相互作用，决定了运动负荷作用于人体的最终走向。

首先训练负荷决定了运动能力，虽然训练负荷与运动能力并不成线性关系。但总体而言，训练负荷越小，所获得的运动能力提升就越小；训练负荷越大，所获得的运动能力提升越大。对于跑步而言，就是相对跑得越多，耐力提高越明显，但跑量与耐力之间并不成典型线性关系。

换句话说，训练负荷决定了运动能力，但运动能力能不能发挥出来则受到训练负荷所带来的疲劳的影响。由于训练本身会直接导致疲劳，所以尽管训练能提高你的能力这一点毫无疑问，但在短时期内，你的运动表现水平却因为这种负荷所积累的疲劳而下降了，这就是下图所显示的左边部分，即训练负荷越大，身体疲劳越明显，运动表现就越差，但潜在的运动能力提升越大；反之亦然。

而到了赛前，我们都知道训练要减量，为什么要减量呢？跑者会说因为要消除疲劳，促进恢复，可是这背后的逻辑又是什么呢？扎齐奥尔斯基教授的运动能力–运动表现–疲劳模型给予了很好的解释。通过减量训练，训练负荷大幅度下降，此时你的运动表现其实因为缺乏训练也会下降。但训练负荷下降，首先影响的并不是运动表现，而是使训练后的疲劳程度减轻，而疲劳减轻的速度超过运动表现水平下降的速度的时候，就是你表现出最佳竞技状态的时候。

所以运动表现受到运动能力、身体疲劳和训练负荷的共同影响。**当训练负荷增加、疲劳程度加重时，运动表现水平是暂时性下降的，但运动能力却是渐进性上升的。**而当赛前减量训练时，你的运动表现水平会因为缺乏刺激而开始下降，但此时你的疲劳程度也明显减轻，只要疲劳消退的速度超过运动表现水平下降的速度，你的运动表现水平就

会通过超量恢复得以提升。而比赛之后，你的运动表现水平也随之自然下降，这是赛后需要较长时间才能恢复运动表现的根本原因所在。

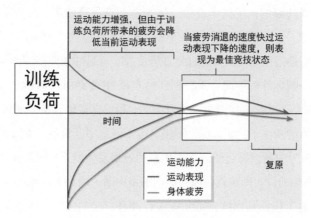

运动能力-运动表现-疲劳模型

我们总结一下：训练的目的是提升你的运动能力，进而让你获得更好的运动表现，但运动能力的提升并不一定伴随运动表现的立马改善；运动表现具有一定滞后性，运动能力是相对稳定的，是变化比较缓慢的；而运动表现是不稳定的，变化快速的。举例来说，今天天气特别好，你的状态也特别好，这里的状态其实说的就是运动表现，但如果天气特别闷热，你的状态可能就会立马变差。运动表现变化就像天气变化一样，运动表现水平可以忽高忽低，但运动能力却是相对稳定的。

四、对于大多数跑者而言，并不存在垃圾跑量或者无效训练

很多跑者认为自己经过训练没有提高，这从本质上说是一种由于运动表现水平暂时性下降导致的错觉，你的运动能力并不是真的没有提高，反而还在一点点缓慢地进步。这个时候，很多跑者就会觉得自己是不是LSD跑多了，没有受到强度刺激，又或者怀疑这、怀疑那，受到某些误导时，还会觉得自己跑的都是垃圾跑量或者进行的是无效训练。

其实，对于大多数大众跑者而言，主要矛盾并不是训练方法不对，而是繁忙工作与有限的训练时间之间的矛盾。也就是说，训练时间不足、训练系统性不够、三天打鱼两天晒网是导致大众跑者提升较慢的核心原因。只要多跑，你的耐力，即运动能力一定会提高！只不过如果你的训练方法更得当、更系统，你的提升会更快；你用的方法单一，训练系统性差，提升就相对慢一点。**对于大众跑者而言，没有所谓的垃圾跑量，在不产生伤痛的情况下，多跑一点，对于耐力提升肯定是大有裨益的。**

五、大众跑者不要指望什么神奇的方法可以突飞猛进，想要进步这4个字最重要

　　工作较忙、训练时间有限的大众跑者希望学习更多先进的训练方法以更快提升自己的心情是完全可以理解的，但这个世界上从来就没有灵丹妙药。对大众跑者而言，做到系统训练就足够好了，即不要轻易中断训练，方法其实没那么重要。

　　所谓系统训练是指按照一定训练计划或者安排，有目的地坚持训练，很少发生因为种种原因而长时间中断训练的情况。系统训练是实现PB的必由之路和根本保证，只有通过连续、不间断的训练，才能循序渐进地提升耐力，最终保证你具备实现PB所需要的能力。

　　系统性训练的精髓在于扎实训练，不轻易也不随意中断训练，中断训练是对系统性训练最大的伤害。因为中断训练会使训练所积累的效果发生消退，回到起点。大众跑者想要实现系统训练，面临的最大困难就是如何让训练不中断。因为大众跑者不同于专业运动员，专业运动员每天的工作就是训练，而大众跑者都有自己的工作。客观上的工作繁忙、加班、应酬、出差、天气等原因，主观上的意志力不够坚定、偶有偷懒思想等，都会使原本计划好的训练难以进行。而不连续的、时断时续的训练就会让系统训练的效果大打折扣。

　　很多跑者希望能运用某些神奇的训练方法，实现跑步能力的迅速提升，如一些跑者相信间歇跑能有效提升最大摄氧量，而有些跑者则更愿意相信LSD的作用。其实从马拉松备赛角度而言，不同的训练方法都有它的作用，关键在于两点，一是你的薄弱环节是什么。是基础耐力不够还是遭遇瓶颈，配速提升不了？是肌肉力量不足还是心肺耐力欠缺？短板是什么就应该优先发展某方面的能力。如果这些能力都需要加强，那么第二点来了，在马拉松备赛周期的不同阶段应用不同的训练手段和方法。有些理论支持先发展基础耐力，再强化专项耐力，丹尼尔斯训练法就是如此；有些理论则建议先加强速度训练，如多应用间歇跑提升速度，再增强基础耐力。

　　从根本上说，系统训练虽然要讲究不同训练方法组合运用，但更重要的是你要坚持训练，尽可能不中断训练。没有坚持，就不要谈什么方法，也就是说，再好的方法如果不坚持运用，那效果就是昙花一现，所产生的训练效果也会随时间而消退。所以说，一些跑者坚持进行LSD训练能实现PB，一些跑者坚持间歇跑也能获得很大进步，一些跑者加强力量也能实现PB，这说明方法从某种意义上说其实没那么重要，重要的是你能不能坚持训练，不中断训练。

六、影响系统性训练的常见原因

　　前文已经反复强调，系统性训练的核心是不轻易、不随意中断训练。而大众跑者面临的最大问题就是种种原因导致系统性训练变得不系统，以下是常见原因。

工作繁忙没时间训练：忙可以说是导致跑者系统性训练效果大打折扣最主要的原因。我们常常说，忙是借口，其实谁都有忙的时候，首先要敢于承认忙不是借口，我们不需要站在道德制高点上批判没空训练的情况。但如果每次都以忙作为理由，这是需要改进的。

伤痛导致没法坚持训练：伤痛是导致系统性训练变得不系统的重要原因。因为伤痛，不得不养病治病，暂停训练是很常见的。此外，一些跑者盲目训练，导致某段时间跑量陡增，本想加强训练，但过于冒进，适得其反。

意志力不够：个人意志力不够，偷懒思想时而作祟，也是导致训练不系统的重要原因。例如，冬季寒冷使得一些跑者出现了畏难情绪，一段时间不练或者好几天暂停跑步，就会影响训练的系统性。

七、总结

首先，我们需要明确一点，坚持训练但感觉自己没有什么提升的跑者都是严肃、认真的跑者。只是太急于求成了，只要坚持训练，你的能力就会有提高，只不过由于训练较多，身体比较疲劳无法表现出最佳状态。没有必要现在就表现出最佳状态，坚持训练，重视恢复，预防伤病，到了赛季再通过减量训练以及状态调整在比赛中表现出最佳状态才是应持有的正确态度。现在没进步不是真的没进步，你其实一直在进步，放宽心，加油练！

◀◀ 第三节　科学训练五大组成 ▶▶

如今的成熟跑者对提升耐力、在马拉松比赛中实现 PB 有了越来越高的要求，由此也促进了大众跑者业余训练的发展。由于这都来源于大众跑者的自我实现和自我成就动机，没有人强制他们训练也没有人压着他们训练，所以大众跑者在训练态度、训练自觉性等方面已经表现得相当不错了。

可以说，大众跑者在训练态度上甚至不输于专业运动员。但运动员拥有较为科学、系统的训练体系和强大、完备的保障体制，这是大众跑者不具备的。大众跑者完全可以学习专业运动员训练的方法，即使无法完全掌握，也可以学习和借鉴其中的某些思想和做法。这样做，就可以帮助大众跑者实现大踏步前进。他们本来就有很好的训练主动性，再加上更为科学的训练，想不进步都难！

一、把训练做得更系统、更扎实

训练是否具有足够的系统性是大众跑者和运动员在训练方面最主要的差别。很多大众跑者只是做到了坚持跑步，但坚持跑步和系统训练完全是两码事。单一重复按照某种速度去跑一定距离的方式可以有效提升健康水平，但对于耐力提升或者实现马拉松PB而言，就远远不够，这种训练方式不仅低效还容易导致伤痛。

所谓系统训练是指按照一定训练计划或者安排，有目的地坚持训练，并且在训练中按照一定周期将不同配速、不同跑量的训练有机组合。系统训练是实现PB的必由之路和根本保证，跑者只有通过连续、不间断、科学的训练，才能循序渐进地提升耐力，最终具备实现PB所需要的能力。

系统性训练一般可以根据准备阶段、比赛阶段、过渡阶段3个阶段来安排相应的跑步训练。准备阶段分为一般准备阶段、专门准备阶段，一般准备阶段的主要任务是着重发展基础耐力，专门准备阶段的目的是提高专项耐力。对于马拉松来说，基础能力水平就是指基础耐力，LSD是一般准备阶段最主要的训练方法；提升专项能力则是指通过最大摄氧量强度训练，进一步增加有氧耐力的增长空间，所以专门准备阶段应当增加更多间歇跑、乳酸阈跑训练。

比赛阶段的主要任务是发展专项竞技能力，以在比赛中能够充分表现自己已经拥有的能力水平，因此比赛阶段也分为赛前准备和集中比赛两个阶段。该阶段主要发展在有氧状态下跑得更快、跑得更久的能力，也就是在乳酸阈（乳酸阈反映了机体由有氧代谢为主过渡到无氧代谢为主的临界点或转折点）强度下进行训练，此时

为马拉松而备赛，需要至少
进行以上5种训练

进行乳酸阈（乳酸门槛）训练最合适。除此以外，跑者为了能够在比赛日顺利完赛并正常发挥，在马拉松赛事较为集中的比赛期（如上半年3~5月，下半年9~11月）进行马拉松配速跑也是必需的。

过渡阶段的主要目的是使机体恢复，通过低强度、较小量的训练进行积极的休息，运动员能够从心理、生理等方面消除疲劳，并总结上一周期的训练经验与教训，为下一周期的训练提供参考依据。所以在过渡阶段跑者可以进行慢跑或其他类型的运动，主要以使心情愉悦为主。

1. LSD

有氧耐力跑是在最大心率的65%~78%或者在此心率相对应的配速下进行30~150分钟的训练。LSD是有氧耐力跑的主要训练方式，也是跑者平时主要的跑步训练方法，它的训练目的是发展基础耐力、储备体能，从而为马拉松比赛以及后期训练打下坚实基础。

2. 马拉松配速跑

马拉松配速跑又被称为有氧动力跑，其本质是模仿马拉松比赛时的配速，其主要目的是提高训练强度，其强度会略高于有氧耐力跑，其速度就是你在马拉松比赛时使用的配速。训练强度为在最大心率的79%~87%或者此心率对应的配速下持续训练40~110分钟。

3. 乳酸阈跑

乳酸阈跑训练是一种较为艰苦的训练方法。其目的在于加强身体对乳酸的清除能力，减少乳酸堆积，使乳酸在体内处于可控制的水平，提升有氧耐力。训练强度为在最大心率的88%~90%下进行20分钟训练，或者每一组只进行5分钟，进行4组训练，组间休息1分钟。

4. 间歇跑

间歇跑是最为痛苦的训练，因为在间歇跑训练中你将会达到最大心率，你会相当难受。间歇跑的主要目的简单来说就是提升身体从空中吸入氧气的能力，同时提高身体的乳酸阈值。间歇跑的强度为最大心率的91%~100%。每一组进行3~5分钟，然后休息，间歇跑时间与休息时间之比为1∶1，也就是间歇休息时间也是3~5分钟，如此循环进行。

5. 冲刺跑

增加一些快速冲刺训练，让神经经常接受不同刺激，这样就可以保证大脑拥有足够的灵活性和可塑性，并且有助于消除长期慢跑带来的肌肉伸缩速度变慢的副作用。每组冲刺跑训练从十几秒到2分钟不等，最长控制在2分钟以内，训练时间与休息时间之比为1∶2或1∶3。总训练时长控制在15~20分钟以内，持续4~8组。冲刺跑速度很快，但不完全等于那种10多米的冲刺，要根据距离，在能够保持全程速度稳定的情况下，尽全力全速奔跑。

5种跑法中包括马拉松周期训练的4种核心训练方法，其运用并不是说每周1~2次LSD训练、1次马拉松配速跑训练、1次乳酸阈跑训练等，而是结合备赛周期进行合理、有机的组合。在一般准备阶段，主要进行LSD训练；专门准备阶段，在继续保持一定LSD训练的基础上，要增加更多的间歇跑训练；而在赛前或者长达两三个月的比赛阶段，则要更加重视乳酸阈跑和马拉松配速跑训练。只有学会组合，才能真正将周期训练运用起来，并在这个过程中实现耐力的递进式增长。

5种训练方法

	训练强度	训练时间	训练时间与休息时间之比	单次训练跑量占周跑量比例
LSD	最大心率的65%~78%	30~150分钟	—	周跑量的25%~30%
马拉松配速跑	最大心率的79%~87%	40~110分钟	—	周跑量的15%~20%
乳酸阈跑	最大心率的88%~90%	20分钟/组或4组5分钟	5：1	周跑量的10%
间歇跑	最大心率的91%~100%	3~5分钟/组	1：1	周跑量的8%
冲刺跑		最长2分钟	1：2~3	周跑量的5%

总的来说，日常训练要想达到最佳训练效果，仅采取一两种训练方法是不行的，而是需要一种循序渐进、系统性、多样化的训练，包括备赛阶段的划分、不同强度的跑法的合理搭配，按照训练阶段有步骤、有计划地实施不同跑法。有了这样的逻辑，训练才是正确的。

二、重视体能训练

如果把跑步训练仅仅理解为就是跑，那么显然你的这种理解就显得太过时了。加强体能，尤其是加强力量训练对于任何项目都显得特别重要。当然，不同项目对于体能的要求不同，如技术型技巧性项目体能占比可能就没有体能型或者技术体能型项目多，但体能训练对于任何项目而言，都是不可或缺的。对于跑步而言，加强上肢、核心、下肢力量以及爆发力训练，对于跑得更快、跑得更省力、跑得更轻松、跑得更无伤都显得十分重要。特别在是备赛初期，体能训练在训练中占比还会更大一些。刘翔的教练孙海平说过一句经典的话："跨栏能力并不是都在跑道上练出来的。"意思就是说体能训练、力量训练这些非跑道上的训练，事实上也可以有效提升跨栏能力。对于跑步，将孙海平的话改一下就是"耐力并不是都在马路上跑出来的！"

对于大众跑者而言，加强体能训练显得更为重要，因为大众跑者并不具备专业运动员那种常年训练所形成的良好身体素质，各种各样的力量训练，如徒手训练、负重训练、核心训练等，对于预防因为跑量过大而受伤特别有意义。当然，如果能在此基础上，多做一些跑步专项力量训练，如轻负重、多次数、结合跑步动作的力量训练或者轻负重、多次数的爆发力训练，对于提升跑步经济性也许更有帮助。

三、恢复不是可有可无，而是训练的延续和组成

没有疲劳就没有训练。如果跑步总是很轻松，那么这种跑步可以带来健康，却难以

让你提升，还有一句话更重要：没有恢复就没有提升。疲劳并不是目的，疲劳之后的恢复才是目的，并且这种恢复还有一个名称——超量恢复。

超量恢复是运动生理学的一个经典术语，它是指运动持续一段时间后，人体会疲劳，但如果负荷合理、休息得当，经过一段时间后，你的运动能力不仅可以恢复到个人原有水平，甚至会超过身体原有水平。这个超出部分，就是你通过运动所获得的提升。

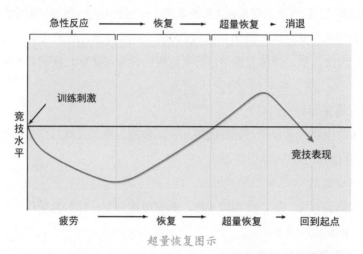

超量恢复图示

超量恢复发生在后，恢复发生在前，没有恢复作为基础，超量恢复也就成了空中楼阁。恢复越充分、越及时、越有效，超量恢复的效果也就越明显，超量恢复来自身体内部的变化，其产生极为精妙，非人为控制，但恢复却是完全可控的、人为的。所以，认认真真做好跑后恢

复是训练必不可少的流程，跑后恢复不是可有可无，而是训练的延续和组成。这也是真正的精英运动员与大众跑者在认知上的重大差别。越是高水平运动员，越重视拉伸放松；越是低水平运动员对拉伸放松越是草草了事。大众跑者做好恢复主要需要做好以下两点：一是训练后的肌肉拉伸放松，二是保证充足的睡眠。

拉伸和泡沫滚筒放松这两种最常用的跑后恢复方式，有何区别？简单地说，拉伸的核心作用是通过拉长肌纤维来改善肌纤维的弹性和伸展性；泡沫滚筒的作用则是在肌肉和筋膜表面施加各方向的作用力，达到调整肌纤维、促进筋膜和肌肉放松、消除扳机点的目的。拉伸配合泡沫滚筒放松能达到1+1＞2的效果。

促进恢复的另外一个重要措施就是睡眠，这是为什么专业运动队都要实施半军事化

管理，按时熄灯，其目的就是通过熄灯制度保证运动员有充足的睡眠。而一些大众跑者往往晚睡早起，睡眠不足，睡眠不足带来的重要问题是身体疲劳消除不及时，总是带着疲劳训练，一方面降低了训练效果，另一方面也大大增加了受伤的风险。保证充足睡眠需要注意以下几点。

1. 远离电子产品

我们都知道，自己在床上翻来覆去睡不着很有可能是因为手里有一部手机或一个iPad，刷朋友圈、刷微博、刷抖音，很快1小时过去了，屏幕的蓝光会使大脑皮层始终处于兴奋状态，从而无法入眠。当然看看书、听听舒缓的音乐这些你之前就习惯做的事情是允许的。

2. 调暗或者关闭房间的灯光

人类身体的生物钟是根据对光线的感知来工作的，换言之就是只要你的入睡环境足够昏暗，身体自然就会进入睡眠状态。

3. 调低环境温度

不需要过热或过冷，这样会辗转难眠。卧室温度在16~18℃为最佳，夏季使用空调是保证我们睡眠充足的重要措施。

4. 调整好自己的睡眠状态

选择一套舒适柔软的睡衣，有一个理想的枕头，都有助于睡眠，睡眠就要有睡眠的状态。而做好这一切就意味着你已经准备好心无旁骛地去睡觉了。

四、出现伤痛及时就医，找对医生

跑量增加，加之不科学地跑步，使得跑步伤痛发生率也大幅提高。一些跑者因为受到伤痛困扰，去医院看病，往往医嘱就是："以后不要再跑步了。"这句话可以说是绝大多数跑者都无法接受，却又不得不听的一句话，一些跑者甚至因为害怕听到这句话而讳疾忌医。

跑者因为跑步伤痛去医院看病，首先想到找骨科医生，这并没有错，但也许问题出现在供给侧。如果是运动损伤，你最应该找运动医学科医生或者康复医学科医生（遗憾

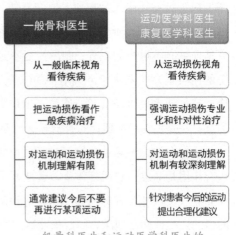

一般骨科医生和运动医学科医生的
思维方式是有所区别的

的是不是所有医院都有运动医学科）。在我国专门从事运动医学临床工作的医生相对比较少，这就使得运动损伤的诊断、治疗、康复在很多时候显得不是很专业，或者针对性不够强。那么，运动医学科医生和骨科医生有什么区别吗？当然有区别，最大区别在于一般骨科医生由于对于运动损伤理解有限，往往会采用一刀切的方式处理运动损伤，如建议患者今后不要再进行某项运动了；而运动医学科医生则很少采用这种思维方式，而是针对患者问题提出今后合理化运动的建议。

当然，由于一般骨科医生与运动医学科医生思维方式的不同，他们在对待患者的病情时，处理方式也不同。一般骨科医生倾向于治疗后叮嘱患者今后减少甚至不要再进行某项运动，而运动医学科医生则建议患者结合康复训练治疗（康复训练并不是运动医学科医生的强项，应该找康复师）。此外，他们也很少对患者说"不要再运动"这样的话，而是给予患者正确进行某项运动的运动建议，告知安全提示。

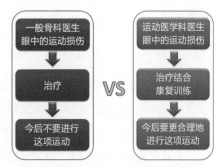

一般骨科医生和运动医学科医生
对运动损伤的处理不同

事实上，通过专业治疗结合针对性康复训练，95%以上的跑者仍然可以继续跑步。

1. 专业治疗

专业的诊断和治疗可以帮助你找到问题所在，并给予你的运动损伤针对性极强的有效治疗。我们强烈建议跑者咨询更加专注于运动损伤诊治的运动医学科或者康复医学科。运动医学科的医生更加熟悉和擅长运动损伤这一细分领域，而康复医学科的医生和治疗师更加擅长恢复你的运动功能。看不对医生，当然就得不到最专业的治疗。相比美国，我国运动医学起步比较晚，许多医院没有设立运动医学专科，只有大城市的部分大医院才设有运动医学专科，这也加剧了跑者看病难、看不好的问题。

2. 运动康复

康复医学的突飞猛进，或许可以让"好好休息，祝你早日康复"这样的传统用语走进历史了。"好好运动，才能帮助你早日康复"，这里的运动就是指康复训练，通过合理的康复训练可以有效增加肌肉力量、提高关节稳定性、建立正确的运动模式，康复训练是帮助伤痛跑者重新跑步不可或缺的重要环节。

五、保障训练不仅靠疲劳恢复，膳食健康、合理也很重要

随着跑量增加，身体消耗也增大。长距离跑后身体损失了大量糖原和电解质，还伴

随着肌肉的细微损伤，普通饮食难以补充运动所需，你需要丰富的碳水化合物和足量的优质蛋白去修复和恢复身体。如果营养跟不上，其后果可想而知，所以这是为什么运动员的饮食都是专供的。只有充足、健康、合理的膳食才能保证运动员补充身体消耗，大众跑者不可能像运动员那样享受各式自助餐，即使天天吃自助餐也未必吃得健康、合理。对于大众跑者而言，在饮食方面，遵循《中国居民膳食指南》更重要，包括：食物多样，谷类为主；多吃蔬果、奶类食品、大豆；适量吃鱼、禽、蛋、瘦肉；少盐少油，控糖限酒。

六、总结

其实大众跑者想要实现突破，相比运动员而言是更加困难的。右图显示了竞技训练复合型团队的构成，运动员有教练、体能教练、康复师、队医、科研教练支持，而大众跑者大多都得靠自己，因此科学训练就显得更加重要。科学训练绝不只是指训练本身，更包含训练保障的方方面面。你懂得更多，做得更好，你的提升也就越明显。

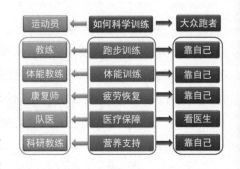

◀◀ 第四节　动作准备 ▶▶

跑前热身是跑步不可缺少的一个重要流程。随着运动科学的不断发展，一种新型的热身方式开始在国际上流行，这种热身方式称为动作准备。

科学、有效的训练是提升运动表现水平的基础，充分的热身则是快速进入有效运动状态的重要手段，除了升高体温和提高肌肉伸展性、弹性外，机体的其他系统也需要充分激活，如呼吸系统、神经系统等。促进身体机能、状态全面提升，能帮助跑者取得更好的运动表现。

一、什么是动作准备

动作准备是热身的提档升级版，它不同于常规的热身、准备活动。动作准备是为了满足运动员对日常训练和比赛的特殊要求而准备的一类有效的、系统的、个性化的训练方法，同时也是一种预防运动损伤和提升运动表现水平的训练手段。

二、动作准备与传统热身的不同之处

传统热身方式主要包括慢跑、动态牵拉，其主要目的是升高体温，降低肌肉黏滞性，提升肌肉伸展性和弹性，预防肌肉拉伤。**但是传统热身方式忽略了与运动专项的结合，存在重要肌肉激活不足、神经动员不够等问题，使运动员进入状态较慢。**

动作准备就可以很好地解决上述问题，它强调以动态的方式进行强度递增的动作练习，这样除了达到常规的升高体温、有效拉伸肌肉、增加关节活动度等目的以外，还可以激活相关肌群、提高神经兴奋性。同时热身时的动作采用更具运动项目特征，强化基础动作模式和运动专项动作模式，建立起神经系统与肌肉系统之间的有效协调反馈机制，达到有效提升运动经济性和运动表现水平的目的。

三、动作准备带给身体不一样的热身效果

1. 强化基础动作模式，提升运动经济性

动作准备中会通过特定的动作练习，如自重半蹲等来强化身体整体动力链的参与，通过建立起神经支配下各运动系统之间的联系，使身体各个环节有序地运动，从而达到强化正确动作模式的目的。正确的运动模式是运动技术的基础，动作模式正确与否与运动员的运动损伤和运动表现息息相关。

2. 激活相关肌肉，预防运动损伤

在运动中，身体的一些关节需要保持相对的稳定，一些关节需要保持相对的灵活。关节的灵活与稳定需要肌肉的控制，然而一些肌肉可能由于生理结构与日常生活习惯等原因处于休眠状态，或力量不足，如维持膝关节稳定的臀中肌，维持核心稳定的腹横肌、多裂肌，维持肩胛骨稳定的斜方肌中下束、前锯肌等。因此需要通过特定的手段激活相关肌肉，从而加强运动中关节的位置感与稳定性，避免因力线异常引起运动损伤。

3. 刺激呼吸系统，弱化内脏器官惰性

在日常跑步中，如果刚开始配速较快，经常会遇到心动过速、呼吸难受等阻碍继续跑步的症状，这主要是热身不充分、强度不足、没有充分刺激呼吸系统造成的。而动作准备在整个过程中的强度递增，到最后能够充分刺激呼吸系统，弱化内脏器官惰性，能够使运动员在比赛开始后进行大强度的运动和对抗，不受其影响。

4. 唤醒神经系统，快速进入运动状态

神经系统对运动训练的影响不言而喻，动作准备中会通过动态稳定训练、反应训练，提升运动员神经系统的专注度和参与度，使神经系统在整体机能的运动状态下更加兴奋，使机体在神经系统的支配下，能够有序、协调地完成技术动作，从而使运动员快速

进入运动状态，为训练和比赛做好准备。

四、动作准备由4个板块组成

动作准备与传统热身方式并不矛盾，它包含了传统的热身方式，同时又比传统热身方式内容更丰富、指向更明确。动作准备包括4个板块：臀肌激活、动态牵拉、动作技能整合及神经激活。

1.臀肌激活

顾名思义激活臀部肌肉。臀部是人体的发动机，是力量及爆发力的源泉，运动时身体移动的真正动力来源于臀部。如果臀肌未被激活，参与发力较少，腿部必然代偿用力过多，导致更易疲劳，肌肉疲劳后会丧失对膝关节的保护作用，这是膝痛是跑者的头号伤痛的重要原因。没有臀肌的积极参与，膝关节自然负担重，当然更易引发膝关节损伤。

2.动态牵拉

所谓肌肉动态牵拉，是指通过特定动作让肌肉做短暂牵拉并重复多次。动态牵拉与静态牵拉相对应，静态牵拉是指让肌肉做持续牵拉，其通常用于运动之后的肌肉放松。动态牵拉可以达到改善肌肉弹性、激活肌肉的目的，同时也不会像静态牵拉那样导致肌肉松弛。

3.动作技能整合

动作技能整合就是建立、强化正确的动作模式，强调在身体整体动力链的参与下，建立起身体各环节之间有序的组合运动。例如，跑步运动，它是一项前后方向上的周期性循环运动，它的主要动作模式是下肢的蹬摆提拉，因此跑前进行动作技能整合可以做弓箭接上摆、单腿硬拉接上摆等动作。这样的技术练习有利于身体很快适应跑步动作模式，提升跑步经济性。

4.神经激活

神经激活可以很好地提升跑者神经系统的专注度，使大脑反应速度更快，从而提高中枢神经系统的兴奋度。神经激活还能够加强运动中枢的协调作用，使躯体在神经系统的支配下，有序、协调地完成动作，从而提升跑步效率，为完成高质量的训练做好准备。简单来说，神经激活的目的是让你快速兴奋，在训练或比赛一开始就进入状态。神经激活多采用较为复杂的复合型、协调性动作，来达到激活神经系统的目的。

五、跑者视情况不同，采用不同的热身方式

不可否认"动作准备"弥补了传统热身方式的不足，给预防运动损伤、提升运动表

现带去了积极的影响。但是不同的跑者，在热身方式选择方面也应该有所不同。初跑者或以健身为目的跑者通常跑步强度较低、配速较慢、跑步持续时间较短，不需要特定的热身方式，传统热身方式足以满足此类跑者的需求。

但是正在备战马拉松或者要完成高质量的训练，以及参加马拉松比赛的跑者，都需要动作准备这种专业的热身方式。因为他们的跑步训练是目的性强、负荷高、需要高质量完成的训练任务。所以跑者可以根据自身情况、训练目的选择适合自己的热身方式。

六、一套完整的跑前动作准备

一套完整的跑前动作准备大约10分钟，动作与动作之间无间歇，连续进行。臀肌激活可选择2~4个动作，每个动作做10~15次；动态牵拉选择4~8个动作，每个动作做8~10次；动作技能整合选择1~2个动作，每个动作做8~10次；神经激活选择1~2个动作，每个动作可持续10秒左右。同时跑步是一项周期性的双腿交替向前的运动项目，因此动作技能整合中要结合相应的跑步动作模式进行热身。

七、总结

科学、规范的跑步并不是单单指跑步本身，还包含跑前热身与跑后拉伸等部分。动作准备是一套新型的训练理念和模式，已经成为国内外专业运动员的主流热身方式，对于大众跑者来说也是非常好的训练方式。如果你觉得自己的热身不充分，可以试一试动作准备，相信其会给你带来不一样的体验。

◂◂ 第五节　汉森马拉松训练法 ▸▸

扎实、系统的训练需要从理论到方法的全面支撑，著名的汉森马拉松训练法就是这样一套经过实践充分证明，成功地帮助大量跑者实现PB的完善的训练体系，**汉森马拉松训练法尤其适合进阶跑者和高水平跑者。**

汉森马拉松训练法由美国汉森兄弟（凯文·汉森、凯斯·汉森）和卢克·汉弗莱创造，是美国本土跑者较为喜爱的马拉松训练体系，其中卢克·汉弗莱采用汉森马拉松训练法，实现了2008、2012两届奥运会选拔赛达标，并把个人最好成绩提升至2小时14分39秒。与其他几类流行的训练方法不同的是，**汉森马拉松训练法不仅是要把跑者训练成一个能不断实现PB的人，更是要把跑者训练成一名可以持久、健康地参加马拉松比赛的跑者，后者也许对于大众跑者更为重要。**

一、汉森马拉松训练法的训练理念

累积性疲劳理论始终贯穿于汉森马拉松训练法。所谓的累积性疲劳理论就是缓慢地实现疲劳累积效应，是经过日复一日、周复一周、月复一月的持续训练形成一定程度的疲劳叠加。简单地说，就是在不断重复训练中，实现疲劳的累积效应，这种重复训练在训练日中不会让身体完全恢复，但是这种训练所引发的疲劳也并不会达到过度训练的程度，即让你每一次训练都产生疲劳，但不会让你过度疲劳。

汉森马拉松训练法的疲劳积累理论不是与超量恢复理论相矛盾，而是希望通过较为深度的疲劳，产生更为显著的超量恢复，即将超量恢复放在一个更长的周期中去实现，而不是指望一两次训练就能获得超量恢复，这一点也许对于跑者很有启发！

二、汉森马拉松训练法的5种跑法

在汉森马拉松训练体系中，跑步被分为两类：轻松跑和实质跑。轻松跑顾名思义跑起来比较轻松。实质跑分为长距离跑、速度跑、力量跑、节奏跑，根据这几种跑法的命名就可以看出它们是有一定强度要求并且强度较大的跑步训练法。

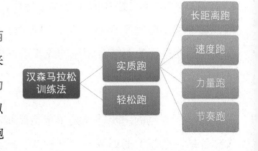

1. 轻松跑

这里的轻松跑并不是跑者常说的LSD，而是比LSD强度还要低的跑法。在汉森马拉松训练体系中，无论是初级跑者训练计划，还是高级跑者训练计划，一周轻松跑的总跑量占周跑量的50%，这体现了汉森马拉松训练法始终重视轻松跑的理念。轻松跑的训练目的是使跑步过程中身体的脂肪氧化能力变高。对脂肪的消耗越多，对糖的消耗就会越少，延迟马拉松比赛时"撞墙"的发生，从而提升跑步成绩。换句话说，轻松跑是为了训练跑者的脂肪供能能力。

轻松跑如何跑

在汉森马拉松训练法中，所有的跑法都以马拉松配速为基准，上调或者下调配速来定义训练强度。轻松跑的配速比马拉松目标配速慢34~74秒，持续20~150分钟，每周训练3次，通常是周一、周五、周六。

例如，马拉松配速为6:00的跑者，它的轻松跑配速则为：7:14~6:34。

最慢配速为360秒（6分钟）+74秒=434秒（7分14秒）。

最快配速为360秒（6分钟）+34秒=394秒（6分34秒）。

2. 长距离跑

长距离跑带来的身体上的生理适应与轻松跑相似，有利于提高最大摄氧量、加速毛细血管的生长、提升脂肪氧化的能力。长距离跑训练重要的一点是模拟马拉松后半程的情形，也就是说在身体疲劳的状态下完成26千米。

长距离跑如何跑

汉森马拉松训练法中并没有对长距离跑给出明确的配速、心率、最大摄氧量等强度指标，而是强调长距离跑的距离要基于每周总跑量而制定，并且强调长距离跑过程中配速要稳定。在汉森马拉松训练法中长距离跑的距离为周跑量的25%~30%，训练时间为2~3小时。通常长距离跑安排在周日，周五、周六连续进行轻松跑，周四进行节奏跑或者力量跑，这样意味着在长距离跑前，身体已经承受了一定负荷的训练，这样就形成了疲劳累积。换句话说，长距离跑是在身体处于一定的疲劳状态下完成的，这就很好地模拟了马拉松后半程的情形。

3. 速度跑

速度跑就是跑者经常进行的间歇跑。速度跑训练可有效地激活中间状态的肌纤维（Ⅱa型肌纤维），当红肌纤维疲劳时，中间状态的肌纤维可以继续代替其工作。另外，速度训练还可以有效增加肌红蛋白，有了肌红蛋白的帮助，人体才能应对毛细血管和线粒体需求的增强，在进行高强度训练时提升有氧阈值。这些能力的增强最终会提升跑者的跑步经济性，使跑者的跑步效率更高。

速度跑如何跑

原则上速度跑的强度是在最大摄氧量的100%下训练，但是汉森马拉松训练法认为强度太高，跑得太快，提升虽快，但获得的生理效应消失也快，还可能导致伤病，因此建议在最大摄氧量的80%~95%下进行2~8分钟的训练，恢复时间为训练时间的50%~100%。也就是说跑4分钟，间歇休息时间为2~4分钟，单次速度跑训练的距离不应超过5千米。

速度跑进阶配速表

训练要求		热身	慢跑1.6~5千米	放松	慢跑1.6~5千米
		400米×12组	800米×6组	1200米×4组	1600米×3组
		间歇时间：50%~100%的训练时间慢跑恢复			
5000米成绩（分:秒）	10000米成绩（分:秒）	400米配速（分:秒）	800米配速（分:秒）	1200米配速（分:秒）	1600米配速（分:秒）
15:30	32:30	01:15	02:30	03:42	05:00
16:00	33:35	01:18	02:35	03:50	05:10

续表

训练要求		热身 400米×12组	慢跑1.6~ 5千米 800米×6组	放松 1200米×4组	慢跑1.6~5千米 1600米×3组
		间歇时间：50%~100%的训练时间慢跑恢复			
5000米成绩 （分:秒）	10000米成绩 （分:秒）	400米配速 （分:秒）	800米配速 （分:秒）	1200米配速 （分:秒）	1600米配速 （分:秒）
16:30	34:40	01:20	02:40	03:57	05:20
17:00	35:45	01:23	02:45	04:05	05:30
17:30	36:50	01:25	02:50	04:12	05:40
18:00	37:55	01:28	02:55	04:20	05:50
18:30	39:00	01:30	03:00	04:27	06:00
19:00	40:05	01:33	03:05	04:35	06:10
19:30	41:10	01:35	03:10	04:42	06:20
20:00	42:15	01:38	03:15	04:50	06:30
20:30	43:20	01:40	03:20	04:57	06:40
21:00	44:25	01:43	03:25	05:05	06:50
21:30	45:30	01:45	03:30	05:12	07:00
22:00	46:35	01:48	03:35	05:20	07:10
22:30	47:40	01:50	03:40	05:27	07:20
23:00	48:45	01:53	03:45	05:35	07:30
23:30	49:50	01:55	03:50	05:42	07:40
24:00	50:55	01:58	03:55	05:50	07:50
24:30	52:00	02:01	04:00	05:57	08:00
25:00	53:05	02:03	04:05	06:05	08:10
25:30	54:10	02:06	04:10	06:12	08:20
26:00	55:15	02:08	04:15	06:20	08:30
27:00	57:25	02:13	04:25	06:36	08:50
28:00	59:45	02:18	04:35	06:51	09:10
29:00	62:05	02:23	04:45	07:07	09:30
30:00	64:25	02:28	04:55	07:23	09:50

汉森马拉松训练法的速度跑训练是需要一步一步进阶的，从400米、600米、800米到1600米，不同距离的配速是根据5千米、10千米的目标配速决定的。汉森马拉松训练法专门制定出了不同能力情况下速度跑的配速表，跑者可以根据自身5千米、10千米的目标成绩选择相对应的速度跑配速。

4. 力量跑

力量跑并不是指在健身房进行"撸铁"训练，它是一种跑法。汉森马拉松训练法中把它定义为在体内有适量乳酸堆积的情况下，强制跑更长的距离，其实这也是跑者较为熟悉的**抗乳酸训练**。众所周知，运动中乳酸的堆积是产生疲劳的主要原因，那么强化机体对乳酸的耐受性与提升身体对乳酸的分解能力就可以有效地耐受体内乳酸的堆积。汉森马拉松训练法中力量跑的好处就在于此，它可以提升身体对乳酸的代谢能力、耐受能力，对氧气的携带能力等，在延长疲劳出现时间的同时，使跑者在较快配速下坚持更长时间。

力量跑如何跑

力量跑训练的前提是体内有一定乳酸堆积，因此单组的训练时间、距离比速度跑长，但是速度会降低。因此力量跑的配速比马拉松目标配速快6秒（每千米配速快6秒），间歇时间不超过训练时间的50%，每组训练1.6~5千米，单次训练的总量不超过10千米。

在汉森马拉松训练法中，力量跑训练计划中通常包含1.6千米、2.5千米、3.2千米、5千米等距离的训练，其中在1.6千米训练中进行慢跑400米的间歇休息，超过1.6千米的力量跑训练都进行慢跑800米的间歇休息。

力量跑进阶配速表

训练要求		热身	慢跑1.6~5千米	放松	慢跑1.6~5千米
		1600米×6组	2500米×4组	3200米×3组	5000米×2组
		间歇时间：50%的训练时间慢跑恢复			
全程马拉松成绩（小时:分:秒）	半程马拉松成绩（小时:分:秒）	1600米配速（分:秒）	2500米配速（分:秒）	3200米配速（分:秒）	5000米配速（分:秒）
02:28:00	01:14:00	05:30	08:15	11:00	16:30
02:33:00	01:16:30	05:40	08:30	11:20	17:00
02:38:00	01:19:00	05:50	08:45	11:40	17:30
02:42:00	01:21:00	06:00	09:00	12:00	18:00
02:46:00	01:23:00	06:10	09:15	12:20	18:30
02:50:00	01:25:00	06:20	09:30	12:40	19:00
02:55:00	01:27:30	06:30	09:45	13:00	19:30
02:59:00	01:29:30	06:40	10:00	13:20	20:00
03:03:00	01:31:30	06:50	10:15	13:40	20:30

续表

训练要求		热身	慢跑1.6~5千米	放松	慢跑1.6~5千米
		1600米×6组	2500米×4组	3200米×3组	5000米×2组
		间歇时间：50%的训练时间慢跑恢复			
全程马拉松成绩（小时:分:秒）	半程马拉松成绩（小时:分:秒）	1600米配速（分:秒）	2500米配速（分:秒）	3200米配速（分:秒）	5000米配速（分:秒）
03:08:00	01:34:00	07:00	10:30	14:00	21:00
03:12:00	01:36:00	07:10	10:45	14:20	21:30
03:17:00	01:38:30	07:20	11:00	14:40	22:00
03:21:00	01:40:30	07:30	11:15	15:00	22:30
03:25:00	01:42:30	07:40	11:30	15:20	23:00
03:30:00	01:45:00	07:50	11:45	15:40	23:30
03:34:00	01:47:30	08:00	12:00	16:00	24:00
03:38:00	01:49:00	08:10	12:15	16:20	24:30
03:43:00	01:51:30	08:20	12:30	16:40	25:00
03:47:00	01:53:30	08:30	12:45	17:00	25:30
03:51:00	01:55:30	08:40	13:00	17:20	26:00
03:56:00	01:58:00	08:50	13:15	17:40	26:30
04:00:00	02:00:00	09:00	13:30	18:00	27:00
04:04:00	02:02:00	09:10	13:45	18:20	27:30
04:09:00	02:04:30	09:20	14:00	18:40	28:00
04:13:00	02:06:30	09:30	14:15	19:00	28:30
04:18:00	02:09:00	09:40	14:30	19:20	29:00
04:22:00	02:11:00	09:50	14:45	19:40	29:30
04:26:00	02:13:00	10:00	15:00	20:00	30:00
04:13:00	02:15:30	10:10	15:15	20:20	30:30
04:35:00	02:17:30	10:20	15:30	20:40	31:00
04:39:00	02:19:30	10:30	15:45	21:00	31:30
04:44:00	02:16:30	10:40	16:00	21:20	32:00
04:48:00	02:24:00	10:50	16:15	21:40	32:30
04:53:00	02:26:30	11:00	16:30	22:00	33:00
04:57:00	02:28:30	11:10	16:45	22:20	33:30
05:01:00	02:30:30	11:20	17:00	22:40	34:00

5. 节奏跑

在汉森马拉松训练法中节奏跑是指马拉松配速跑，以马拉松的目标配速进行训练。与轻松跑、长距离跑相比，马拉松配速跑同样能够提升脂肪氧化能力，提升有氧耐力，但是它的重点不是这些，而是帮助你检测你是否能够达到马拉松目标配速，帮助你在比赛中控制和维持马拉松配速，帮助你模拟马拉松比赛环境、能量供给情况等。节奏跑其实就是从实战出发，模拟比赛配速，不断调整直到找到适合自己的节奏，让你在比赛日能够充分地发挥出应有的水平。

节奏跑如何跑

在进行节奏跑训练时，稳定配速是核心。在整个训练过程中保持同样的配速，不快不慢。在汉森马拉松训练法中，节奏跑的最长距离为16千米，初级跑者是从8千米开始进阶至12.8千米、14.4千米、16千米，高级跑者是从9.6千米开始进阶至11.2千米、12.8千米、14.4千米、16千米，初级跑者和高级跑者在每个距离下都进行3周的训练，然后进阶到下一个距离。

节奏跑配速表

训练要求		热身　慢跑1.6~5千米　　放松　慢跑1.6~5千米
		训练距离：8~16千米
全程马拉松成绩 （小时:分:秒）	半程马拉松成绩 （小时:分:秒）	马拉松配速/节奏跑 （分:秒）
05:00:00	02:24:00	7:07
04:45:00	02:17:00	6:45
04:30:00	02:10:00	6:24
04:15:00	02:02:00	6:03
04:00:00	01:55:00	5:41
03:55:00	01:53:00	5:34
03:50:00	01:50:00	5:27
03:45:00	01:48:00	5:20
03:40:00	01:45:00	5:12
03:35:00	01:43:00	5:04
03:30:00	01:41:00	4:59
03:25:00	01:38:00	4:51
03:20:00	01:36:00	4:44
03:15:00	01:33:30	4:37
03:10:00	01:31:00	4:30

续表

训练要求		热身　慢跑1.6~5千米　放松　慢跑1.6~5千米 训练距离：8~16千米
全程马拉松成绩 （小时：分：秒）	半程马拉松成绩 （小时：分：秒）	马拉松配速／节奏跑 （分：秒）
03:05:00	01:29:00	4:23
03:00:00	01:26:00	4:16
02:55:00	01:24:00	4:08
02:50:00	01:21:30	4:02
02:45:00	01:19:00	3:55
02:40:00	01:17:00	3:47
02:35:00	01:14:00	3:40
02:30:00	01:12:00	3:33
02:25:00	01:09:30	3:26
02:20:00	01:07:00	3:19
02:15:00	01:04:45	3:12
02:00:00	01:02:30	3:04

三、汉森马拉松周期训练

汉森马拉松周期训练阶段面向中级跑者和高级跑者都是18周，分为4个阶段：基础阶段、强度阶段、力量跑阶段、赛前减量阶段。

1. 基础阶段

基础阶段，顾名思义是打基础，身体适应了常规的训练刺激，从而就能够为下一阶段训练做好准备，训练方法主要以轻松跑为主。在汉森马拉松训练法中，初级跑者的基础阶段为5周；在高级跑者训练计划中，基础阶段只有1周。

2. 强度阶段

强度阶段的训练方法主要以速度跑、节奏跑为主，轻松跑和长距离跑为辅。这一阶段是整个训练周期中强度最高的阶段，身体会承受更大的刺激，提升最大摄氧量和无氧能力，无氧能力的提升会让你跑得更快，有氧能力的提升会让你跑得更久。强度阶段中，初级跑者训练时间为5周，高级跑者为9周。

3. 力量跑阶段

力量跑阶段的训练主要以力量跑、节奏跑为主，轻松跑和长距离跑为辅。目的主要是提升身体的乳酸清除能力和耐乳酸能力，最终达到的训练效果是在较高配速下坚持更长时间。也就是说，在跑得更快的同时跑得更久。此阶段初级跑者、高级跑者的训练时间均为9周，约占总训练时间的50%。

4. 赛前减量阶段

赛前减量阶段是汉森马拉松周期训练计划中重要的一部分，也是马拉松训练策略成功的关键。此阶段主要以轻松跑为主。通过10天的减量训练，身体从整个周期中产生的累积性疲劳中恢复，最终达到最好的状态迎接马拉松比赛。

四、汉森训练法进阶、高级训练计划

汉森马拉松训练计划是一套极为流程化、标准化的训练方案，其以周作为训练模板，设计出一周中每一天的训练，这样的训练模板一直持续到训练周期结束。进阶跑者训练计划与高级跑者训练计划的整体训练框架相差不大，训练时间都为18周。相较于进阶跑者马拉松训练计划，高级跑者训练计划基础阶段较短、强度阶段较长，配速较快，周训练量较大。《汉森马拉松训练法》一书中列出了进阶跑者和高级跑者的马拉松周期训练计划，这套训练计划也正是汉森兄弟让很多跑者在比赛中突破自己、实现PB的秘密所在。

五、汉森马拉松训练法是基于实战的训练

汉森马拉松训练法中轻松跑、速度跑、力量跑的配速都是以节奏跑（马拉松配速跑）为依据，上下调整相应配速，轻松跑配速比马拉松目标配速慢34~74秒，力量跑配速比马拉松目标配速快6秒。长距离训练最长不超过26千米，主要要求在身体相对疲劳的状态下训练26千米，模拟马拉松后半程情形。这些训练方法、训练理念与马拉松比赛紧密结合，使跑者明白、熟知训练目的，明确目标配速，让每一次的训练都变成高质量的训练。

六、总结

汉森马拉松训练法是一套布局清晰、简单易懂、能够被进阶跑者和成熟跑者快速掌握的训练方法，这套训练方法也帮助汉森–布鲁克斯长跑训练团队成为美国成功的跑步团之一。**但是初级或者首次跑马跑者，以及跑量不够的跑者并不适合汉森马拉松训练法。**汉森马拉松训练法主要适合跑量达标的成熟跑者，因为高密度、大训练量的训练在让跑步能力快速提升的同时，带来的损伤风险也会增加。因此根据自身能力选择的合适的训练，才是属于你最好的训练。

◂◂◂ 第六节　间歇跑训练 ▸▸▸

间歇跑作为成熟跑者普遍采用的一种训练方法，在跑者心目中是"高级训练""高难度训练"的代名词。作为一种有效提升耐力表现水平的训练方法，间歇跑有其不可替代的重要作用。如果你只是跑步健身，那么练不练间歇跑都无所谓，但如果你希望不断提升自己的耐力，在马拉松比赛中实现PB，那么间歇跑就是必不可少的重要训练内容。

间歇跑以强度大而著称，训练过程较为艰苦。一想到要练间歇跑就心生恐惧，跑到心肺快要爆炸、腿跟灌了铅似的，跑完肌肉特别酸胀，有种难以言说的痛苦感，度秒如度年，这都是跑者对间歇跑的真实感受。

间歇跑之所以比较累，是因为以最大摄氧量强度训练时，身体主要以无氧糖酵解方式供能。在这个过程中，糖无氧分解会产生乳酸，乳酸是一种酸性物质，当体内产生乳酸的速度大于清除的速度时，它就会在体内大量堆积，从而让你迅速感觉疲惫不堪。这是间歇跑训练很累的根本原因。

由于累是间歇跑最核心的特征之一，加之跑者往往耐力好，不怕累，所以一些跑者错误地认为间歇跑越累越好，或者跑得越快越好，这种认知显然是错误的。这不仅降低了训练效果，也人为增加了痛苦和受伤风险，导致事倍功半。为什么间歇跑并非越快越好？

一、理解间歇跑的本质：以最大摄氧量强度进行训练

所谓最大摄氧量是指人体在进行有大量肌肉参加的长时间剧烈运动中，当心肺功能和肌肉利用氧的能力达到本人的极限水平时，每分钟所能摄取的氧量就称为最大摄氧量（maximal oxygen uptake，VO_2max）。**间歇跑时，你基本上就能达到最大摄氧量**，所以间歇跑训练的本质就是以最大摄氧量强度进行训练。这也就意味着，间歇跑时你必须要达到最大摄氧量所对应的强度，才能取得最佳效果。但反过来看，没有达到最大摄氧量强度或者超过最大摄氧量强度，其实就不是间歇跑训练。没有达到强度没效果，这点很容易理解，但超过最大摄氧量强度的训练同样也会没效果，很多跑者就不理解了。不是越累越好吗？当然不是！

二、速度过快导致后面几组间歇跑掉速明显，训练效果大打折扣

间歇跑训练通常采用多组500~1000米的训练模式，间歇跑只需要你以最大摄氧量强度进行训练就可以了。超过这个速度，片面追求快，其实你就将间歇跑训练变成冲刺跑（又称为重复跑）训练了；而且速度过快，尽管你第一组或者第二组完成得不错，但速度

越快，糖酵解分解速率越快，乳酸堆积越明显，这会导致你在间歇休息时心率下降不足，同时血乳酸清除也不足，完成后面几组时心率进一步上升，血乳酸浓度进一步上升。这时你就会明显掉速，因为你在头一两组奔跑时消耗了过多的体力。尽管你后面几组跑得很痛苦，但其实你都没有以自己的最大摄氧量强度进行奔跑，而是以低于最大摄氧量强度的强度进行的训练。如果你的训练是以极端痛苦作为训练目的，那么恭喜你，你达到目标了。但如果你的计划是提升你的最大摄氧量，对不起，你完全错失了目标，变成越痛苦，越没效果。

下图横轴代表时间，纵轴代表间歇跑训练时的摄氧量水平。在训练时摄氧量上升，间歇休息时摄氧量下降，一个好的训练模式是每组训练都能稳定在最大摄氧量水平且配速稳定不掉速。

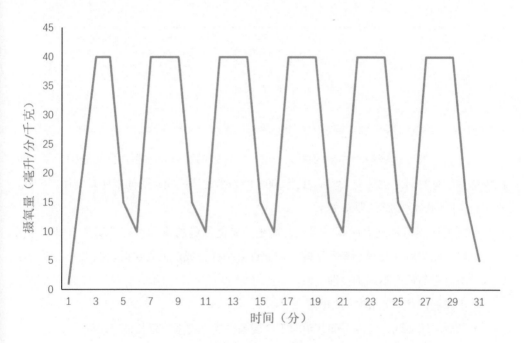

好的间歇跑训练模式

而一个错误的、以片面追求累为目标的训练模式，从下一页图中可以看到，头一两组的确可以达到最大摄氧量，但后面几组由于过度疲劳，心率来不及恢复，血乳酸浓度一旦猛烈上升后很难下降，导致血乳酸越积越多，从而导致掉速明显。速度掉了，摄氧量水平自然也就下降了，你虽然很累，但速度压根不如头一两组。

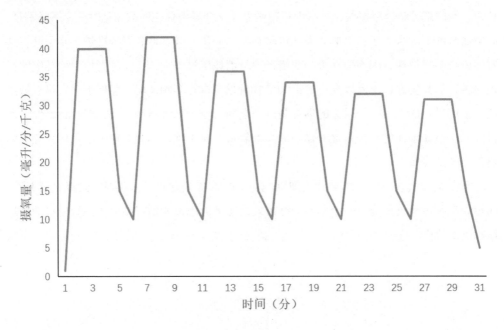

差的间歇跑训练模式

三、真正科学的间歇跑标准是这样的

间歇跑一般要达到最大心率的90%~100%。每组训练时长控制在3~5分钟。每一组的训练和休息时间之比应为1∶1。多组500~1000米的训练模式是间歇跑最常用的模式。真正科学的间歇跑的标准要求如下。

- 每组均能达到最大摄氧量强度，对于跑者能衡量的指标而言，就是心率保持稳定，完成后面几组心率不下降，但允许心率在完成后面几组时轻微上升，因为此时心率与强度不再成线性关系。
- 不掉速，每组完成时间相同。
- 间歇时间相同，完成后面几组时不会因为恢复不过来而延长休息时间。
- 很累但能承受，不会练到呕吐或者完全筋疲力尽。

四、了解自己间歇跑的最佳配速

跑者应当根据自己现有马拉松成绩或者未来马拉松PB成绩，找到适合自己的间歇跑配速，而不能不考虑个人实际能力，一味在间歇跑中求快。举例来说，你计划在下一场马拉松比赛中"破4"，那么根据下一页的表，如果这次间歇跑训练你准备跑5组1000米，那么每组1000米的配速只需要达到4:54就足够了，而不需要跑得更快。

用马拉松成绩找到适合自己的间歇跑配速

半程马拉松 （小时:分:秒）	全程马拉松 （小时:分:秒）	400米 （分:秒）	1000米 （分:秒）	1200米 （分:秒）	1.6千米 （分:秒）
2:21:04	4:49:17	2:22	\	\	\
2:17:21	4:41:57	2:18	\	\	\
2:13:49	4:34:59	2:14	\	\	\
2:10:27	4:28:22	2:11	\	\	\
2:07:16	4:22:03	2:08	\	\	\
2:04:13	4:16:03	2:05	\	\	\
2:01:19	4:10:19	2:02	\	\	\
1:58:34	4:04:50	1:59	5:00	\	\
1:55:55	3:59:35	1:56	4:54	\	\
1:53:24	3:54:34	1:54	4:48	\	\
1:50:59	3:49:45	1:52	4:42	\	\
1:48:40	3:45:09	1:50	4:36	\	\
1:46:27	3:40:43	1:48	4:31	\	\
1:44:20	3:36:28	1:46	4:26	\	\
1:42:17	3:32:23	1:44	4:21	\	\
1:40:20	3:28:26	1:42	4:16	\	\
1:38:27	3:24:39	1:40	4:12	5:00	\
1:36:38	3:21:00	1:38	4:07	4:54	\
1:34:53	3:17:29	1:36	4:03	4:49	\
1:33:12	3:14:06	1:35	3:59	4:45	\
1:31:35	3:10:49	1:33	3:55	4:40	\
1:30:02	3:07:39	1:32	3:51	4:36	\
1:28:31	3:04:36	1:31	3:48	4:32	\
1:27:04	3:01:39	1:30	3:44	4:29	\
1:25:40	2:58:47	1:28	3:41	4:25	\
1:24:18	2:56:01	1:27	3:37	4:21	\
1:23:00	2:53:20	1:26	3:34	4:18	\
1:21:43	2:50:45	1:25	3:31	4:14	\
1:20:30	2:48:14	1:23	3:28	4:10	\
1:19:18	2:45:47	1:22	3:25	4:07	\
1:18:09	2:43:25	1:21	3:23	4:03	\
1:17:02	2:41:08	1:20	3:20	4:00	\

续表

半程马拉松 （小时：分：秒）	全程马拉松 （小时：分：秒）	400米 （分：秒）	1000米 （分：秒）	1200米 （分：秒）	1.6千米 （分：秒）
1:15:57	2:38:54	1:19	3:17	3:57	\
1:14:54	2:36:44	1:18	3:15	3:54	\
1:13:53	2:34:38	1:17	3:12	3:51	\
1:12:53	2:32:35	1:16	3:10	3:48	\
1:11:56	2:30:36	1:15	3:08	3:45	5:00
1:11:00	2:28:40	1:14	3:05	3:42	4:57
1:10:05	2:26:47	1:13	3:03	3:39	4:53
1:09:12	2:24:57	1:12	3:01	3:36	4:50
1:08:21	2:23:10	1:11	2:59	3:34	4:46
1:07:31	2:21:26	1:10	2:57	3:31	4:43
1:06:42	2:19:44	1:09	2:55	3:29	4:40
1:05:54	2:18:05	1:09	2:53	3:27	4:37
1:05:08	2:16:29	1:08	2:51	3:25	4:34
1:04:23	2:14:55	1:07	2:49	3:22	4:31
1:03:39	2:13:23	1:06	2:48	3:20	4:28
1:02:56	2:11:54	1:05	2:46	3:18	4:25
1:02:15	2:10:27	1:05	2:44	3:16	4:23
1:01:34	2:09:02	1:04	2:42	3:14	4:20
1:00:54	2:07:38	1:04	2:41	3:12	4:17
1:00:15	2:06:17	1:03	2:39	3:10	4:15
0:59:38	2:04:57	1:02	2:38	3:08	4:12
0:59:01	2:03:40	1:02	2:36	3:07	4:10
0:58:25	2:02:24	1:01	2:35	3:05	4:08
0:57:50	2:01:10	1:01	2:33	3:03	4:05

五、跑者需要警惕间歇跑配速过快，耐力仍然不足的现象

还是上面那个例子，计划马拉松"破4"的跑者，间歇跑配速只需要达到4:54就可以了。也许跑者会说，以接近5:00的配速跑1000米，我还是比较轻松啊，并不算很累，我可以跑得更快吗？这里有两个问题需要搞清楚：首先，你能不能以稳定的配速跑完多组1000米，如果前面几组1000米能跑到4:54，后面几组不行，则说明你的最大摄氧量还有待提高；其次，间歇跑只是一种训练方法，间歇跑能跑下来，不代表你在马拉松比赛

中就一定能达到自己的目标。

六、避免"间歇跑崇拜"

马拉松备赛没有灵丹妙药，只有通过多元化训练才能综合、全面地提升你的跑步能力。现在有一种怪现象，就是"间歇跑崇拜"，即部分跑者认为只要多跑间歇跑就能快速、有效地提升跑步能力，并且轻视LSD训练，还称其为垃圾跑量，这样的说法显然是荒谬的。举例来说，一位跑者进行6组1000米的间歇跑训练，如果其具备每组1000米以4分钟左右完成的能力，这意味着他的全马应该能实现3小时17分钟完赛。但事实上很多跑者即便是具备了多组1000米间歇跑以每组4分钟完成的能力，也不代表他的全马就必定能实现3:17。跑量积累不足、LSD训练不足、马拉松配速跑不去跑，你仍然无法实现全马3:17。可以这样理解，如果你间歇跑具备以4分钟完成1000米的能力，在训练均衡、全面的情况下，你的全马成绩理论上可以达到317。

当然，间歇跑中控制好配速并不是说你能够跑快，却让你刻意大幅度降低配速。如果间歇跑时你能够保持高配速，这就意味着你的速度能力不错，你需要加强你的基础耐力，用更高的目标激励自己。同时你还要注意让你的心率保持在最大心率的91%~100%，只要超过最大心率的91%，你做的就是间歇跑训练。当然，当心率超过最大心率的85%时，心率与配速就不再成典型的线性关系，这时配速还能提升，但心率上升空间已经很有限了。所以间歇跑时重在看配速，同时应当适当参考心率，如果你的心率没有达到最大心率的91%以上，这说明你的强度还不够，或者说你还没逼近你的最大心率，你就已经因乳酸堆积而疲劳了。

七、总结

间歇跑越快训练效果越好的观点是完全错误的。找到适合自己的间歇跑配速，循序渐进地进行，才是科学的间歇跑训练，你必须理解：科学的间歇训练的过程你会比较累，但这种累是可以承受的累，而不是累到呕吐。

◂◂ 第七节　亚索800 ▸▸

在马拉松火热的今天，跑步圈中流行着各种各样的马拉松训练方法。其实众多的流派体系基本可以归纳为两类：一类强调基础有氧训练，以中低强度长时间跑步训练为主，LSD、MAF180、细胞分裂法都属于这一类训练；一类强调高强度间歇跑训练，以高强度、快配速、间歇性训练为主，以亚索800、法特莱克跑等为代表。

间歇跑一直是精英跑者的训练秘籍，也是大众跑者眼中的一种高级训练。亚索800就是间歇跑的典型代表，但是并不是所有的800米训练都被称为亚索800。今天我们就来深入聊聊亚索800。

一、亚索800是一种比较好的预测马拉松完赛成绩的方法

亚索800的标准训练是这样的：在操场完成10组800米跑，每组800米跑完成的时间相同，并且组间休息时间与完成800米跑的时间相同，你如果能完成上述标准训练，以多长时间完成每组800米跑，那么最后你参加马拉松比赛，代表完赛时间的数字与代表完成每组800米跑时间的数字近乎相同，当然，这里的数字的单位不一样。例如：以3分30秒完成每组800米跑，那么最终马拉松完赛成绩将是3小时30分钟，如果每组800米跑的成绩是3分钟，那么全马成绩将是3小时。当然，这只是一种近似的计算方法，并不绝对。

二、不是所有的800米训练都被称为亚索800

首先，亚索800的800米跑并不是全力冲刺跑800米。在进行亚索800训练前，可以根据马拉松目标成绩设置训练配速。全马目标成绩4小时，亚索800的配速就是4分钟/800米；全马目标成绩3小时，亚索800的配速就是3分钟/800米。全力冲刺跑800米，速度超过目标配速，就不能称为亚索800。

其次，每组配速不稳定的也不能称为亚索800。亚索800训练的配速不是跑800米最快的速度，一些跑者在进行800米间歇跑时，会在前几组保持较快配速，身体疲劳后，后面几组就开始变慢，这样的训练违背了亚索800的本质。亚索800是以全马成绩为依据设置配速，然后以稳定的配速完成10组训练。因此高效的亚索800，第一配速合理，第二配速稳定，或者可以认为配速合理并配速稳定的800米训练才能称为真正的亚索800。

三、亚索800对于耐力提高能带来哪些好处呢

800米在严格意义上属于中距离跑，马拉松则是长距离跑，为什么马拉松训练也包括中距离跑？那是因为这样才能全面训练人体能量供应系统，单纯的长距离跑只能训练人体供能系统中的一部分供能能力。较高强度的800米跑，可以刺激乳酸生成，而乳酸是导致疲劳的重要因素。亚索800可以有效提高机体耐乳酸、抗疲劳能力，从而大大提高人体长时间工作的能力。

亚索800训练时的配速一定快于马拉松比赛时的配速，这种训练并不是要求你按照跑800米时的速度去跑马拉松，而是训练你的速度能力。这种速度能力在提升跑步经济性、保持稳定配速和在最后阶段冲刺等方面发挥着重要作用。

有效提高休内糖类和脂肪的供能效率。人体在运动时基本是混合供能，提高糖的工作效率有助于提高配速，提高脂肪工作效率则有助于节约糖。亚索800有助于提高人体在糖和脂肪供能方面的效率，加快热量产生速度。

亚索800由于本质上是高强度间歇跑，相比LSD，强度明显提高，乳酸堆积较为明显，训练时，疲劳感很明显，因此，可用于锻炼跑者的意志。

四、亚索800应该这样训练

1. 首先确定亚索800配速

首先在自己现有的能力基础上确定自己的目标成绩，如全马目标是3小时30分钟，将全马目标成绩转换为800米训练的目标配速（800米用时3分30秒，相当于400米用时1分45秒，或者1000米用时4分22秒）。

2. 保持至少3个月的备赛周期

赛前3个月左右开始训练最好。刚开始每次训练完成4组，每组以目标时间完成后，用等同于完成每一组的时间进行休息，然后再进行下一组训练（休息和恢复时间之比为1∶1）。每周加一组，直到在赛前12到14天可以完成10组。如果你发现即使经过与完成上一组800米训练同等时长的间歇，仍然无法从疲劳中缓过来，完成下一组800米训练你掉速很明显，非常累，那就说明你的能力还不足以进行该配速的训练，你需要将完成800米训练的时间延长。

3. 结合其他跑法共同训练

亚索800属于高强度的训练，训练目的主要在于提升机体的耐乳酸能力以及速度能力。但是一个科学的训练体系需要结合高强度与低强度训练，进行互补，因此在进行亚索800训练的同时，要匹配每周的LSD、轻松跑等低强度的有氧耐力训练，这样才能使训练更加全面。

4. 通过改变间歇休息时间和距离调整强度

如果你是一个高级跑者，亚索800的训练强度对身体的刺激不够，那么就可以采用在总训练里程数不变的情况下增加每组训练距离（如：800米加到1200~1600米），或者缩短休息时间等方法来增强对身体的刺激。

5. 亚索800不是灵丹妙药

亚索800并不是一个适合所有跑者的训练。初级跑者首先还是应当打好有氧耐力基础，在积累了一定跑量，心肺功能达到一定水平之后，再尝试进行亚索800的训练。总之，亚索800是一个典型的间歇跑训练计划，有用但没有必要过度夸大其效果。

五、亚索800与丹尼尔斯训练法中的间歇跑殊途同归

亚索800的配速是根据马拉松目标成绩设定的。例如，全马目标成绩4小时，亚索800的配速就是4分钟；全马目标成绩3小时，亚索800的配速就是3分钟。对于这样的简单配速设定，很多跑者认为不科学，没有训练理论支撑。

马拉松完赛时间（小时:分:秒）	亚索800配速（分:秒）	丹尼尔斯间歇跑配速	
		800米配速（分:秒）	1000米配速（分:秒）
5:00:00	5:00	4:28	5:35
4:30:00	4:30	4:12	5:15
4:00:00	4:00	3:54	4:52
3:30:00	3:30	3:26	4:18
3:00:00	3:00	2:58	3:42
2:30:00	2:30	2:18	3:07

亚索800与丹尼尔斯训练法互相印证

亚索800的发明者，知名跑者，前《跑者世界》首席跑步官巴特亚索也曾提到亚索800的训练方式是他在多年的训练经验基础上总结归纳出来的，更多来源于经验。但事实上，实践出真知，亚索800虽然来自实践，但从科学角度同样经得起验证。

丹尼尔斯经典跑步训练法是跑步圈中公认的较为科学的马拉松训练方法，其中共有5种强度的跑法：轻松跑、马拉松配速跑、乳酸阈跑、间歇跑、冲刺跑。每种跑法的速度是根据目标马拉松成绩设定的。

有趣的事情发生了。在相同目标马拉松成绩中，丹尼尔斯马拉松训练体系中的间歇跑配速与亚索800的配速的差值在2~30秒不等，这样的差值其实是非常小的。总体速度越快，误差则越小，可以认为二者是高度吻合的，这说明亚索800预测马拉松成绩是基本科学和经得起推敲的。

六、关于亚索800预测成绩准确性的深度分析

亚索800是间歇跑的一种训练方法，并非全部，有人按照亚索800进行训练后参加马拉松比赛，最终成绩比亚索800的预测时间慢10~20分钟，甚至更多。为什么会出现这种情况？按照亚索800配速来跑马拉松，那么你通过前半程的时间会比你以实际的能力完成的时间快5~10分钟，前半程快了1分钟，后半程就会慢至少2~5分钟。也就是说你在后半要付出10~50分钟的代价，归纳起来就是前半程跑得偏快，导致了一个痛苦

的后半程。

这种现象说明一个道理，间歇跑能跑好不代表马拉松能跑好，间歇跑不是马拉松训练的全部，间歇跑能力强，说明你的速度能力和抗乳酸能力尚可，但并不代表你的基础耐力好，在加强间歇跑训练的同时不要忽视基础耐力训练，即LSD训练。LSD训练和间歇跑训练均衡搭配（LSD为主，辅以适当且时机正确的间歇跑训练）才能有效提升马拉松专项耐力，不要将间歇跑视作马拉松训练的灵丹妙药。**事实上，巴特亚索提出的用10组800米跑预测全马成绩也是基于你具备良好基础耐力，这样的预测才有意义。**

七、总结

亚索800易操作、易实践，能力提升跑步作用明显，受到跑者推崇，同时亚索800也具有一定预测马拉松成绩的作用。同时，跑者在进行亚索800训练时，首先要遵守亚索800的训练本质——"配速合理、稳定，间歇稳定"；其次，亚索800训练应当结合轻松跑、LSD等基础有氧耐力训练。训练更加全面，跑步能力才能得到全面提升。

◄◄ 第八节　乳酸阈训练 ►►

跑步是一项有氧运动。与空气中有没有氧气、跑步时要不要氧气或者你能不能吸到氧气无关，有氧运动是指体内的糖和脂肪在氧气作用下，氧化分解，产生二氧化碳和水并在这个过程中为跑步提供能量的运动。氧气从哪里来？当然从呼吸中来。呼吸摄入的氧气经过肺部和血液，运输到肌肉里，从而氧化分解，这就是能量产生的过程。

有氧运动的特点是强度较低，可以维持很长时间。但是随着跑步速度加快，你会明显感觉呼吸变得很费力，腿脚也开始酸胀，这种比较难受的感觉在大强度跑步中是必然会产生的。为什么会感觉难受？因为这时体内会产生一种酸性物质——乳酸。

一、什么是有氧运动和无氧运动

因为糖氧化分解所能输出的功率比较低，所以当跑步速度比较快时，糖来不及充分氧化分解，无法满足快速跑步的需要。这时为了维持较快的速度，糖也可以在氧气供应不充分的情况下分解提供能量，这种供能状态才能满足快速跑步时输出功率较高的要求，但在这个过程中，会产生许多跑者都非常熟悉的一种酸性物质——乳酸。乳酸为酸性物质，如果产生得越来越多，就会导致体内环境发生很大改变。一方面让你感觉十分难受，另一方面会极大抑制你的运动表现，让你迅速疲劳，也就是跑不动了。所以乳酸是我们跑步速度较快时感到疲劳的核心原因。这时的运动状态就是所谓的无氧运动，无氧运动同样跟有没有氧气没有关系，而是指运动强度太大了，糖无法充分氧化分解，而是以无氧酵解的形式提供能量，以维持较高的运动强度。**所以有氧运动的本质就是中低强度运动，无氧运动的本质就是中高强度运动。**

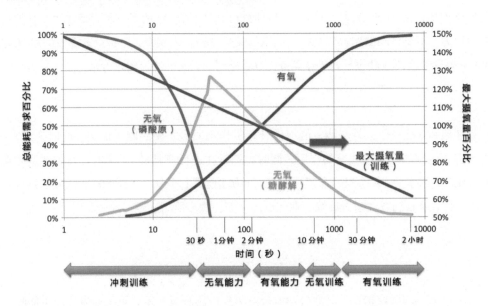

二、体内血乳酸浓度代表了运动强度

我们可以以体内是否产生乳酸及乳酸产生的多少来区分自己是在进行有氧运动还是无氧运动。当然，还有一种情况是即使体内不产生乳酸，身体也可以靠磷酸原系统无氧供能，这主要适用于5~8秒极限强度运动，这不在本书讨论范围以内。

也就是说，当运动强度比较低的时候，糖和脂肪充分氧化分解，除了产生二氧化碳和水以外，基本没有其他代谢废物产生，这时就是纯粹的有氧运动。我们所说的慢跑、轻松跑、养生跑、健康跑，往往就属于有氧运动，这种运动理论上可以坚持很长时间。在安静状态下，体内正常血液中也有一定血乳酸浓度，大约为1毫摩尔/升，不是0，因为红细胞只能靠无氧分解提供能量。而在纯粹的有氧运动状态下，体内血乳酸浓度一般为2毫摩尔/升左右。

而随着运动强度提升，糖开始无氧酵解，此时就会产生乳酸，你这时就会感觉有点难受，但还是能够坚持的。因为这时乳酸不断产生，又在不断被清除。也就是说血乳酸能保持恒定的浓度，同时浓度又不是那么高，一般介于3~4毫摩尔/升，有些人介于3~6毫摩尔/升，此时的运动就称为混氧运动。因为这时能量供应既包括有氧供能，有氧供能来自脂肪和一部分糖的氧化分解，又包括无氧供能，无氧供能来自另一部分糖的无氧酵解。只要糖开始无氧酵解，就标志着机体进入了无氧供能状态，但这时无氧供能占比不是太高，还有一部分来自有氧供能，所以此时的运动称为混氧运动。混氧运动时，血乳酸浓度虽然有所升高，但处于乳酸一边产生一边消除的动态平衡状态，也就是说没有乳酸越积越多的情况。在马拉松比赛中，如果你不是以在关门时间内完赛作为目标，而是希望获得好成绩，你会竭尽全力跑上3~4个小时。这时的状态基本就是混氧状态，能坚持比较长的时间，但又比较累，绝对谈不上轻松。而如果你的目标是6小时完赛，那么你实际上可以以完全有氧状态而不是以混氧状态完成。

随着运动强度进一步提升，由于所需的输出功率越来越大，只有糖酵解才能满足输出功率的需要，因此糖酵解供能占比越来越大，脂肪分解占比越来越小，乳酸产生得越来越多，乳酸产生的速度大于清除的速度。可以想象，血乳酸浓度会越来越高，可以达到6毫摩尔/升以上，当高到一定程度，你就会感到极度难受，并很快败下阵来，跑不动了。间歇跑时基本就是这种状态，这时就称为无氧运动。

因此，我们可以做出如下总结。

- 有氧运动时，乳酸产生很少，强度中等偏低。
- 混氧运动时，乳酸会产生，但浓度不高，乳酸产生和清除保持动态平衡，强度中等偏高。
- 无氧运动时，乳酸大量产生，乳酸在体内不断堆积，乳酸产生速度大于清除速度，强度很大。

三、我们对于乳酸阈的理解往往是不全面的

乳酸阈又称为乳酸门槛，所谓阈值门槛，其本质就是一条分界线。我们通常所理解的乳酸阈就是指从有氧运动到无氧运动的临界点，在这个临界强度以下就是有氧运动，而在这个临界强度以上就是无氧运动。很多时候，教科书中或者跑步训练中，乳酸阈是指血乳酸浓度4~6毫摩尔/升时所对应的强度，为什么是一个范围而不是一个确定的值呢？因为研究发现，乳酸阈存在很大的个体差异，大部分人的乳酸阈为4毫摩尔/升，还有一些人为6毫摩尔/升，当强度超过该水平，血乳酸浓度就会急剧上升，这就是所谓个体乳酸阈，即个人的乳酸阈值都不是完全相同的。

但事实上，进行逐级递增运动负荷测试时，科学家们发现存在两个乳酸阈拐点，分别是第一乳酸拐点和第二乳酸拐点。第一乳酸拐点为2毫摩尔/升左右，此时表明身体从有氧运动进入混氧运动；第二乳酸拐点为4~6毫摩尔/升，此时则表明身体从混氧运动进

入真正意义上的无氧运动。**而我们通常所说的乳酸阈其实仅仅指的是第二乳酸拐点。**

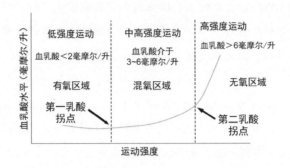

事实上，严格意义上，乳酸阈是指从有氧运动进入混氧运动的临界点。因为只要有乳酸产生，就意味着一部分能量依靠无氧供能提供，这个临界点不是我们通常所理解的4~6毫摩尔/升，而是2毫摩尔/升，即第一乳酸拐点。而4~6毫摩尔/升的准确定义是血乳酸积累点，即第二乳酸拐点，因为只有超过4~6毫摩尔/升时，乳酸才能迅速堆积。血乳酸浓度从2毫摩尔/升到4~6毫摩尔/升的这个阶段，乳酸会产生，但不会在体内大量堆积，浓度也会保持稳定，这就是所谓的混氧阶段。

四、用有氧阈、无氧阈取代乳酸阈更容易让大众理解

由于乳酸阈存在两个阈值，分别是第一乳酸阈和第二乳酸阈，第一乳酸阈代表身体从纯粹的有氧运动进入混氧运动，这个阈值的血乳酸浓度为2毫摩尔/升左右，而第二乳酸阈则代表身体从混氧运动进入无氧运动，这个阈值的血乳酸浓度为4~6毫摩尔/升左右。**而真正的乳酸阈其实是第一乳酸阈**，第二乳酸阈称为乳酸积累点更加合适。与其纠结名称，还不如用更为简洁的有氧阈和无氧阈来表示，大众跑者就不会纠结了。

有氧阈代表第一乳酸拐点，无氧阈则代表第二乳酸拐点。有氧阈值以内的运动属于纯粹的低强度有氧运动，而有氧阈值以上的运动属于中高强度的混氧运动。同样的道理，无氧阈值以内的运动，即介于有氧阈值和无氧阈值之间的运动属于混氧运动，而无氧阈值以上的运动属于高强度的无氧运动。

五、用心率确定有氧阈和无氧阈训练

讲了那么多理论，那么怎样才能应用好有氧阈和无氧阈指导自己的训练呢？美国运动医学会定义最大摄氧量的50%~60%为有氧阈，而超过最大摄氧量的85%为无氧阈，介于最大摄氧量的60%~85%强度则是混氧强度。当然，对于有氧阈的切点，不同机构有不同观点，美国运动医学会认为最大摄氧量的60%为有氧阈切点，而美国心脏协会认为

该切点为最大摄氧量的70%。我们认为对于健康跑者而言，最大摄氧的70%作为有氧阈的切点更加合适。

由于通常摄氧量百分比所对应的强度跑者无法计算，但最大摄氧量和最大心率储备百分比是一一对应的，即最大摄氧量的50%等于最大心率储备的50%，所以运用最大心率储备百分比我们就可以控制好有氧阈和无氧阈训练。最大心率储备的计算除了要运用最大心率，还需运用安静心率，如最大心率储备的50%=（最大心率−安静心率）×50%+安静心率。举例来说，一个人的安静心率为60次/分，年龄为40岁，那么其最大摄氧量的50%所对应的心率储备=（180−60）×50%+60=120次/分。

有氧、混氧、无氧训练心率区间

年龄（岁）	安静心率（次/分）	50%~70%最大摄氧量（有氧区间，次/分）		70%~85%最大摄氧量（混氧区间，次/分）		超过85%最大摄氧量（无氧区间，次/分）	
20	60	130	158	159	178	179	200
21	60	130	157	158	177	178	199
22	60	129	157	158	176	177	198
23	60	129	156	157	175	176	197
24	60	128	155	156	175	176	196
25	60	128	155	156	174	175	195
26	60	127	154	155	173	174	194
27	60	127	153	154	172	173	193
28	60	126	152	153	171	172	192
29	60	126	152	153	170	171	191
30	60	125	151	152	170	171	190
31	60	125	150	151	169	170	189
32	60	124	150	151	168	169	188
33	60	124	149	150	167	168	187
34	60	123	148	149	166	167	186
35	60	123	148	149	165	166	185
36	60	122	147	148	164	165	184
37	60	122	146	147	164	165	183
38	60	121	145	146	163	164	182
39	60	121	145	146	162	163	181
40	60	120	144	145	161	162	180
41	60	120	143	144	160	161	179

年龄（岁）	安静心率（次/分）	50%~70%最大摄氧量（有氧区间，次/分）		70%~85%最大摄氧量（混氧区间，次/分）		超过85%最大摄氧量（无氧区间，次/分）	
42	60	119	143	144	159	160	178
43	60	119	142	143	158	159	177
44	60	118	141	142	158	159	176
45	60	118	141	142	157	158	175
46	60	117	140	141	156	157	174
47	60	117	139	140	155	156	173
48	60	116	138	139	154	155	172
49	60	116	138	139	153	154	171
50	60	115	137	138	153	154	170
51	60	115	136	137	152	153	169
52	60	114	136	137	151	152	168
53	60	114	135	136	150	151	167
54	60	113	134	135	149	150	166
55	60	113	134	135	148	149	165
56	60	112	133	134	147	148	164
57	60	112	132	133	147	148	163
58	60	111	131	132	146	147	162
59	60	111	131	132	145	146	161
60	60	110	130	131	144	145	160

该表格使用规则：最大心率以220减去年龄计算，但最大心率存在个体差异，建议通过极限强度测试个人实际最大心率。同样，安静心率不同，有氧、混氧、无氧训练的心率区间也不同，跑者可以自行计算。

六、有氧阈和无氧阈不是推翻之前的理论，而是让训练方向更清晰

在实际训练中，轻松跑就是有氧阈值以内的跑步，马拉松配速跑的本质就是混氧跑，同时马拉松配速跑处于混氧跑区间中，是心率中等或者接近下限的跑法。丹尼尔斯训练法中的乳酸阈跑的本质就是接近混氧跑心率上限的一种跑法，所以丹尼尔斯训练法中乳酸阈跑的强度极难控制，因为接近阈值就意味着强度区间很窄，超过了就变成无氧运动。或者我们可以这样理解：混氧跑心率的下限更加接近有氧跑，混氧跑心率的上限更加接近第二乳酸拐点跑，而间歇跑、冲刺跑是无氧阈值以上的训练。

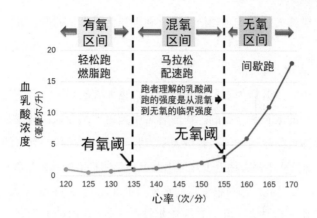

七、总结

大众跑者所理解的乳酸阈训练其实是无氧阈训练，而乳酸阈实际上有两个阈值，分别是第一乳酸阈和第二乳酸阈，用有氧阈和无氧阈分别代替，可能大众更容易理解。有氧阈值以内的运动是纯粹的有氧运动，而有氧阈值和无氧阈值之间的运动属于混氧运动，而无氧阈值以上的运动就是无氧运动。

◂◂ 第九节　轻松跑 ▸▸

多数跑者主要以长距离、中低强度训练为主，即LSD（long slow distance）训练为主，LSD训练也是跑者日常进行得最多的一种训练，特别是到了双休日，长距离训练成为许多跑者的标配。那么怎样的长距离训练才是有效的、高质量的长距离训练呢？

一、为什么说轻松跑对跑者至关重要

1. 有效增强心肺功能

轻松跑可以有效增强心脏功能，提高心脏收缩和舒张能力，也不会让心脏因为心率过快而过于疲劳，轻松跑是塑造心肌最重要的方式之一。

2. 有效燃烧脂肪，提高脂肪利用率

轻松跑脂肪供能比例高，因此可以有效促进脂肪燃烧。对于那些耐力较好，不需要减脂的成熟跑者来说，这样的低强度慢跑可以训练脂肪供能能力，起到节约糖原、延缓糖原消耗导致的疲劳的作用。

3. 愉悦精神，提高身体承受负荷的能力

长距离慢跑可以很好地调节紧张情绪，缓解焦虑和抑郁，是我们完成日常繁忙工作

之后更为主动积极的放松方式。轻松跑还有利于强化肌肉、韧带、骨骼，提高身体抵御伤痛的能力。

4. 打下坚实的耐力基础

轻松跑不仅可以提升最为重要的基础耐力，也大大提升了疲劳恢复能力，这些能力对于一名精英跑者的成长是必备的。我国著名中长跑训练专家，马拉松运动员李芷萱的主带教练，上海体育学院的李国强教授表示，我国的运动员从小到大的耐力底子都比较薄，这与东非运动员从小每天往返十几里山路上下学所打下的扎实基础相去甚远。因为他认为基础耐力不扎实是我国马拉松项目的水平与世界先进水平差距较大的重要原因之一。

马拉松世界纪录保持者，在非正式比赛首次跑进2小时的人类第一人基普乔盖同样也是如此。基普乔盖上小学时，每天要跑步4次，单程五六千米。因为时间有限，如果不跑上课就可能会迟到。就是这样每天连跑带走十几千米练就的基础耐力，为基普乔盖日后的发展打下坚实基础。

二、轻松跑究竟应该多轻松

轻松跑，顾名思义就是跑得比较轻松，那么什么叫作轻松呢？有人说，轻松跑就是跑步时可以自如说话。本书作者对这种说法不完全认同，如果跑步时可以像平时走路一样自如说话，那么这个强度不是轻松跑，它比轻松跑强度还要低一些，用恢复跑来表示更合适。所谓恢复跑就是指跑完步后明显降速，用比走路快一点点的速度跑几分钟，这样有助于让身体从激烈状态逐步恢复到平静状态，避免急刹车。

但轻松跑显然也不是跑步时无法说话，那样强度就太大了。跑步时无法说话意味着达到了乳酸阈跑或者间歇跑强度。轻松跑的感觉应该是可以说话但做不到像走路说话那样完全自如，即可以短时间说话但不能长时间连续说话。轻松跑时也可以接打电话，并且接打电话时不需要降低配速，或者说轻松跑的感觉是能说话但不能唱歌，有这样的主观感觉就是轻松跑。除了主观感觉，轻松跑用客观指标心率来衡量也可以，按照丹尼尔斯训练法，轻松跑的强度相当于最大心率的65%~78%。

轻松跑重在落实轻松二字，但轻松跑不等于无限的慢。为了健身，用仅仅比走路快一点点的速度慢跑完全是可以的。但对于希望不断提升耐力的成熟跑者而言，轻松跑也是有一定强度要求的。这个强度要优先满足心率区间，同时兼顾配速，只有同时考虑心率和配速的轻松跑，才能让跑者得到有效训练。

三、你在轻松跑时的心率和配速可以很好地衡量你目前的耐力水平

虽然跑者都能理解轻松跑很重要，但在实际跑步过程中，跑者往往运用起轻松跑来却"并不轻松"。有些跑者跑得偏快，其心率已经进入了强度更高的马拉松配速跑区间，从下表可见。

30岁以下的跑者，轻松跑一般心率不超过150次/分，最多160次/分。

30岁以上的跑者，轻松跑一般心率不超过140次/分，最多150次/分。

轻松跑与马拉松配速跑所对应的心率范围

年龄（岁）	轻松跑心率区间（次/分）	马拉松配速跑心率区间（次/分）
25	127~152	154~171
30	124~148	150~166
35	120~144	146~162
40	117~140	142~157
45	114~137	138~153
50	111~133	134~149
55	107~129	130~144
60	104~125	126~140

如果跑者跑步时心率长时间超过140次/分甚至150次/分，不是完全不可以，这时表明你并没有在进行轻松跑，而是在进行强度更高的马拉松配速跑。但很多跑者在进行马拉松配速跑时又没有进入真正相应的目标成绩配速区间，其本质是耐力不够，急于求成，又或者并没有真正理解心率与配速之间的关系。

我们可以从下一页表举例。一名40岁的中年跑者如果计划全马跑进3小时30分钟以内，那么其马拉松比赛时的配速应当达到5:00左右，其轻松跑配速则应当介于5:23~6:03。相信很多跑者平时跑步的配速都能达到5:23~6:03并且跑上一个多小时，那么是不是意味着这名跑者就可以顺利实现跑进3小时30分钟以内了呢？显然并不能这样推理。当这名跑者平时跑步配速介于5:23~6:03时，还要看其心率是多少。如果在该配速区间心率不超过140次/分，那么这名跑者全马跑进3小时30分钟的希望较大；但如果这名跑者在配速介于5:23~6:03的时候，心率已经达到155~160次/分，表明这名跑者是在进行马拉松配速跑而非轻松跑，但其想要跑进3小时30分钟所需要达到的马拉松配速为5:00左右，这名跑者的马拉松配速却是5:30。按照这名跑者的配速情况，推荐他把目标定在3小时45分钟左右更为合适，如果目标为3小时45分钟，马拉松配速则为5:22，正好与这位跑者的实际跑步情况一致。上述情况就是跑者日常轻松跑的常见问题，跑得偏快

导致心率较高，心率进入了马拉松配速跑区间，但配速又达不到其目标成绩所需要的配速。以上情况从本质上说明这名跑者目前耐力水平还达不到跑进3小时30分钟，需要降低自己的配速与预期。

还有一种情况是这样的。有些跑者能压住自己的心率跑，如一名45岁的跑者跑步时心率为140次/分，如果其目标成绩是全马破3小时，那么心率在140次/分的时候，"破3"所对应的轻松跑配速应当为4:43~5:19，但这名跑者心率在140次/分的时候，配速却只能达到5:30~5:45。如果想要配速进入4:43~5:19，那么心率又会上升至马拉松配速跑所对应的心率区间。

以上两种情况都说明了跑者在耐力不够的情况下，按照某一心率或者配速目标去跑时，往往只能满足一方面，而做不到两头兼顾。配速达到了，心率不达标；心率达标了，配速又不达标。而事实上，某一成绩所对应的心率与配速，应该是匹配的。虽然说有些跑者心率较高，也能实现目标成绩，但对于一般大众跑者而言，心率所处范围与其所对应的配速是完全符合线性对应关系的。心率低、配速高，或者心率高、配速低都不是一般跑者的正常现象。

马拉松成绩所对应的轻松跑与马拉松配速跑心率区间

半马成绩 （小时:分:秒）	全马成绩 （小时:分:秒）	轻松跑配速 （分:秒）	马拉松配速跑 （分:秒）
2:10:27	4:28:22	6:55~7:41	6:30
2:04:13	4:16:03	6:36~7:21	6:10
1:55:55	3:59:35	6:11~6:54	5:45
1:48:40	3:45:09	5:49~6:31	5:22
1:40:20	3:28:26	5:23~6:03	4:57
1:33:12	3:14:06	5:01~5:40	4:36
1:27:04	3:01:39	4:43~5:19	4:18
1:21:43	2:50:45	4:26~5:01	4:03

换句话说，跑者在进行轻松跑时，首先要注意控制住自己的心率，当然也可以通过主观感觉来控制强度，同时看一下此时配速是多少、与目标成绩所需要的轻松跑配速的差距是多少。举例来说，如果心率在140次/分左右所对应的配速为5:45，那么你目前能达到的马拉松成绩应当介于3小时30分钟至3小时45分钟之间；如果你希望未来跑进3小时15分钟，那么你要努力让心率在140次/分时的配速提升到5:10~5:30。同等心率下，配速加快，或者同等配速下，心率变慢都是心肺功能提升的表现。

四、总结

轻松跑是跑者使用的最常见的跑步方式。一般来说，轻松跑的心率在140次/分左右，不超过150次/分，你可以看一下自己心率在140次/分左右时配速是多少，根据配速来评估自己目前的水平，以及与目标成绩所需要的配速的差距。不是说你想跑进3小时30分钟，天天以5:00配速去跑就能练成，还要看你在配速5:00时候的心率是多少。如果超过了165次/分，那么你还需要慢慢训练，让自己循序渐进地进步，才能达到3小时30分钟所对应的马拉松配速5:00匹配的心率范围（150次/分）左右。你理解配速与心率的关系了吗？

◄◄ 第十节　上坡跑训练 ►►

间歇跑以高强度、富有难度而著称，其难度往往与效果呈现一定程度的正相关，所以间歇跑对于大众跑者而言，是一种有效提升耐力的训练手段，是高水平跑者不可或缺的重要训练方法。

间歇跑的确可以有效提升最大摄氧量。但从专项化角度而言，它却并非专项化最强的训练方法，因为间歇跑的配速会比实际马拉松比赛时的配速要快一些。所谓高度专项化的训练指的是动作模式、供能特点都与实际比赛高度一致的训练。从这个意义上说，间歇跑由于速度快，动作幅度比马拉松比赛时大很多，供能特点与马拉松比赛也有所不同，所以间歇跑很有用，但也并不能夸大其作用。

事实上，还有一种训练方法比间歇跑更加贴近跑步专项，这种训练方法不仅动作模式、供能特点与马拉松比赛几乎一致，同时还能比比赛难度高一点，这种训练方法就是——上坡跑。

上坡跑训练与间歇跑类似，是跑者比较畏惧的一种训练手段，但相比间歇跑，上坡跑速度没有间歇跑那么快，但难度并不亚于间歇跑；相比间歇跑，上坡跑在动作模式、供能特点等方面与实际马拉松比赛更加接近，同时增加了训练难度。所以跑者通过上坡跑可以有效提升马拉松专项能力。事实上，精细化运用上坡跑，可以产生比间歇跑更好的训练效果。

一、上坡跑有什么好处

1. 上坡跑与平跑高度接近但增加了难度

上坡跑的动作模式、供能特点、速度都与平路跑步十分接近，但由于克服重力做功增加，难度相比平跑增加了许多，可以视作一种速度–阻力训练。也就是说，在保持速度的情况下增加了阻力，所以说这是一种高度专项化的跑步训练，训练越专项化，训练效果就越好。

2. 上坡跑可以有效发展心肺耐力

上坡跑可以有效刺激心肺功能，获得比平路跑步更好的增强心肺功能的效果。

3. 上坡跑可以有效提升乳酸阈

上坡跑由于难度增加，所以上坡跑时乳酸生成明显增多。但由于你其实还能坚持一段时间，所以上坡跑训练更加接近乳酸阈强度的训练，这样就可以提升机体耐乳酸的能力。经过训练，乳酸阈所对应的配速改变，原来可能是5:30配速出现乳酸阈，经过训练可以实现配速达到5:15才出现乳酸拐点。

4. 上坡跑可以强化意志力

上坡跑是许多跑者畏惧的训练，其实你越畏惧的训练就是你越需要加强的训练。鼓起勇气进行上坡跑训练，对于强化意志力具有十分重要的意义。许多跑者在跑马时谈及最多的就是这个赛道上坡多不多，有多少跨越高架桥、穿过隧道或者上坡下坡的情况，似乎有点上坡就会感到非常累，如上海国际马拉松赛的龙腾大桥、南京国际马拉松赛的紫金山龙脖子路段等，这是因为平时缺乏这样的训练，所以自然心里发怵。只有加强了这方面的训练，你才能做到淡定面对马拉松比赛中的坡道。

二、精细化地运用上坡跑

上坡跑看起来就是克服重力向上跑，但其实真要运用好上坡跑，同时还要因地制宜，就绝不简单了。

1. 上坡跑的跑姿

上坡跑的跑姿与平跑接近，但又不完全一样。由于相比平跑要克服更大的阻力，所以上坡跑要特别注意省力。那么，怎样才能做到省力地进行上坡跑呢？上坡跑时，可以适当加大一点身体前倾幅度，同时要适当降低步频、加大步幅、降低腾空高度，使用类似于大步走的方式。这种跑姿由于降低了腾空高度，能达到省力的目的。同时要特别加大摆臂幅度，重点是加大向后摆的幅度，向前摆的幅度不用增加很多。

因为通过增大向后摆臂幅度，可以增加躯干的旋转幅度。举例来说，右臂充分后摆，躯干会向右旋转，这样就会使得右髋向前幅度增加，即摆臂配合摆腿使得"送髋"幅度增加。总体来说，上坡跑要采用类似大步快走的方式，通过加大步幅、降低步频、降低腾空高度从而达到省力目的，同时通过加强摆臂增强助力效果。此外，还需要强调一点，上坡跑时，不要刻意前脚掌着地，也不用强调小腿用力扒地蹬伸，因为这样会明显增加小腿负担。你采用跟平跑一样的着地方式，如脚跟着地就可以了。

除了上述省力的上坡跑跑姿，在上坡跑距离不长的情况下，如100米以内的上坡，你还可以采用正常跑姿，动作模式与平地跑步类似，但充分用力，实现比平跑更有力的上下肢协调及摆臂、摆腿，即把上坡跑变成跑姿训练。这时的速度与平跑一样，甚至比平跑略快一些都是完全可以的。

2. 上坡跑训练要因地制宜进行训练

如果你所在城市有长距离上坡道（坡道总长度达到400米以上），如盘山公路，那么这时的上坡跑就是一种艰苦的心肺训练。由于需要克服更大的重力，所以你的心率会比平跑明显更快，你会感觉很累或者比较难受，建议你此时采用接近大步走的跑姿，相对更加省力。这种长距离上坡跑有助于增强心肺功能。

如果你所在城市没有长距离的上坡道，只有短距离的比较陡的上坡道（100~200米），这时你可以采用反复冲坡的训练方式，把上坡跑作为间歇跑训练来安排。快速冲上去，然后走下来，重复进行多组。这时建议采用与平跑接近的跑姿，但可以比平跑稍快一些，你需要用力加大摆臂、摆腿幅度。

三、上坡跑练心肺，下坡跑练步频

有上坡就有下坡，上坡跑和下坡跑几乎是对应发生的，上坡跑是训练心肺和跑姿的好方法，而下坡跑则是训练步频的好方法。

下坡跑时由于重力和惯性作用，会相对比较省力，但由于下坡跑时肌肉做离心收缩（就是指肌肉又在拉长又在收缩，而上坡时肌肉做向心收缩），所以下坡跑又被称为"绞肉机"，意思是下坡跑会对肌肉会产生较大负荷，所以下坡跑省力却并不轻松。下坡跑时重心要稍微靠后，身体直立或者稍微后仰，这时要明显加快步频、缩小步幅，采用小步快跑的方式让身体快速往下，这样可以减少下坡跑对肌肉的冲击，还有利于重心控制。同时下坡跑还要注意用上肢保持身体平衡。

有些跑者说下坡跑能不能借助惯性，身体前倾，用力往下冲。这种方式对于长下坡跑是不合适的，但对于比较短的下坡跑，如100米以内，同时路上行人较少，可以采用这种方式。这种方式对于训练步频是不错的，但由于此时速度不受控制，肌肉受的刺激大，受伤风险较大，还容易因刹不住车而撞到行人。

四、总结

如果你经常跑步的地方有坡，不要害怕，这恰恰是好事，跑过了很多坡路，你还害怕马拉松比赛中的坡道吗？这就是所谓艰苦的训练会让你变得更强大。间歇跑纵然再好，其实还有比间歇跑更接近马拉松专项的训练方式——上坡跑。经历过上坡跑训练，你才能对跑步训练真正无所畏惧！

◄◄ 第十一节　恢复跑 ►►

　　参加马拉松比赛会带给你很强的疲劳感，因为你的体力消耗会更大，赛后恢复显得更为重要。赛后头几天需要进行排酸跑的说法事实上也是深入人心，你今天进行排酸跑了吗？其实排酸跑是彻头彻尾的伪科学。

一、排酸跑的来历

　　很多年以前，人们对运动的认识还比较肤浅，多数的观点来自经验认知。剧烈运动会导致肌肉产生明显的酸胀感，运动强度越大，这种酸胀感越明显。由于运动时的酸胀感主要是乳酸堆积引起的，因此乳酸就成为这种朴素认知的起点，排酸跑由此而来。

　　人们发现，除了剧烈运动本身会引发肌肉酸痛外，在参加完一次超出平时正常活动量的运动后，接下来几天，肌肉仍然会表现得十分酸痛，人们就自然联想到是不是乳酸一直堆积在体内。怎么想办法将其排出体外呢？克服酸痛，继续运动，直至彻底排出……

二、无论运动多剧烈、时间多长，乳酸会在运动后半小时以内消失得一干二净

　　运动时的酸胀感的确是乳酸堆积引起的，这种酸胀感还是导致身体疲劳的重要原因之一。但无论运动时间有多长、运动强度有多大，以及你运动后是否做拉伸，运动时体内堆积的乳酸都会在运动结束后半小时以内被完全清除。

　　那这些乳酸去哪里了呢？当然不可能排出体外。你感觉过体内有酸性物质从汗液、尿液、呼吸中排出了吗？显然没有。首先，这些乳酸大部分会被彻底分解为水和二氧化碳并释放能量；其次，还有一部分乳酸在肝脏重新转变成糖被存储起来，这一过程的专业术语为"糖异生"。那么，乳酸清除的整个过程大约需要多长时间呢？一般10~20分钟，最多不超过30分钟。

三、既然跑马后第二天肌肉酸痛不是乳酸引起的，那会是什么原因呢

　　既然不是乳酸堆积，那为什么我们在跑马后好几天都会觉得肌肉酸痛呢？我们把这种运动后当天肌肉反应不明显，却在运动后第二天出现明显肌肉反应的现象称为延迟性肌肉酸痛（delayed onset muscle soreness，DOMS）。通常来说，延迟性肌肉酸痛会在运

动后几小时或一夜之后出现，所以具有延迟出现的特征。同时，这种症状消失得比较缓慢，短则两三天，长则3~7天才能完全消失。

目前主流观点认为，运动后的肌肉酸痛现象主要是肌肉细微损伤引发的。也就是说，由于运动量超过平时正常能承受的负荷量（如跑马、挑战新的距离、挑战新的配速），机体不适应，导致肌肉细微损伤，肌肉在修复过程中，引发了炎症反应，导致肌肉酸痛。这样的细微损伤，不同于肌肉拉伤。肌肉拉伤是肌肉较大面积的急性损伤，立马会出现肿胀甚至淤青；而延迟性肌肉酸痛主要发生在微观层面，肉眼根本看不见。

并且，延迟性肌肉酸痛虽然被称为酸痛，但其实主要是痛，而不是酸，运动时的肌肉酸痛则主要是酸，而不是痛。这下你应该彻底明白了排酸跑这个说法为什么是错的。

四、既然无酸可排，跑马后头几天接着跑步能缓解跑马后的酸痛吗

跑者应该理解乳酸不可能长时间堆积在体内，自然也就不存在排酸的概念，因此，排酸跑就是个以讹传讹、流传已久的错误说法。虽然无酸可排，但跑马后第二天不休息而是接着跑步，这个事情本身是对的吗？

跑马后特别是初次跑马后，肌肉的细微结构已经受伤了，机体这时会启动修复机制，你需要做的就是休息，继续跑步容易刺激肌肉，导致修复延迟，甚至加重损伤。这是排酸跑后第二天很多跑者仍然肌肉酸痛的原因。有些跑者甚至错误地怪自己排酸跑跑的距离太短，没有达到排酸的效果，并进一步加大运动量，这时就会导致肌肉反复细微损伤，并引发更为严重的炎症反应。**所以，排酸跑不是跑马后的标配，休息才是跑马后最好的恢复措施。**

五、为什么有些跑者觉得排酸跑有效果呢

既然跑马后第二天应该休息，但为什么有些跑者觉得排酸跑后肌肉酸痛感的确减轻了呢？一方面，在肌肉酸痛很明显时，中低强度运动具有即刻缓解酸痛的效果，但这样的效果，持续时间短暂，过一两个小时后，酸痛感又会再次来袭；另一方面，对于那些资深跑马者而言，跑马第二天肌肉只是有些轻微酸痛，到了第三天也就自然消失了。这并不是来自排酸跑，而是来自肌肉自然恢复过程。如果你恰恰在跑马后第二天进行排酸跑，那么你就会误以为是排酸跑在起作用。

六、排酸跑是伪科学，你需要的是恢复跑

赛后第二天进行排酸跑，从概念上来讲是错误的，从操作上来说也毫无必要。但是

在赛后2~3天后，能力较强、马拉松赛后肌肉反应较轻的跑者可以进行恢复跑训练；能力较弱、肌肉反应较大的跑者建议在赛后一周后再开始恢复跑。

事实上，恢复跑是一种非常重要的训练，也是大众跑者普遍缺失的一种训练。顾名思义，恢复跑可以视作积极性恢复。恢复的究竟是什么呢？恢复的是身体状态，即让身体从疲劳状态中解脱出来。积极性轻松跑可以起到调节状态、促进恢复、加速血液循环、放松心情等作用，恢复跑应用范围甚广，以下是恢复跑的主要应用场景。

- 在平时跑步结束后进行5~10分钟恢复跑，帮助身体从激烈运动状态逐渐恢复到平静状态。
- 在间歇跑、冲刺跑等高强度训练后进行10~20分钟恢复跑，帮助体内乳酸更快清除。
- 在马拉松比赛中冲过终点后，进行10~20分钟恢复跑，给予身体从激烈运动状态恢复到平静状态的信号，同时减轻肌肉半痉挛僵硬症状。
- 在马拉松赛后3~5天，进行30~40分钟恢复跑，通过积极性恢复消除马拉松给跑者带来的深度疲劳。

七、恢复跑应该跑多快

恢复跑属于速度很慢、很轻松的跑步。恢复跑是比平时的LSD训练速度更慢的一种跑步训练方法，LSD训练的强度一般为最大心率的65%~78%，恢复跑的强度可以理解为热身区间的强度，即佳明运动手表心率1区（热身区间），最多达到LSD强度的心率下限水平。如果心率太高，事实上就变成LSD训练了，并不需要，所以恢复跑一定要体现为跑得足够慢。这对于成熟跑者反而不太容易做到，因为他们平时快惯了，所以在恢复跑时一定要耐得住性子，控得住速度。

八、基普乔盖恢复跑配速仅为6:00

马拉松之王基普乔盖2019年顺利实现人类马拉松成绩首次突破2小时大关，堪称人类创举。为了这一计划，他进行了十分科学、系统的训练。为此，他将自己的周跑量从之前备战伦敦马拉松时的190~210千米提升到200~230千米，但是如果你认为基普乔盖平时训练一定跑得飞快，那你就大错特错了。

事实上，基普乔盖有时在调整日进行恢复跑的时候，配速仅仅为6:00左右，这与他参加马拉松比赛时配速在3:00以内可谓相去甚远。连基普乔盖都会进行6:00配速的恢复跑，大众跑者还会介意恢复跑时速度太慢吗？其实大众跑者往往存在一个问题，就是慢不下来，自然也就快不上去。快慢结合，错落有致，合理安排，这才是训练的艺术。

九、总结

马拉松赛后1~3天不要进行所谓的排酸跑，因为排酸跑不仅概念错误，方法也错误。赛后一两天进行运动不利于身体恢复，但在赛后3天后，跑者可以根据个人情况进行恢复跑。此时的恢复跑不同于排酸跑，这时进行积极性恢复有利于消除疲劳。训练的艺术就体现在这些方面，安排精准、目的明确、执行到位，这才是训练的王道！

◄◄ 第十二节　30千米拉练 ►►

在马拉松备赛逻辑中，有一个重要的方法就是要在赛前一个月左右进行一次30千米左右，不超过35千米的长距离拉练。这种拉练目的是什么？应该跑多快？为什么应当在赛前一个月左右进行？拉练时需要注意些什么？本节一一道来。

一、为什么要在赛前一个月进行30千米的拉练

马拉松的距离长达42千米多，跑马绝对是一项耗时长、大强度的极限运动。如果准备不足，强烈不推荐尝试，因为你的心肺系统、肌肉骨骼系统以及身体其他与之相关的系统都要承受很大的压力。筋疲力尽、脱水、"撞墙"、抽筋，甚至神志不清，这些都是你的身体无法适应马拉松负荷的表现。为了让身体提前了解、适应这种负荷，30千米的拉练要达成以下目的。

1. 这是一种压力测试，测试你的身体承受能力

大多数大众跑者平时由于训练时间有限，即使进行长距离拉练，距离一般也就10~15千米，最多也就跑个半马，很少像专业马拉松运动员那样进行更长距离的拉练。这样就带来一个问题，马拉松的距离长达42千米多，是平时最长跑步距离的两倍甚至更多。身体能否承受马拉松负荷其实是要打一个问号的，即使你跑半马跑下来还不算太累，感觉还能接着跑，但再跑一个半马身体是什么反应，你其实是不清楚的。

这种30千米拉练可以视作一种压力测试，测试一下你的身体能否承受这种比马拉松负荷稍小一点，但比平时训练负荷大得多的负荷。在后半程，你可以充分实测一下自己的心率、肌肉、关节等的感受，观测一下自己的心率是否飙升太快、肌肉有没有明显的麻木感、关节是否有疼痛等。这些感受可以让你重新考量你对一个月之后的比赛所设定的目标是否合理，是要调低还是坚持目标。如果跑完30千米很难受、很勉强，显然你要降低你的预期；如果跑完之后感觉还比较轻松，不算特别累，那么这也将显著增强你对接下来的比赛的信心。

2. 这也是一种宝贵的训练，可以在赛前进一步提升你的能力

当然，30千米的拉练除了测试你的身体承受大负荷的反应以外，也是一种宝贵的训练，因为你的身体平时很少承受这样的大运动量负荷。运动生理学超负荷原理告诉我们，只有给予身体比原本适应的负荷更大的负荷，才能对身体产生刺激，并且经过刺激-反应-适应这一过程，实现能力的提升。在身体健康的情况下，人体事实上是有很强的适应能力的，30千米的拉练可以有效刺激身体，提升耐力，特别是提升适应大运动量负荷的能力。这种能力还可以形成短期记忆，让身体在一个月后的比赛中还能对此保持记忆，从而适应马拉松负荷。这也是跑过一次马拉松之后，再跑马拉松就会感觉相对轻松的原因之一，因为身体已经对马拉松负荷产生了记忆和适应性。

二、为什么要在赛前一个月进行30千米拉练？早一点或者晚一点不行吗

为什么这种拉练最好安排在赛前一个月左右呢？其意义主要在于以下几个方面。如果你的训练比较规律、系统，能力是逐步提升的，那么赛前一个月身体状态还是不错的，这时进行拉练，条件比较成熟。

如果距离比赛太近，如距离比赛仅剩2~3周，这时我们就不建议你再进行拉练了。因为30千米的LSD毕竟是大强度、大运动量负荷的训练，会造成明显的身体疲劳。如果能力不够，强行在赛前2~3周进行拉练，会导致身体恢复不足，进而影响正式比赛。而在赛前一个月左右进行，可以让你有充分的恢复时间，也有利于赛前减量训练。而如果过早进行30千米拉练，那么这次训练的痕迹可能会在赛前消失殆尽，失去长距离拉练的意义，白白消耗体能。

当然，有跑者可能会问，30千米拉练能否在赛前几个月中，每个月安排一次呢？通常我们是不建议的，因为30千米拉练负荷量很大，反复用这种超量负荷刺激身体有可能会导致身体过度疲劳，所以一般安排1次30千米拉练，最多2次，每次间隔至少3周。当然，有些跑者跑量很大，能达到月跑量300~400千米，马拉松成绩也很不错，如在3小时30分钟以内。对于这样的跑者，每月都安排一次30千米拉练也未尝不可，但对于大多数月跑量在200千米左右的跑者，通常是不建议的，他们也没有必要反复进行30千米拉练。

三、赛前30千米拉练要跑多快

赛前30千米拉练既然是压力测试、模拟比赛，就要完全模拟比赛时的配速进行，这里要分为两种情况，一种是以完赛为目标的跑者，一种是有成绩要求的跑者。对于前者，只要以比较轻松的速度慢慢跑完30千米就好了，其主要目的是测试以轻松跑能否跑

完30千米；而对于后者，则要严格按照一个月之后马拉松比赛的目标成绩所需要的平均配速，即马拉松配速进行，而马拉松配速比轻松跑的配速更快，它其实并非完全的有氧跑，而是混氧跑，跑起来并不轻松。我们根据丹尼尔斯训练法，将马拉松目标成绩所需要的配速列入下表。例如，你计划全马4小时以内完赛，那么你基本上要按照5:40~5:45的配速去完成30千米拉练，这样才能测试出你的身体承受跑30千米的负荷的反应，并且预估自己能否顺利完赛。

拉练要严格按照比赛目标配速去跑

全程马拉松成绩 （小时:分:秒）	半程马拉松成绩 （小时:分:秒）	马拉松配速 （分:秒）
4:49:17	2:21:04	7:03
4:41:57	2:17:21	6:52
4:34:59	2:13:49	6:40
4:28:22	2:10:27	6:30
4:22:03	2:07:16	6:20
4:16:03	2:04:13	6:10
4:10:19	2:01:19	6:01
4:04:50	1:58:34	5:53
3:59:35	1:55:55	5:45
3:54:34	1:53:24	5:37
3:49:45	1:50:59	5:29
3:45:09	1:48:40	5:22
3:40:43	1:46:27	5:16
3:36:28	1:44:20	5:09
3:32:23	1:42:17	5:03
3:28:26	1:40:20	4:57
3:24:39	1:38:27	4:51
3:21:00	1:36:38	4:46
3:17:29	1:34:53	4:41
3:14:06	1:33:12	4:36
3:10:49	1:31:35	4:31
3:07:39	1:30:02	4:27
3:04:36	1:28:31	4:22
3:01:39	1:27:04	4:18
2:58:47	1:25:40	4:14

续表

全程马拉松成绩 （小时：分：秒）	半程马拉松成绩 （小时：分：秒）	马拉松配速 （分：秒）
2:56:01	1:24:18	4:10
2:53:20	1:23:00	4:06
2:50:45	1:21:43	4:03
2:48:14	1:20:30	3:59
2:45:47	1:19:18	3:56
2:43:25	1:18:09	3:52
2:41:08	1:17:02	3:49
2:38:54	1:15:57	3:46
2:36:44	1:14:54	3:43
2:34:38	1:13:53	3:40
2:32:35	1:12:53	3:37
2:30:36	1:11:56	3:34
2:28:40	1:11:00	3:31
2:26:47	1:10:05	3:29
2:24:57	1:09:12	3:26
2:23:10	1:08:21	3:24
2:21:26	1:07:31	3:21
2:19:44	1:06:42	3:19
2:18:05	1:05:54	3:16
2:16:29	1:05:08	3:14
2:14:55	1:04:23	3:12
2:13:23	1:03:39	3:10
2:11:54	1:02:56	3:08
2:10:27	1:02:15	3:06
2:09:02	1:01:34	3:03
2:07:38	1:00:54	3:01
2:06:17	1:00:15	3:00
2:04:57	0:59:38	2:58
2:03:40	0:59:01	2:56
2:02:24	0:58:25	2:54
2:01:10	0:57:50	2:52

四、赛前拉练需要跑更长吗

一般来说，赛前拉练30千米就足够了。这样既比一次普通跑步训练的负荷大不少，又比比赛负荷小，防止过度疲劳。对于月跑量在200千米左右的跑者，我们建议进行30千米拉练就够了；对于月跑量能达到250~300千米的跑者，赛前拉练最长35千米，再长就没有必要了，太长反而会导致身体在赛前过度疲劳，不利于恢复。

五、总结

全马赛前进行一次30千米左右，不超过35千米的拉练对于跑者提前适应负荷，了解自己承受大负荷时的身体反应，提升能力，为即将到来的比赛做好准备具有重要意义。即使是参加半马，建议赛前也要进行一次15~18千米的拉练。

◄◄ 第十三节 心率区间 ►►

跑者跑步时，可能最关心自己的配速，也就是速度快慢。有的人追求快速，总想越跑越快；有的人则享受轻松跑的惬意。跑得慢的人常自嘲是菜鸟，而跑得快的人则在成为高水平跑者的道路上不断奋进。

其实配速只是表象，更重要的是你在跑步时身体内部发生了什么。如果你希望达到自己的跑步目的，最重要的不是配速，而是心率！如果你希望通过跑步减肥，跑到气喘吁吁、心率很高，一方面体验极差，另一方面效果也不好。因为高心率状态下脂肪供能比例下降，此时你消耗得更多的是糖，与目标南辕北辙。而如果你希望提高自己的配速，那么你就不能总是按照单一速度、单一节奏跑步，除了轻松跑以外，恐怕你还要做更多乳酸阈跑、间歇跑。这时你就要严格按照自己的心率区间来进行针对性训练，这样才能确保你所练的是你最需要、最想要的。

一、为什么跑步时心率比配速更重要

毫无疑问，心率与配速高度相关。配速越快，当然心率越高，但问题是由于每个人心肺耐力不同，在相同速度下，如跑步团集体跑步时，每个人心率是不同的。举例来说，同样是6:00配速，能力强的跑者甲心率只有135次/分，能力弱的跑者乙的心率已经高达175次/分。对于甲来说，6:00配速完全属于轻松跑；而乙可能此时已经进入痛苦不堪的乳酸阈跑，而乙跑步的目的很有可能就是减肥，而非训练抗乳酸能力。

- 怎样才能最大限度确保自己的跑步状态是与自己的目标完全对应的呢？你不要被配速迷惑，而应该遵循自己身体的反应来进行合理的训练，本质就是根据自己的心率来选择适宜的配速。
- 如果你的目的是提升健康水平、发展基础耐力、减肥或提高心肺功能，那么这时你需要的是轻松跑，心率就不能也不需要太高。
- 如果你的目的是找到马拉松比赛时的节奏，或者正在进行赛前训练，又或者你觉得轻松跑的速度过慢，那么你可以进行速度更快、心率更高的马拉松配速跑。
- 如果你的目的是突破成绩长时间没有提高的瓶颈，你需要进行比较艰苦的乳酸阈跑，来提升身体耐受乳酸的能力，此时心率比较高，你会感觉很累。
- 如果你需要充分刺激你的心肺系统，提升最大摄氧量水平，那么你就需要进行最为痛苦，但提升成绩效果往往也最为明显的间歇跑。此时，你可以达到你本人的最大心率，你需要很强的意志去完成多组间歇训练。

所以说，无目标，不跑步。在任何时候跑步我们都要清楚自己想要什么，然后根据这个目标去设定自己合理的心率区间，然后把速度牢牢掌控在这个心率区间。如果超过心率区间，说明你跑太快了；如果还没达到心率区间，那么你就需要把速度再加快一点。

二、根据不同的跑步目的选择最佳的跑步心率区间

- 如果你进行的是轻松跑，那么心率区间应为最大心率的65%~78%。
- 如果你进行的是马拉松配速跑，那么心率区间应为最大心率的79%~87%。
- 如果你进行的是乳酸阈跑，那么心率区间应为最大心率的88%~90%。
- 如果你进行的是间歇跑，那么心率区间应为最大心率的91%~100%。

不同跑步内容所对应的心率区间（次/分）

年龄（岁）	最大心率	轻松跑		马拉松配速跑		乳酸阈跑		间歇跑	
		心率下限	心率上限	心率下限	心率上限	心率下限	心率上限	心率下限	心率上限
20	200	130	156	157	175	176	180	181	200
21	199	129	155	156	174	175	179	180	199
22	198	129	154	155	173	174	178	179	198
23	197	128	154	155	172	173	177	178	197
24	196	127	153	154	171	172	176	177	196
25	195	127	152	153	171	172	176	177	195
26	194	126	151	152	170	171	175	176	194

年龄（岁）	最大心率	轻松跑		马拉松配速跑		乳酸阈跑		间歇跑	
		心率下限	心率上限	心率下限	心率上限	心率下限	心率上限	心率下限	心率上限
27	193	125	151	152	169	170	174	175	193
28	192	125	150	151	168	169	173	174	192
29	191	124	149	150	167	168	172	173	191
30	190	124	148	149	166	167	171	172	190
31	189	123	147	148	165	166	170	171	189
32	188	122	147	148	164	165	169	170	188
33	187	122	146	147	164	165	168	169	187
34	186	121	145	146	163	164	167	168	186
35	185	120	144	145	162	163	167	168	185
36	184	120	144	145	161	162	166	167	184
37	183	119	143	144	160	161	165	166	183
38	182	118	142	143	159	160	164	165	182
39	181	118	141	142	158	159	163	164	181
40	180	117	140	141	157	158	162	163	180
41	179	116	140	141	157	158	161	162	179
42	178	116	139	140	156	157	160	161	178
43	177	115	138	139	155	156	159	160	177
44	176	114	137	138	154	155	158	159	176
45	175	114	137	138	153	154	158	159	175
46	174	113	136	137	152	153	157	158	174
47	173	112	135	136	151	152	156	157	173
48	172	112	134	135	150	151	155	156	172
49	171	111	133	134	149	150	154	155	171
50	170	111	133	134	149	150	153	154	170
51	169	110	132	133	148	149	152	153	169
52	168	109	131	132	147	148	151	152	168
53	167	109	130	131	146	147	150	151	167
54	166	108	129	130	145	146	149	150	166
55	165	107	129	130	144	145	149	150	165
56	164	107	128	129	143	144	148	149	164
57	163	106	127	128	142	143	147	148	163
58	162	105	126	127	142	143	146	147	162
59	161	105	126	127	141	142	145	146	161
60	160	104	125	126	140	141	144	145	160

三、最好评估一下自己的最大心率

最大心率的计算方式一般为使用220减去年龄。当然，这种计算方式用于群体是没问题的，但用于个人存在一定误差。也就是说你的实际最大心率可能会超过220减去年龄，也有可能达不到这个水平。有研究显示采用"最大心率=206.9-0.67×年龄"这种计算方式会更准确一些。当然，最佳方式还是通过测试直接测出你的最大心率。

世界著名耐力训练专家和跑步教练丹尼尔斯博士曾做过一个实验：一位年龄为30岁，缺乏锻炼的男性，以最科学的方式测出其实际最大心率仅为148次/分，如果按照公式计算其最大心率为220-30=190次/分，这是多么大的误差！即使跑步时不用达到最大心率，只是以最大心率的86%来训练，那么其心率也需要达到163次/分，对于实际最大心率只有148次/分的他来说是根本不可能完成的任务！所以220减去年龄要么可能高估你的最大心率，要么可能低估你的最大心率，这样就会导致按照该种方式计算出来的心率区间与本人实际感受不符合。例如，心率区间显示你处于轻松跑状态，而你感觉比较累，这种情况通常说明你的实际最大心率低于220减去年龄；如果心率区间显示你处于乳酸阈跑状态，而此时你却感觉不太累，这种情况通常说明你的最大心率高于220减去年龄。

下面给大家介绍两种方法，可以测出你的最大心率。当然，最大心率测试需要运动到极限状态，不建议初跑者测试，这种测试适合有一定训练经验的跑者。

方法1：3千米测试

场地：正规400米跑道

测试距离：3千米（7.5圈）

测量仪器：心率表

测试内容：

①先带上心率表慢跑一圈，检查心率表能否正常工作，同时兼做热身运动。

②在400米跑道上连续跑7.5圈，前5圈在保持第1圈轻松跑的基础上逐渐提高强度。从第5圈开始，每一圈都需要提升速度并观察和记录自己的心跳数值，保证自己的心率在持续上升（若心率没有持续上升需继续提速），并且在最后半圈用最快的速度奔跑。

③结果：记录心率表在最后半圈直到结束后10秒之内的最高心率，此时的数据已经非常接近你目前的实际最大心率。

方法2：多组800米测试

场地：正规400米跑道

测试距离：跑2~5组800米

测量仪器：心率表

测试内容：

① 首先进行热身。

② 在400米跑道上尽全力跑2圈，即跑800米，记录到达终点时刻的心率。

③ 休息3~5分钟，不要超过5分钟，进行第2次800米全力跑测试。如果第2次测试的心率高于第1次的心率，则再进行第3次测试，直到达到最大心率。如果第2次测试的心率不及第1次的心率或者与第1次的心率齐平，那么这就是你的最大心率。通常情况下，经过3~4组800米测试，就能测试出你的最大心率。

四、很多跑者常常跑步时心率较高，"虐"不一定就好

很多跑者跑步时非常在意配速，似乎一定要累到气喘吁吁，跑步才有效果；或者看到别人快，自己也要追求速度，导致跑步时非常累，体验非常差。纵然你有坚强的毅力，能坚持下来，但仍然背离了自己的跑步目标。其实并非不能快，而是该快则快，该慢则慢。如果你的目标就是提高跑步能力，那么进行乳酸阈跑、间歇跑时，你的速度就要非常快，让心率真正处于应该在的那个区间；而如果你的目标是减肥，你是为了健康而跑步，那么你真的没必要跑那么快，你应该让你的心率处于轻松跑的那个区间。而很多时候，跑者没有过多思考这一点，导致自己的速度快也不是很快，慢也不是很慢。

也就是说，很多跑者的训练模式是纺锤形训练模式。什么叫纺锤形训练模式？意思是指很多跑者平时很少做间歇跑、冲刺跑这类速度很快的训练，而速度较慢的轻松跑也不屑于做，他们的训练多数是不慢不快的中等强度跑步。这种训练方式带来的问题就是尽管训练不轻松，但能力提高缓慢、成绩停滞不前，还因为训练太过单调而容易受伤，**陷入"慢不下来，快不上去"的陷阱**。

纺锤形训练模式

其实真正好的跑步训练模式应该如右图所示，不同配速训练呈现金字塔式分布，速度慢的训练所占跑量比例很大，而速度最快的间歇跑、冲刺跑所占跑量比例小。

相较于专业运动员，由于大众跑者的训练时间比较有限，所以他们希望通过加快速度来弥补训练量的

金字塔训练模式

不足，或者不自觉就容易跑快。这种方法的问题是：这种高强度（接近乳酸阈）的训练容易增加对交感神经系统的负担。心率很高就意味着反而给身体施加了很大的压力，阻止了我们提升！所以，我们为什么不选择速度更慢的跑步呢？何苦自己为难自己呢？

其实最佳的训练模式是这样的：80% 低强度训练，10% 中等强度训练和 10% 的高强度训练。这种训练模式也被大多数马拉松教练认可，我们称之为 80/10/10 法则。而很多跑者实际却是按照 30/65/5 的模式在进行训练。

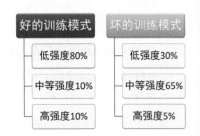

好的训练模式	坏的训练模式
低强度80%	低强度30%
中等强度10%	中等强度65%
高强度10%	高强度5%

五、总结

心率区间是跑者应该掌握的一个重要概念。你这次跑步的目标是什么，就应该让自己的心率区间处于相应的范围。如果心率不在心率区间，你就应该调整配速，因为每天的状态都不同。心率高时就应该果断降配速，心率低、状态好时则可以跑快一些。不要再一根筋地盯着配速，总之一句话：一流跑者跑步看心率，二流跑者跑步看配速，三流跑者跑步看感觉。

◀◀ 第十四节 配速与心率 ▶▶

配速与心率具有强关联，配速越快，心率越高，心率与配速成典型的线性关系。不同耐力水平的人在同一配速下，心率表现具有巨大差异，如一个精英跑者在 6:00 配速时心率只有 130 次/分，一名初级跑者在 6:00 配速时心率已经高达 160 次/分。配速上升时，心率上升越慢，说明心肺功能越好；反之则越差。同样的道理，停下脚步后，心率恢复越快则心肺功能越好。

配速是绝对强度指标，心率是相对强度指标。同等配速下，心率可以今天高，明天低，因为心率受到身体状态、气候、环境等因素影响。

心率虽然是相对强度指标，但心率高低和主观感受的结果却是几乎完全一致的，这跟配速、气候、环境都没有太大关系。心率高感觉比较累，心率低感觉比较轻松，不太可能存在心率低但感觉却比较累，而心率高却感觉比较轻松的情况。

同等配速下，你的主观疲劳感受可能是不完全相同的，如夏季跑步，在同等配速下，你会感觉更累，这时你看看你的心率，往往心率也会更高。而在凉爽、气温适宜的季节，同等配速下，你会感觉更轻松，这时你的心率也会更低。在某些极端气候如35℃以上跑步，看心率比看配速更重要，因为这时在同等配速下，心率会更高。如果保持配速，就有可能使得心率过高，加剧疲劳，甚至引发中暑。

假定气象条件、环境、身体状态都完全相同，以同等配速去跑步，你的心率降低了，这是心肺功能明显提升的表现。例如，6:00配速时原来心率是155次/分，经过训练，6:00配速时心率降到145次/分，这意味着你的心脏收缩力增强，工作更加省力，心脏不需要跳动那么快就能满足需要。同样的道理，在同等心率情况下，如果配速提升，也代表你的心肺功能得到提升。举例来说，原来心率150次/分时，配速为6:00，现在心率150次/分时，配速为5:30，则代表同等心率下你可以承受更高的运动强度。

在日常跑步训练中，严格按照配速去训练是允许的，但本身能够以稳定配速去跑步就不是一件容易的事情。因为在室外跑步，由于环境始终在变，如路面高低起伏，想要保持稳定配速需要有很好的节奏感和良好的耐力。多数情况下，大众跑者都是时快时慢，能做到每千米速度误差在1~2秒，并不简单。

按照配速去跑有两种情况：一种是每次跑步配速都完全相同，几乎不做改变，健身跑就是这种情况；还有一种情况是为自己设定不同的配速要求，如今天是6:30，明天是5:30。为实现马拉松PB而进行训练，通常要求跑者按照不同配速进行不同训练，这样才能全面训练跑步能力。

按照配速去跑，假定你能够保持配速稳定，你每次的心率表现也是存在很大差异的。例如，都是以6:00配速去跑步，今天天气潮湿闷热，心率可能是150次/分；明天气候凉爽，心率可能是140次/分。正如前文所说，这是因为每次跑步时身体状态、气象条件都是不一样的，这会对心率产生很大影响。也就是说绝对强度没有变，但相对强度每天都在变，今天在这个配速下可能是轻松跑，明天在这个配速下可能就变成乳酸阈跑。

按照心率去跑，本质是要求自己以同等的疲劳感受去跑。不管个人状态、环境、气象条件如何，只要心率稳定在某个水平，主观疲劳感受都是几乎一致的。只不过就算每次跑步心率相同，配速也会有很大差异。同样心率保持在140次/分，今天配速可能是6:30，明天配速就变成6:15，但不管配速如何，个人跑步时的感觉都是差不多的。

在马拉松比赛中，我们建议跑者按照心率去跑，这是什么意思呢？如果你计划4小时完成一场全马，那么这意味着你要以平均540的配速跑4小时才能实现。如果你在这4个小时以内心率都保持在160次/分以内，那么你基本上是可以实现这个目标的。但如果你一开始心率就在165次/分左右，那么4小时完赛的目标恐怕就不容易实现了。因为在全马比赛后半程，由于体力的剧烈消耗、肌肉疲劳、出汗、中枢疲劳等因素，你不太可能全程保持心率稳定。在比赛后半程即使配速不变，你的心率也会逐步上升，当心率达到175次/分甚至更高时，这称为"心率漂移"，你就会发生明显的疲劳，并导致配速下降，即跑崩了。而按照心率去跑，则不会跑崩，就算最终会跑崩，至少也会推迟跑崩的时间。所以跑马拉松时，一种稳妥的做法是：当心率上升则通过降低配速的方式来保持心率。这样也许你不能实现PB，但至少你可以全程比较匀速地跑下来，而不是跑跑走走，或者后半程配速严重下降。

按照配速跑，还是按照心率跑，其实都是可以的，关键是你要了解自己的配速与心率之间的对应关系，即你大概什么配速对应多高的心率，这样按照配速跑还是按照心率跑就不会变成一件纠结的事情。这个问题的本质不是跑步时看心率重要还是看配速重要，都要看，都要关注。总结来说，不是配速重要还是心率重要的问题，而是遵循科学训练原则最重要。

心率和配速都是跑步时最重要的反馈，跑步时经常看看这些反馈，对于科学跑步和进行自我指导都有重要意义。

◄◄ 第十五节 马拉松头5千米 ►►

对于成熟跑者而言，想要实现PB，就意味着你必须严格按照PB所需要的配速去跑，如跑全马计划4小时完赛，那么就意味着你全程的平均配速要达到5:41左右。

一、匀速跑完全程最理想，先快后慢可以接受

对于马拉松比赛而言，全程保持均匀配速当然是较为理想的情况。当然对于大多数跑者而言，前半程体力好的时候稍快一些，后半程体力下降时稍慢一些也是完全允许的。同时你可能还需要考虑因为进站补给而速度变慢甚至停下来，这也会损耗时间，所以在出站后你的速度要稍微加快一点。

为什么说马拉松比赛的头5千米就能在很大程度上决定你是否能实现PB呢？这句话的依据是什么呢？依据就是你比赛时的心率表现！

由于马拉松是竞技性比赛，所以在比赛中你需要全力以赴。比赛中你的心率要比LSD训练时的心率稍微高一些，速度也要比LSD快一些，这被称为马拉松配速，即马拉松比赛时的配速。但同时你的心率又不能过高，过高的心率容易使你体内血乳酸浓度上升比较明显，甚至进入无氧阈值以上，而且你还要考虑后半程"心率漂移"的问题。

二、头5千米如果心率相对较低说明你状态上佳

根据丹尼尔斯训练法,马拉松配速跑心率应当保持在最大心率的79%~87%,这意味着马拉松配速跑心率有一定范围,下图显示了不同年龄跑者马拉松配速跑心率范围,即心率上限和下限,下面这两段话很重要。

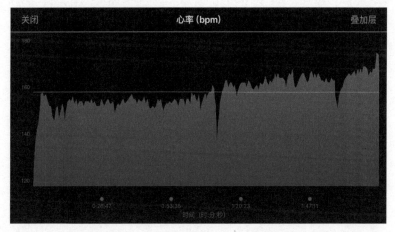

一位能力较弱的跑者半马比赛时配速不变,但越到比赛后半程心率越高

如果你在头5千米以实现PB所需的配速去跑,心率接近马拉松配速跑心率的下限,同时自我感觉比较轻松,那么恭喜你,你今天实现PB的概率将大大提高。举例来说,如果你的年龄是45岁,那么若头5千米你的心率接近138~142次/分,这说明你今天状态较好。

如果你在头5千米以实现PB所需的配速去跑,心率接近马拉松配速跑心率的上限甚至略微超过上限,同时感觉身体发沉,那么你今天实现PB的压力蛮大的,能否实现不容乐观。同样举例,如果你的年龄是45岁,那么若头5千米,你的心率已经接近152~155次/分,这说明你今天需要付出较多的努力并拥有很强的意志力才有可能实现PB。

由于马拉松配速跑心率有一定范围,所以即使是马拉松配速跑,你也有一定提速空间,但提速会带来心率的上升,这是你不得不面对的问题。如果比赛时,你以目标配速去跑,你的心率表现将在很大程度上决定你能否实现PB。在比赛刚开始,在能够保持配速的情况下,心率相对越低,则表明状态越好;心率相对越高,则表明实现PB难度越大。

三、重视"心率漂移"现象

随着比赛的进行,即使你的配速不变,你的心率也势必进一步升高,这个现象被称为"心率漂移"。

马拉松比赛时间很长，由于疲劳、大量出汗导致身体脱水、体温升高等因素，很多跑者基本不太可能全程保持心率平稳，而是出现越到比赛后半程，心率越高的现象，这种现象又被称为"心率漂移"。也就是说在马拉松比赛后半程，即使配速不变，心率也会随着时间推移而缓慢上升，上升幅度可以达到每分钟10~20次。

对于能力较强的跑者而言，如果补给合理，全程都能保持稳定配速、稳定心率。

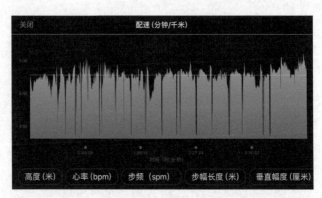

一位能力较强的跑者全马比赛时配速不变同时心率稳定

备注：心率大幅下降时基本代表进站补给。

所以，考虑到"心率漂移"，头5千米如果心率较低，表明你今天状态上佳，实现PB希望很大；如果头5千米心率较高，则表明今天你的状态并不是最好，PB更难实现。因为如果头5千米心率就比较高，越到后面心率会越高，就容易跑崩。

四、头5千米不用刻意压配速，以目标配速观察心率

可能有跑者会问：头5千米要不要压配速？比赛开始后，人流较大，人员密集，受到人流影响，你可能提速会受影响，特别是跟你的出发区域有关系。如果你是水平比较高的跑者，站位靠前，前面阻挡少，配速就不会受到多大影响；而如果你的出发区域靠后，同时你速度还比较快，那么比赛刚开始你的配速就容易受到影响。

一般来说，比赛刚开始你并不需要刻意压配速。一开始按照预定的目标配速跑就可以，也不需要在头几千米跑得慢一点让自己热身，热身应当在比赛之前做好，比赛开始后须全身心投入。**当然，一开始比目标配速快5~15秒也是完全允许的**，但不要超出太多，超太多血乳酸浓度升上来就不容易降下去。在头5千米，如果实际配速比实现PB所需要的平均配速快5~15秒，这时心率不超过马拉松配速跑心率上限或者在上限附近，也说明你的状态很好！

安全理性跑马的一个重要策略是按照心率去跑马，始终把心率控制在一个合理水平，

当心率和配速冲突时，应当优先考虑心率。举例来说，如果一名跑者45岁，在比赛后半程，在保持目标配速时，心率已经明显超过马拉松配速跑的心率上限，如达到160次/分甚至更快，这时就应该把配速降低，从而让自己的心率降下来。当然，这种情况下，意味着你无法按照预定配速完赛，你的完赛时间将长于实现PB的计划时间，但这样可以避免你跑崩，避免引发安全问题。

这也提示你接下来还是只能通过训练提升心脏功能、改善耐力，到那个时候，你就可以以更低的心率、更快的速度完成跑马了。

五、总结

马拉松比赛要实现PB意味着你需要严格按照配速去跑。如果头5千米在保持目标配速的情况下，心率能保持在140次/分左右，说明你今天状态很好；而如果目标配速下，头5千米心率就达到150~155次/分，甚至超过160次/分，则说明你今天状态并非最好，实现PB难度较大。能不能实现PB，基本上头5千米就已经决定了！

◁◁ 第十六节　马拉松体力分配 ▷▷

马拉松比赛的体力合理分配问题关系到你是按照自己的目标顺利完成比赛，还是跑崩。所以，如果能做到平均分配体力、全程匀速跑下来当然是一种比较理想的情况。由于体力下降，前半程快一些，后半程配速有所下降，甚至走走跑跑，对于很多跑者而言也是十分正常的现象。而如果前半程跑太猛、跑太快，通常就意味着后半程非常容易崩掉。

节省体力，避免前半程跑太快，这是跑者，哪怕是不跑步的人都能想到的一个基本逻辑。为什么前半程跑太快，后半程就容易出问题呢？这里面就绝不仅仅是体力的问题了。其背后还有两个重要指标在发挥作用，一个是"乳酸"，一个是"心率"。

马拉松比赛并不是纯粹的有氧运动，马拉松比赛从本质上来说属于混氧运动。比赛时体内会有一定乳酸产生，只不过体内并不会堆积乳酸，因为这时乳酸生成并不会太多，乳酸一边生成一边清除，血乳酸浓度比较稳定。体内只要有乳酸，你跑起来就不会显得特别轻松，血乳酸浓度越高，你就越累。所以跑马时，如果你有一定成绩要求，而不仅仅满足于关门时间内完赛，那么这几个小时的跑步通常就是混氧跑。你会挺累的，压根不轻松，因为体内有一定乳酸。

如果你前半程冲太快，带来的问题就是你的血乳酸浓度升得比较高，而到了后半程，即便你跑不动了，被迫降速，这时你的血乳酸浓度并不会发生明显下降。虽然此时你的乳酸生成有所减少，但想要把体内堆积的乳酸及时有效地清除掉，却并非易事。

因为虽然降速了，但体内的乳酸还是在继续生成，而乳酸清除速度却开始变慢。这其中的机制包括后半程肌肉弹性下降，肌肉开始变得紧张、僵硬，僵硬的肌肉加重了对血管的压迫，血液循环通畅性下降，导致乳酸清除变慢；大量出汗导致有效循环血量减少，血液不容易带走乳酸，也间接使得乳酸清除效率降低。

换句话说，前半程冲太快，使得血乳酸浓度上升更多，后半程掉速后，已经上升上去的血乳酸浓度很难降下来，使身体长时间处于血乳酸浓度比较高的状态下，导致内环境稳态遭到破坏，加剧疲劳，进一步使得配速下降，并最终导致跑崩。

一、马拉松比赛并不是轻松的有氧跑，而是有一定难度的混氧跑

当跑步速度比较慢时，糖和脂肪充分氧化分解，除了产生二氧化碳和水以外，基本没有其他代谢废物产生，这时就是纯粹的有氧运动。我们所说的慢跑、轻松跑、养生跑、健康跑，往往就属于有氧运动，这种运动理论上可以坚持很长时间。

在安静状态下，体内正常血液中也有一定血乳酸浓度，大约为1毫摩尔/升，不是0，因为红细胞只能靠无氧分解提供能量。而在纯粹的有氧运动状态下，体内血乳酸浓度一般为2毫摩尔/升左右。

而随着运动强度提升，糖开始无氧酵解，此时就会产生乳酸，你这时就会感觉有点难受，但还是能够坚持。因为这时乳酸不断产生，又在不断被清除。也就是说血乳酸能保持恒定的浓度，同时浓度又不是那么高，一般介于3~4毫摩尔/升，有些人介于3~6毫摩尔/升，此时的运动就称为混氧运动。因为这时能量供应既包括有氧供能，又包括无氧供能，所以称为混氧运动。

混氧运动时，血乳酸浓度虽然有所升高，但处于乳酸一边产生一边消除的动态平衡状态，也就是说没有乳酸越积越多的情况。在马拉松比赛中，如果你不是以在关门时间内完赛作为目标，而是希望获得好成绩，你会竭尽全力跑3~4个多小时，这时的状态基本就是混氧状态。在这种情况下，你能坚持比较长的时间，但又比较累，绝对谈不上轻松。

二、前半程冲太快导致血乳酸浓度上升，升上去的血乳酸浓度想降下来就没那么容易了

进行逐级递增运动负荷测试时，科学家们发现存在两个乳酸阈拐点，分别是第一乳酸拐点和第二乳酸拐点，第一乳酸拐点为2毫摩尔/升左右，此时表明身体从有氧运动进入混氧运动。第二乳酸拐点为4~6毫摩尔/升，此时则表明身体从混氧运动进入真正意义上

的无氧运动。因此，乳酸阈存在两个阈值，第一乳酸阈用有氧阈表示更直观，代表着身体从纯粹的有氧运动进入混氧运动，这个阈值的血乳酸浓度为2毫摩尔/升左右；而第二乳酸阈则用无氧阈表示更直观，代表身体从混氧运动进入无氧运动，这个阈值的血乳酸浓度为4~6毫摩尔/升。

轻松跑就是有氧阈以内的跑步，马拉松配速跑的本质就是混氧跑，强度介于有氧阈与无氧阈之间。如果马拉松比赛前半程冲太快，会使血乳酸浓度上升过多，不是靠近有氧阈，而是靠近无氧阈，这样必然导致身体长时间处于酸性环境，身体自然更加容易疲劳。而疲劳时，虽然你自觉不自觉地会降低速度，但升上去的血乳酸浓度想要降下来就没那么容易了，其机制在前文已经充分解释过了。持续处于高乳酸环境中，会破坏身体内环境，跑崩也就在所难免。

三、前半程冲太快使得心率过高，后半程由于"心率漂移"现象导致心率进一步飙升

马拉松比赛时间很长，由于疲劳、大量出汗导致身体脱水、体温升高等因素，基本不太可能全程保持心率平稳，而是出现越到比赛后半程，心率越高的现象，这种现象又被称为"心率漂移"。也就是说在马拉松比赛后半程，即使配速不变，心率也会随着时间推移而缓慢上升。

因此，你在跑马过程中，前半程如果冲太快，比赛初期你的心率就会较高，那么比赛后半程由于"心率漂移"，心率势必更高。而在高心率下，心脏由于收缩期和舒张期明显缩短，特别是舒张期的缩短，得不到休息，回心血量不足，这就导致"巧妇难为无米之炊"。回心血量不足自然导致心脏搏出量下降，这就意味着虽然心脏拼命跳动，但其实效率已经明显降低，成了强弩之末。打个形象的比方就是：一辆破旧的汽车，踩油门时发动机拼命"嘶吼"，但就不见车加速往前跑。因此，跑马过程中全程心率过高是导致跑者跑崩的重要原因。

四、跑马时应该是遵循心率而不是遵循配速

安全理性跑马的一个重要策略是按照心率去跑马，始终把心率控制在一个合理水平，当心率和配速冲突时，应当优先考虑心率。举例来说，如果你跑马时计划配速为6:00，但是当配速达到6:00时，你的心率已经超过170次/分，你就应该把配速降低，如降为6:30甚至更慢，从而让自己的心率降下来。当然，这种情况下，意味着你无法按照预定配速完赛，你的完赛时间将长于计划时间，但这样可以避免你跑崩。

五、总结

综上所述，马拉松比赛前半程冲得过快，表面上看起来是因为前半程消耗了太多体力，导致后半程体力衰竭，这个说法肯定没有错，但并不是科学意义上的解释。从具体原理上解释，马拉松前半程冲太快会导致血乳酸浓度和心率上升较多，而升上去的血乳酸浓度和心率想要降下来就没那么容易了。身体长时间处于高乳酸和高心率状态，很难不跑崩。

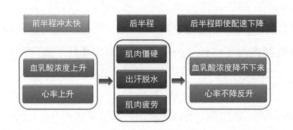

在马拉松比赛中制定合理的配速策略，包括一上来不要跑太快，给予身体更多激活和调动的时间，慢慢进入状态，这样不仅可以避免高乳酸和高心率对后半程明显的负面影响，更能延缓或者避免疲劳出现。这才是合理制定马拉松配速策略的真正意义所在！

◄◄ 第十七节 月跑量300千米是如何做到的 ►►

一定的跑量积累是顺利完成马拉松，乃至在马拉松比赛中实现PB的基础。没有跑量积累就无法打下坚实的耐力基础，虽然不乏天赋异禀者用较少的跑量就能达到比较好的成绩，也有很多人声称要避免垃圾跑量。但总体而言，没有跑量作为基础，不太能取得相对比较好的成绩，特别是对于训练时间有限、训练水平有限的大众跑者而言。

全马3小时是很多跑者心中的最高目标之一，但能达到者毕竟是少数，哪怕你拼尽全力恐怕也难以实现。这与基础、天赋、训练等多个方面都有关。而全马3小时30分钟相对而言，实现起来难度就要低一些，也是许多成熟跑者希望通过努力可以逐步实现，并且更为实际的目标。事实上，能达到全马3小时30分钟左右，按照中国田径协会（简称"中国田协"）现行大众跑者水平等级，已经跨入精英跑者行列了。

对于全马参加者而言，至少月跑量要达到200千米以上，想要取得更好的成绩，比如想要实现全马3小时30分钟，200千米显然就不够了。积累更多跑量，如达到300千米，是不是更有可能实现目标呢？答案基本是肯定的。

中国田协大众精英选手等级标准（免抽签标准）

年龄	全程	
	男子 （小时:分:秒）	女子 （小时:分:秒）
29 岁及以下	3:24:00	3:48:00
30~34 岁	3:25:00	3:49:00
35~39 岁	3:26:00	3:50:00
40~44 岁	3:27:00	3:51:00
45~49 岁	3:28:00	3:52:00
50~54 岁	3:29:00	3:53:00
55~59 岁	3:33:00	3:54:00
60~64 岁	3:39:00	4:04:00
65 岁及以上	3:50:00	4:30:00

一、月跑量300千米是靠每天跑10千米实现的吗？基本不是这样

假设一个月30天，一个月跑300千米，最简单的计算方式就是平均每天跑10千米，耗费一个小时左右。但这样的计算看起来是没问题的，可能也有少数跑者是这样做的，但如果你是一名成熟的跑者，你基本不会采用这种非常平均的训练方式。

为什么这么说呢？

- 平均每天跑10千米这种过于平均的训练方式使得跑者完全没有休息日，有可能导致疲劳积累，引发损伤。
- 只是跑步，不进行一定力量训练，这样的跑步训练容易受伤。
- 一个月完全不下雨的情况很少见，如果遇到下雨天，可能就没法顺利跑步，同时不是人人都有室内跑步的条件。下雨天进行室内力量训练不仅正确而且很有必要。
- 如果只是按照某种固定速度完成每天10千米的LSD训练，不能说没效果，但效果可能没有距离有长有短、速度有快有慢的多样化训练好。

当然，不是说每天跑10千米，一个月跑300千米的训练就一定不好，有时简单方法也能解决问题，但对于多数目标为全马3小时30分钟的跑者，不建议采用这种训练方式。

二、月跑量300千米用怎样的训练方式实现最理想

其实前文已经说了，距离有长有短、速度有快有慢的多样化训练更为科学，也能更有效地提升大众跑者的跑步能力，这就是所谓的周期化系统跑步训练。

周期化系统跑步训练是指按照一定训练计划或者安排，有目的地坚持训练，并且在训练中按照一定周期将不同配速、不同跑量的训练有机组合。系统训练是实现全马3小时30分钟的必由之路和根本保证，跑者通过周期化系统跑步训练能循序渐进地提升耐力，最终具备实现全马3小时30分钟所需的能力。

马拉松的准备阶段可以分为一般准备阶段、专门准备阶段，一般准备阶段的主要任务是发展基础耐力，专门准备阶段的目的是提高专项耐力。一般准备阶段最主要的训练方法是LSD训练；专门准备阶段则是指通过最大摄氧量强度训练，进一步提升有氧耐力的空间，此时除了LSD训练，还应增加更多间歇跑、乳酸阈跑、马拉松配速跑等训练。

这些训练方法的运用并不是说每周进行1~2次LSD训练、1次马拉松配速跑训练、1次乳酸阈跑训练等，而是结合备赛周期进行合理、有机的组合。在一般准备阶段主要进行LSD训练；专门准备阶段在继续保持一定LSD训练的基础上，要增加更多的间歇跑、乳酸阈跑训练；而在赛前或者长达两三个月的比赛阶段，则要更加重视马拉松配速跑训练。只有学会组合才能将周期训练理论运用起来，并在这个过程中实现耐力的递进式增长。当然，这也就意味着即使是严谨地按照跑步训练计划训练，也不一定每个月跑量都是一模一样的。

三、月跑量300千米需要每周训练几次

月跑量300千米的跑者显然属于精英级别跑者，所以他们的训练次数比一般大众跑者要多一些，这样才能有足够时间完成跑量。以追求健康为目的普通跑者每周跑步3次，每次跑步半小时就足够了。但月跑量300千米的精英跑者，每周跑步3次肯定是远远不够的，**他们的训练频次基本可以达到每周6次，**一般只有一天跑休，有些精英跑者可能一周都不会休息，基本属于不跑步就难受的那种。

那么每周6次训练怎样安排较为合理呢？相对比较合理的运动模式是这样的。

- 每周二、三、四、五、六、日一共6天训练，周一跑休。
- 周二进行10~12千米慢跑。
- 周三进行一次间歇跑，如8组×1000米、10组×800米，另外进行3千米热身跑、3千米恢复跑。
- 周四安排一次全身力量训练，包括上肢、核心和下肢，时长1小时左右。
- 周五进行10千米马拉松配速跑。
- 周六安排一次10~12千米慢跑。
- 周日进行20~25千米慢跑。

四、月跑量300千米需要花多长时间才能完成

下表显示了全马成绩为3小时30分钟跑者不同速度训练的最佳配速，如其马拉松配速基本为5:00，乳酸阈跑为4:40，LSD为5:45左右。由于LSD训练占据其中大头，我们可以以5:45的配速进行计算。

全马3小时30分钟内完赛水平跑者不同跑法的配速标准

不同训练方法	配速标准（分:秒）
LSD	5:37~6:11
马拉松配速跑	4:59
乳酸阈跑	4:40
间歇跑	4:18

月跑量300千米意味着每周平均要跑75千米才能完成，其中含一天跑休、一天力量训练，用5~6天时间跑完75千米，平均每天12.5千米，每千米平均配速5:45，差不多需要70分钟，加上热身及拉伸基本意味着**每天要花一个半小时在训练上**。当然，这只是一个大体的平均计算，有时一小时就能完成训练，双休日拉练则要长达2~3小时。

所以好好训练本身就是需要花费相当多时间的事情。一些跑者平时工作较忙，训练时间不足，总是中断训练，训练不系统就成为一个大问题。

五、总结

月跑量300千米对于大众跑者来说还是相当有难度的。花费的时间和精力相当多，运动量大导致疲劳恢复慢并容易因此受伤，工作繁忙缺乏时间训练，都是大众跑者积累跑量过程中不得不面对的问题。但也有不少跑者月跑量200多千米，由于方法得当，适合自己，他们也能取得马拉松3小时30分钟内完赛的优异成绩。

◂◂ 第十八节 恢复时间 ▸▸

没有疲劳就没有训练，没有恢复就没有提升，这是一句训练学的经典总结。前半句的意思是训练要达到使人疲劳的程度才能促进运动能力的提高，没有疲劳或者疲劳感不太明显的运动可以姑且称为健身，而具有一定疲劳感的运动则可称为训练，训练和健身还是有较为明显的区别的。后半句的意思为，通过训练感到疲劳并不是终极目标，否则就不是训练而是自虐，提升才是终极目标。只不过为了提升，你必须要经历疲劳，疲劳

是实现提升的路径，从疲劳到提升，还缺少一步，那就是恢复。所以说没有恢复就没有提升，疲劳的连续积累不仅不能带来提升，还会引发过度训练和运动损伤，**训练-疲劳-恢复-提升4个环节缺一不可**。

尤其是训练后的恢复在专业训练领域越来越受到重视。恢复不是可有可无，恢复是训练的延续和组成，训练越疲劳，越要重视恢复。恢复手段的多样化、专业化和细致化是运动训练大势所趋。但是大众跑者往往对恢复认识不足，不重视恢复，这也是大众跑者提升缓慢、容易受伤的又一个重要原因。今天我们就来聊聊疲劳恢复，以及运动手表提供的一个重要参数——恢复时间究竟如何理解。

一、能力提高来源于超量恢复

超量恢复是运动生理学的一个经典术语，它是指运动持续一段时间后，人体会疲劳，但如果负荷合理、休息得当，经过一段时间后，你的运动能力不仅可以恢复到个人原有水平，甚至会超过身体原有水平。这个超出部分，就是你通过运动所获得的能力的提高。

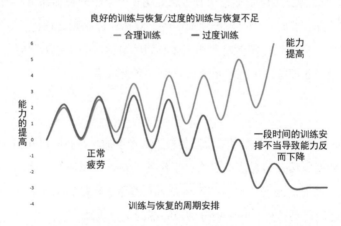

超量恢复这一说法较好地解释了人为什么可以通过不断地训练有效提高运动能力，对于跑者而言，就是通过不断地跑步，提高配速和耐力。这背后其实都是"超量恢复"这只看不见的手在发挥作用。更高、更快、更强，从运动科学角度而言，就是不断实现超量恢复的过程。

二、合理地进行训练和恢复，才能促进运动能力不断提高

训练会带来疲劳，所以需要经过一段时间的休息，运动能力才能恢复，甚至是超量恢复。如果下一次训练的时间恰好落在超量恢复区间，那么这样的训练是最理想的。从理论上说，这会促进运动能力的不断提高，如下图所示。

但如果恢复不足就开始下一次训练，这时身体还比较疲劳，带着疲劳训练一方面容易引发运动损伤，另一方面有可能导致状态不断下滑从而引发过度训练。而如果恢复时间过长，所获得的超量恢复消退了，训练会回到起点。

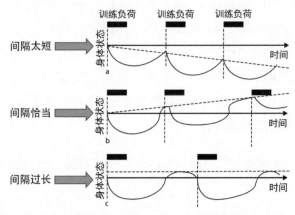

把握好训练和恢复的时间至关重要

当然，也不是说训练就一定不能在疲劳的情况下进行。下图显示了不同类型的训练负荷，可以叠加，通过连续小阶段超负荷，促使产生更大、更全面的超量恢复。但这里有一个重要前提，那就是所施加的是不同类型或者不同方式的负荷，而不能是每天高强度、大运动量训练的简单重复，这为接下来讲解运动手表提供的恢复时间建议埋下伏笔。

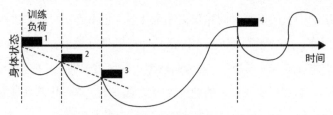

连续小阶段超负荷促使产生更大的超量恢复

三、运动手表提供的恢复时间究竟是什么意思

佳明、华为等品牌的运动手表，基于芬兰著名心率算法公司Firstbeat所提供的算法，都能提供训练后恢复时间这个参数，算法会根据你的训练时长、心率区间等数据，给出恢复时间的建议。比如恢复时间显示为19小时，那么这是不是意味着第二天就不能跑步，要完全休息呢？

其实并非如此！一些成熟跑者如果每次训练的训练量或者训练强度都比较大，那么手表上显示的恢复时间都长达24~48小时，这就意味着每训练一次，需要休息2天，这样算下来每周几乎就只能训练3天左右了，而这样的训练频率显然是远远不够的。

出现这种情况，就是因为跑者误解了"恢复时间"这个指标的真实含义，这里的恢复时间是指：如果你按照跟这次一模一样的训练去进行下一次训练，你至少要休息多少时间，而如果你换了别的训练内容，那么明天你其实还是可以正常训练的。也就是说，你不能将相似的训练连续进行两天或者多天。举例来说，如果你今天进行了15千米长距离拉练，手表上面显示恢复时间是26小时，这意味着，如果你计划再进行一次15千米的拉练，至少应当间隔26小时，即后天再跑。但你明天可以进行间歇跑或者力量训练，而不是说完全停下来休息。这样一方面不会导致过度训练和恢复不足的问题，另一方面也使得训练不中断而是连续进行。

四、运动手表提供的恢复时间其实是告诉我们一个道理：相同训练不可以连续高密度进行

恢复时间告诉我们，如果按照跟这次一模一样的训练去进行下一次训练，至少要间隔多少时间。这里面其实有一个重要的训练逻辑：如果连续两天训练内容是一模一样的，并且都是大运动量或者大强度的，缺乏休息，那么这样的训练只需要进行几次，就会导致人体衰竭或者过度训练。恢复时间的本质就是：连续两次相同的训练至少要间隔多长时间，而不是说训练后要完全休息多长时间。

而很多跑者误以为恢复时间就是指需要停下来完全休息的时间，其实并不是这样的。当然，真按照运动手表的恢复时间建议去完全休息，也不是不可以，这样是安全的。但对于成熟跑者而言，这会导致训练频率降低从而降低训练效果，恢复时间告诉跑者应该采用多样化的训练方式，今天LSD、明天间歇跑、后天力量训练，或者今天15千米LSD，明天10千米LSD，总之不要让每天的训练内容千篇一律。单一化的训练内容更加容易引发损伤，而多样化的训练，哪怕比较累，也不一定会引发损伤。

不同负荷训练课所需恢复时间

一堂课的训练负荷	恢复时间（小时）
极端	≥72
很大	48~72
大	24~48
中等	12~24
小	<12

那么可能有跑者会问：运动手表上提示恢复时间是48小时，说明这次跑步训练很累，如果明天再训练会有风险吗？如果你第二天安排小负荷、小强度的训练，或者改变训练形式，做一些力量训练，训练风险是很低的。正如前文所说，连续小阶段不同形式、内容的超负荷，有利于机体产生更大、更全面的超量恢复。

所以说，恢复时间是一个十分重要的参数，告诉跑者如何把握训练。简单来说就是同样的训练至少要在建议的恢复时间之后再安排，如今天LSD拉练10千米，提示恢复时间是28小时，那么你计划再次进行同样强度和量的10千米拉练，至少要在后天。但你明天可以做一些别的训练，如轻松跑5千米，或者做一些力量训练。

五、总结

运动手表提供的恢复时间是一个提示跑者科学训练的重要参数。你进行下一次一模一样的训练，就需要在建议的恢复时间之后再进行，但并不代表你在此期间就一定要完全休息，你可以做一些别的训练。也就是说，训练内容要富有变化、训练强度要高低错落，这样的训练才是有效的训练。

◂◂ 第十九节　训练效果 ▸▸

以佳明为代表的现代运动手表提供的功能已经相当强大，除了配速、心率、步频、恢复时间等参数，配备内置运动传感器的佳明心率带或者"绿豆芽"（佳明跑步动态传感器）更可获得垂直振幅、着地平衡等跑姿参数。运动学和生理学参数集合在一起，让跑步中那些看不见的东西完全清晰地呈现在你的眼前。只有你会看这些参数，你的手表才能成为你的"智能教练"，从而为你科学评估每次跑步，帮助你实现科学训练。

这其中有一个反映训练负荷的参数，一直不被跑者了解，这个参数就是"训练效果"。早期运动手表的"训练效果"只是一个参数，近两年的佳明运动手表则提供有氧训练效果和无氧训练效果两个参数，这两个参数是什么含义？本节为你详细解释。

一、不是佳明厉害，而是心率算法厉害

首先，跑者需要了解，佳明（Garmin）、松拓（Suunto）、华为（Huawei）、博能（Polar）这些知名可穿戴设备厂家本质上都是硬件提供商，他们的心率算法其实都不是自己研发的，而是来自芬兰著名的运动负荷分析厂家Firstbeat。Firstbeat虽然也生产硬件，但相比其硬件，它以心率算法精确、丰富、专业性强而闻名于世，Firstbeat的硬件主要以团队心

率监控为主，在世界顶级专业运动队，包括很多中超球队应用广泛。Firstbeat几乎不生产面向个人用户的产品，其为个人提供的服务都是通过大大小小的可穿戴设备厂家实现的。

Firstbeat作为全球知名的运动心率算法研发厂家为很多知名运动手表提供了心率算法。换句话说，只要你的可穿戴手表（手环）本身测量心率是准确的，那么理论上说，所有手表得到的训练效果、能耗等参数都应该是一致的，因为他们所采用的心率算法都是来自同一个供应商。

二、训练效果与训练负荷高度相关，越累相对训练效果越好

训练效果（training effect）从字面上看，就是指训练所取得的效果，那么什么样的训练才能获得好的训练效果呢？跑者很容易想到，比较累的训练通常能取得比较好的效果，如长距离拉练、间歇跑。长距离训练量大，而间歇跑强度大，也就是说量大或者强度大都能取得比较好的效果，当然一般而言，你不可能同时做到量大、强度也大。这也就是所谓的没有付出就没有收获（no pain，no gain），没有疲劳就没有提高。如果训练不能让你疲劳，也就没有什么效果，如2~3千米健身性质的慢跑。这样的训练不能说完全没有效果，毕竟还是有促进健康的效果，但想要获得心肺功能的提升，这种几千米的慢跑可以说是基本无效的。

因此，训练效果是根据训练负荷计算得到的。训练负荷相对越大，训练效果越好；训练负荷较轻，则训练效果一般。但如果训练负荷过量，也有可能导致过度疲劳。问题是训练负荷是如何得到的呢？

一些资深跑者可能认为训练负荷=训练强度×训练时间，这个公式看起来简单实用，但实际上这样直接计算乘积的方式却并不是计算训练负荷的最佳方式。为什么这么说呢？因为这个公式应用于持续运动，是容易计算出结果的。但如果是间歇跑，这个公式的应用就会受到很大限制，如在800米×8组的间歇跑中，如果采用这个公式，训练时间的计算是否包括间歇时间呢？如果不包括间歇时间，间歇时间的长度事实上也会对训练密度产生很大影响，而训练密度又会对最终训练负荷产生很大影响。

再比如说，如果按照训练强度×训练时间来计算，训练强度增加0.5倍，训练负荷也只增加训练强度乘以训练时间的0.5倍。但事实上，训练强度一旦上升，训练负荷就会成倍上升。区别在于以最大心率的85%运动和以最大心率的100%运动，看起来心率只是上升了15%，但其训练强度和训练负荷显然不是只增加了15%，而是呈指数级增加。以最大心率的85%跑步，许多跑者跑上1个小时不在话下，而要你以最大心率的100%奔跑，你可能只能撑一两分钟。也就是说训练强度会对训练负荷产生非常大的影响。

所以 Firstbeat 心率算法在计算训练负荷时采用了一个名为训练冲量（TRIMP）的名词，所使用的公式也非常复杂，是一个指数公式。该公式除了考虑训练时间，还考虑了训练时的平均心率、最大心率、安静心率等，通过这个公式就可以得到一个较为精准的训练负荷的评估。**采用该方式计算训练负荷，训练强度所占权重较大。训练强度增加，训练负荷显著增加，而量的增加如只是训练时间延长，那么训练负荷增加就不太明显。**

其实在佳明运动手表中训练负荷是可以看到的，只不过不是在 App 中呈现的，而是在佳明运动手表中可以看到。

而在丹尼尔斯训练法中，同样给予不同强度的训练相应的点数，这个点数也可以近似代表训练效果。轻松跑记为 0.2/分钟，马拉松配速跑记为 0.4/分钟，乳酸阈跑记为 0.6/分钟，间歇跑记为 1.0/分钟，而冲刺跑记为 1.6/分钟，可见从轻松跑到间歇跑，知名跑步专家丹尼尔斯认为训练效果是等比例增加，而冲刺跑则可以通过较短时间训练实现较大训练效果。当然上述点数只是平均值，在《丹尼尔斯经典跑步训练法》那本书中，有详细说明多少最大心率百分比对应多少训练点数的表格。你可以这样理解：5 分钟轻松跑的效果与 1 分钟间歇跑近似，60 分钟轻松跑的效果与 12 分钟间歇跑类似。

三、训练强度大比训练时间长更容易取得好的训练效果

为了让大家理解训练效果、训练负荷、训练强度之间的关系，我们选取了南京某 42 岁中等水平男性跑者（全马 PB 4 小时左右，月跑量 250 千米，为保护隐私隐去该跑者跑步地理信息），该跑者近期进行了两次跑步，所使用的心率表是佳明 945。

- 一次是进行了 12 千米 LSD，平均配速 5:54（据了解含多次等待红灯时间，实际配速约为 5:40），平均心率 141 次 / 分。
- 一次在田径场进行了 7 组 400 米间歇跑，每组用时 1 分 20 秒，间歇时没有完全停止，而是慢跑一圈约耗费 2 分 20 秒，最大心率达到 182 次 / 分，超过本人最大心率。

12 千米 LSD 有氧训练效果为 3.1，无氧训练效果为 0.2，有氧训练效果显示为有所提高，其训练负荷达到 92（仔细看手表显示）。而其 6 千米间歇跑，有氧训练效果为 3.2，无氧训练效果达到 2.4，有氧训练效果显示有所提升，而无氧训练效果显示为维持效果，但其训练负荷达到 146，也就是说 6 千米间歇训练的训练负荷比 12 千米 LSD 的训练负荷高出许多。

根据 Firstbeat 算法：训练负荷小于 70 为负荷轻松，训练负荷介于 70~140 为负荷中等，训练负荷大于 140 为负荷很大。 说明一次 12 千米的轻松跑负荷为中等，训练量是这名跑者所习惯的，这个训练可以稍微带来一些有氧训练效果。而一次 6 千米的间歇跑，对这名跑者而言训练负荷很大，可以获得一些无氧训练效果，同时有氧训练效果也不错。这也

就意味着一次距离不长的间歇跑，获得了比12千米轻松跑还要好的训练效果。

正如前文所说，训练强度的增加会明显提升训练负荷，一次高强度的无氧间歇跑训练比一次长距离LSD所获得的训练效果提升要大。而要通过纯粹有氧运动提升训练负荷就比较难，你需要将距离拉到足够长，同时还要适当增大训练强度，进行所谓训练强度较大、训练时间较长的训练，专业队教练称之为"大有氧训练"。这种"大有氧训练"比通常我们所说的LSD轻松跑强度要大，**"大有氧训练"近似可以理解为马拉松配速跑或者节奏跑。**

该跑者以平均5:54的配速跑12千米的训练效果如下所示。

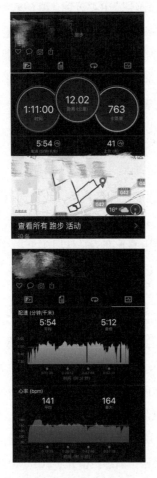

该跑者以1分20秒完成400米，共计完成7组的训练效果（间歇时采用400米慢跑）。

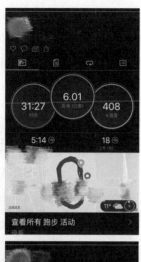

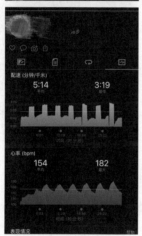

四、训练效果评分并非越高越好，训练需要的是高低错落

佳明运动手表对于训练效果的评价大家可以点击"帮助"查看。

- 0.0~0.9代表无作用，成熟跑者即使轻松跑几千米，一般评分也不会位于这个区间。
- 1.0~1.9代表微小作用，表示训练效果较低，长期进行这样的训练会导致耐力退步。
- 2.0~2.9代表维持效果，表示该训练虽然不能提高心肺功能，但可以保持心肺功能。
- 3.0~3.9代表有所提高，表明训练效果良好，能带来心肺耐力的有效提升。
- 4.0~4.9代表大幅提高，表明训练量或者强度相当大，能带来显著的训练效果。
- 大于等于5.0代表过度训练，这个负荷有可能对身体有害。

训练效果位于3.0~4.9是很理想的，那么是不是每次训练都要达到这个区间才代表训练效果好，其余都是垃圾跑量呢？当然不是这样。如果你每次训练的效果都位于3.0~4.9，那么你距离过度训练也就不远了。训练强度应当高低错落，有高强度的间歇跑，就得有中低强度的轻松跑，连续评分较高，其实代表训练缺乏节奏。一味地堆积训练负荷，很容易导致过度训练。也就是说并非达到5.0以上才代表过度训练，连续得分过高照样会引发过度训练。

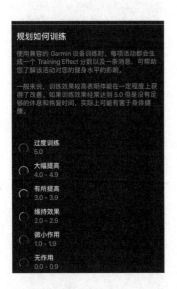

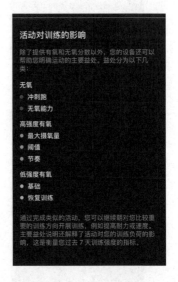

　　其实，想要训练效果达到3.0～4.9，最直接的方法是上强度，这里所说的上强度不仅是说在LSD训练中提升配速，而且要多进行间歇跑训练。一些跑者即使经过了一场全马，训练效果评分也仅仅介于3.5～3.9，说明想要训练效果得高分，就得多进行间歇跑，想要通过堆积跑量得到高分比较难。而间歇跑是不可以连续运用的，虽然众所周知间歇跑被视为有效提升耐力的训练方法，但如果强度把控不好，也非常容易伤害身体，而连续几天进行间歇跑训练更是不可取，那样非常容易导致过度训练。事实上也不可能有跑者连续几天反复进行间歇跑训练。

五、现代跑步手表已经可以推测你进行的是何种训练

　　在Firstbeat之前的心率算法中，训练效果只是一个指标，而Firstbeat在这一两年更新了算法，将训练效果分为有氧训练效果和无氧训练效果。顾名思义，有氧训练效果主要是指心率位于有氧心率区间的训练效果，而无氧训练效果则是心率位于高心率，即无氧心率区间的训练效果。

　　由于将训练效果进一步细化，并且跑步又是典型的横跨有氧运动与无氧运动的运动方式，所以佳明运动手表依据Firstbeat心率算法可以大体估算出你在进行何种训练。

- 如果有氧训练效果评分介于1.0~2.9，多数情况下，你可能进行的是恢复跑。跑者常常使用的排酸跑的本质就是恢复跑，当然这里需要指出的是排酸跑这种说法是错误的，排酸跑的本质就是比轻松跑强度更低的一种以促进疲劳消除为目的的跑法。此外如果你进行的是LSD跑，效果评分多数也会介于1.0~2.9。

- 如果有氧训练效果评分介于3.0~3.9，多数情况下，你可能进行的是长距离拉练，如乳酸阈跑、马拉松配速跑、节奏跑或者间歇跑。所谓节奏跑基本可以理解为比马拉松配速跑快，但比间歇跑慢的跑法，也可以将节奏跑视作乳酸阈跑。

- 如果有氧训练效果评分介于4.0~4.9，十有八九你进行的是多组极高强度的间歇跑训练。

而无氧训练效果不同于有氧训练效果。由于无氧运动本身就属于高强度运动，心率区间不如有氧运动心率区间宽，无氧训练心率区间较窄，所以可以理解为无氧训练效果想要得到高分是非常困难的。一般情况下，跑者在无氧训练效果上得分都很低，因为马拉松训练毕竟是以有氧运动为主。虽然间歇跑等高强度训练可以有效提升耐力，但间歇跑毕竟在马拉松训练中所占比例不是太高，如果太高，那么就不是在进行马拉松训练，而变成进行从事800~1500米专项运动的运动员的训练了。无氧训练主要是高强度间歇跑、冲刺跑训练。跑者主要关注有氧训练效果就行了，而如果进行的是间歇跑训练，那么则要看一下无氧训练效果。但根据经验，如果你进行的是间歇跑训练，那么往往你的有氧和无氧训练效果得分都会较高。

六、总结

以佳明为代表的现代运动手表已经提供了非常强大的功能，其中既包括跑姿参数这样的运动学指标，也包括心率、训练效果这样的生理学指标，而训练负荷是跑者训练的核心要素，但这个指标的含义绝大部分跑者不太理解，其有以下几个关键点。

- 佳明运动手表中可以显示训练负荷，训练负荷小于70为负荷轻松，训练负荷介于70~140为负荷中等，大于140为负荷很大。

- 训练效果评分如果位于2.0~4.9，训练效果较好，但跑者不必追求每次训练的训练效果评分都很高，这样不现实也非常容易受伤。想要评分高，可多进行高强度的间歇训练，而拉长距离并不容易得到高分。

- 应当准确设置个人最大心率，因为最大心率会直接影响训练效果评分的计算。换句话说，手表默认根据你的年龄计算最大心率，但如果你的最大心率达不到220减去年龄的结果，或者超过这个推测值，你就要手动输入，否则训练效果会有偏差。当然当你的心率超过本人最大心率时，心率手表也会自动修正。

- 建议跑者用Excel长期记录自己的训练量，并且作图，这样可以长期观察训练效果与训练负荷之间的关系。当然，这样的工作看起来很专业，就看你对于训练投入多大热情。Firstbeat面对专业用户的软件就能提供长期分析，这样的分析对于科学把握训练特别有帮助；而对于个人用户来说，Firstbeat是通过合作方提供服务的，这无法完全展示长期训练动态变化，就需要跑者自己用Excel进行记录。

- 换句话说，跑者除了记录跑量，记录训练强度也很重要，这也是有些跑者跑量不大，但训练效果好的重要原因。他们更加关注训练强度，重视中高强度训练。因为短时间高强度训练与长时间低强度训练的效果接近一致，但这并不是说低强度训练不重要，而是跑者要辩证、科学地看待跑量。跑量大，不代表训练负荷一定大，训练强度、训练时间、跑量、训练负荷的复杂关系是一门高级学问，跑者要清楚自己在某个阶段的训练侧重的是什么，而不是让训练千篇一律，一味追求在配速不变下的跑量堆积。

- 训练强度与训练负荷存在一定换算关系，但这种关系并非线性关系，而是某种倍数或者指数关系。也就是说训练强度增加一倍，不代表训练负荷增加一倍，而有可能是几倍。

如果想做一名成熟且训练效率高，不断实现PB的跑者，你必须好好把控你的训练负荷，真正理解"训练效果"这个指标极为重要！换句话说，如果想做跑步深度"发烧友"，你要学会读懂跑步手表！

◂◂ 第二十节 运动心脏 ▸▸

长期以来，无数的流行病学和生物科学研究证明了这样几个重要观点：①运动可以显著提升心肺耐力水平，减少心血管疾病发生；②更多的运动可以带来更多的健康收益。正是由于运动具有不可替代的重要价值，所以在全球范围内，越来越多人乐于参加强度很大或者运动量很大的运动，如马拉松和高强度间歇训练等。

但是运动量过大的运动，缺乏基础、体质不够好的人如果进行这样的运动，有可能造成易感人群猝死及急性心肌梗死。最近的确也有研究指出大运动量运动或者大强度运动都有可能造成潜在的心脏适应不良，由此引发的问题包括加速动脉钙化斑块的形成、心脏损伤标志物水平上升（一些物质原本存在于心肌细胞内，正常情况下血液中检测不到，如果血液中检测到这类物质，就表明心肌细胞发生了破坏，从而导致这些物质的流出）、房颤等。也有不少学者认为运动量与健康之间存在着倒U形曲线或者J形曲线，所谓倒U形曲线是指较低的运动量和较高的运动量都不利于健康，只有合理的运动量才有益健康。

正是基于这样的担心，为了更好地向大众传递科学运动的知识，美国心脏协会组织专家重新审查了从中等强度运动到大强度运动对心血管健康的影响，特别是在基于文献研究的基础上，深入分析了大运动量、大强度运动的收益及风险。在充分研究的基础之上，美国心脏协会于2020年年初在著名的《循环》杂志（Circulation）发布了一篇重要声明《运动导致的心血管事件和长期进行运动训练的潜在不良适应：更新对于运动风险的客观看待》。这篇声明其实就是要回答大众疑问，特别是大众运动爱好者的疑问：运动的潜在心脏风险究竟有多大？随着运动量的增加，发生猝死和其他心血管事件的风险是不是也随之增加？本节为你讲述这篇文献的答案究竟是什么。

一、从运动健康角度而言，美国心脏协会的重要结论

有大量的证据显示运动量与心血管疾病的发病率和死亡率呈现负相关，即运动量越大，心血管疾病的发病率和死亡率越低。

经常锻炼的人群发生心血管疾病的风险显著降低，心肺耐力最好的那部分人的全因死亡率（所谓全因死亡率是指不考虑疾病原因和种类的所有死亡）低80%。

运动最为积极的人群从寿命角度而言，每活50年可以延长7~8年寿命。

运动的益处绝不仅仅限于健康人群，对于诊断出心血管疾病的人群，运动同样可以减少他们发生危险事件的风险。研究发现那些积极运动的心血管疾病患者，他们患急性冠状动脉综合征等的风险更低，生存率更高。

在运动量等同的情况下，强度更大的运动比中等强度运动的健康益处看起来要更多。

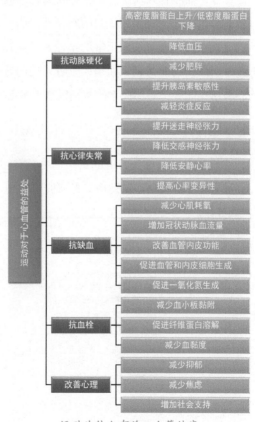

运动为什么有益心血管健康

二、美国心脏协会对于运动所导致的短期心脏事件的重要观点

在最近10年，参加大强度、大运动量运动的人正在迅猛增加，这些运动包括半马/全马、铁人三项、长距离骑行等，这篇声明重点讨论了健康人群和疾病人群参加这类运动的短期和长期风险。

运动所导致的心脏急性危险事件主要是两类：猝死和心肌梗死。运动作为一种应激，会短暂地增加发生猝死和心肌梗死的风险，这种风险最容易发生在不习惯运动的人身上，而锻炼规律的人发生这类危险事件的概率比前者要低。

如果用绝对风险值来衡量，每10万人一年运动中发生猝死的概率为0.31~2.1，换句话说，10万人次在各种运动中，发生猝死的有0.31人到2.1人。运动会导致猝死，但运动并不是导致猝死最主要的诱因，运动中发生猝死的概率也很低。

中老年人发生运动性猝死最常见的原因是冠心病（冠状动脉粥样硬化性心脏病）急性发作，而年轻人发生运动性猝死的原因尚有很大争议，最近的研究表明年轻人发生猝死的原因并非传统观点认为的肥厚性心肌病。很多猝死的年轻人心脏结构是正常的，所以有观点认为心脏结构正常的年轻人发生猝死的情况更多，他们可能不是死于心脏结构异常引发的功能失调，而是死于致死性的恶性心律失常如心室颤动。而这种心律失常与心脏结构无关，心律失常的诱发因素多种多样。

三、美国心脏协会对于长期运动所导致的风险的重要观点

长期运动会导致心脏的重塑，非常有限的证据显示在少数运动量极大的运动员中，训练导致了不良的心脏适应。有研究也发现了运动量与心房颤动之间的J形曲线。

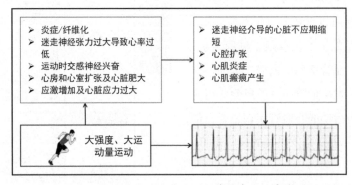

大强度、大运动量运动对于心血管潜在的不良影响

中年运动员的冠状动脉斑块发生率甚至高于缺乏锻炼的人群，而那些运动量最大的运动员中，动脉斑块出现率最高，但目前尚没有足够证据显示运动员血管中出现的斑块

会导致他们的心血管事件发生率提高。而且研究发现，即便是动脉钙化斑块评分相同，经常锻炼的人群发生心血管事件的风险也比缺乏锻炼的人群要低。

心肌纤维化在高水平运动员中也比较常见。所谓心肌纤维化又称为心肌钙化，往往因反复加重的心肌缺血缺氧而产生，并导致心肌收缩力的下降，甚至逐步加重发展为心力衰竭。心肌纤维化程度被认为是长期运动对心脏的影响的重要效应指标，长期运动是否会导致冠状动脉硬化，以及长期运动是否会让运动员更加容易发生心肌纤维化，这方面还需要进一步研究，目前尚无定论。

不是运动越多，健康风险越大，而恰恰是运动越少，健康风险越大。运动量与健康风险的负相关关系是明确和肯定的，但U形曲线假设其实并没有被充分论证，也就是说运动量有最低限度，但没有上限。

虽然之前一直有观点认为运动量与健康之间存在U形曲线，即当运动量过大时，健康风险也会增加，但U形曲线并没有得到充分证明。事实上，研究发现运动员的平均寿命比普通人长3~6年。有关长期运动训练对于心脏健康影响的前瞻性队列研究显示，通过运动提高心肺功能、降低全因死亡率，其实并没有运动量的上限。换句话说，要明确一个大众运动量的上限的具体值，这几乎是不可能的事情。当然这是对于健康大众而言，对于患有疾病的人，并不能让他们去完成不顾实际的大强度、大运动量的运动，这样的运动对他们显然是有害的。

四、总结

在马拉松比赛中偶尔发生的猝死或者心脏意外事件在警告着我们，但对于绝大多数大众而言，长期、系统的运动训练所带来的益处仍然明显大于其风险。事实上，我们所面临的主要问题是大众普遍存在的缺乏运动问题。美国心脏协会、美国运动医协会、世界卫生组织对大众运动的基本建议都是一致的：一周进行5次，每次30分钟的中等强度运动；或者一周进行3次，每次20分钟的大强度运动；如果人们要增加运动量，应当循序渐进地进行，而不应该突然增加运动量。对于大众来说，并不存在运动量有一个明确的，人人皆适用的标准上限，超过这个上限心脏风险就会增加。但由于个体差异巨大，**时刻关注个人心脏健康，循序渐进地科学运动，运动中出现明显不适要立即停止并到医院检查，有条件每年进行一次运动平板试验或者心脏彩超测试是确保安全运动的措施**。

总结：大众保持健康的运动量有下限，但没有上限，也就是说保持健康的运动有最少运动量的要求，但没有最多运动量的限制，一切因人而异！

在线视频访问说明

本书提供部分动作示范视频，您可以按照以下步骤，获取并观看本书配套视频。

步骤1

用微信扫描下方二维码。

步骤2

添加"阿育"为好友（图1），进入聊天界面并回复【55255】（图2），等待片刻。

步骤3

点击弹出的视频链接，即可观看视频（图3）。

图1   图2   图3